聞き書き 鹿児島《かごしま》志布志《しぶし》冤罪事件《えんざいじけん》

一歩《いっぽ》も退《ひ》かんど

川畑幸夫
聞き書き／西日本新聞社 鶴丸哲雄

集広舎

踏《ふ》み字《じ》再現《さいげん》、にじむ涙《なみだ》を見《み》た

『一歩《いっぽ》も退《ひ》かんど』出版《しゅっぱん》に寄《よ》せて

大谷昭宏《おおたにあきひろ》

民家《みんか》の縁側《えんがわ》に並《なら》べられたお皿《さら》に盛《も》られた野菜《やさい》の煮物《にもの》に山菜《さんさい》、大《おお》きなおにぎりとお漬《つ》け物《もの》。「困《こま》りましたね、どうしましょう」というテレビ局《きょく》のディレクターやカメラマンの視線《しせん》が私《わたし》に向《む》いていた。「よし、みんな、遠慮《えんりょ》なくいただこう」。一斉《いっせい》に手《て》が伸《の》びるその先《さき》に、いくつもの笑顔《えがお》がはじけていた。

これが鹿児島県志布志市懐集落《かごしまけんしぶししふところしゅうらく》の人々《ひとびと》と私《わたし》たちの最初《さいしょ》の出会《であ》いだった。日本《にっぽん》どころか、世界《せかい》を震撼《しんかん》させた世紀《せいき》の冤罪事件《えんざいじけん》、志布志選挙違反事件《しぶしせんきょいはんじけん》で被告《ひこく》とされた方《かた》たちだ。

2003年《ねん》4月《がつ》に行《おこな》われた県会議員選挙《けんかいぎいんせんきょ》をめぐって無実《むじつ》の買収容疑《ばいしゅうようぎ》で県議《けんぎ》や懐集落《ふところしゅうらく》の人《ひと》たちが起訴《きそ》された。その年《とし》の9月3日《がつみっか》、「西日本新聞《にしにっぽんしんぶん》」鹿児島版《かごしまばん》が〈12人中《にんちゅう》9人《にん》が「冤罪《えんざい》」／県議選曽於郡区選挙買収事件《けんぎせんそおぐんくせんきょばいしゅうじけん》〉と初《はじ》めて見出《みだ》しに「冤罪《えんざい》」の2文字《もじ》を入《い》れて報道《ほうどう》。それまでほとんど無反応《むはんのう》だった東京《とうきょう》の新聞《しんぶん》、テレビも徐々《じょじょ》にではあるが動《うご》きを見《み》せ始《はじ》めていた。

私《わたし》が当時《とうじ》、取材《しゅざい》とスタジオ出演《しゅつえん》をしていたテレビ朝日系《あさひけい》の「サンデープロジェクト」（2010年終了《ねんしゅうりょう》）もそれから遅《おく》れること半年《はんとし》、2004年春《ねんはる》になってやっと現地取材《げんちしゅざい》に入《はい》った。そのとき出迎《でむか》えてくれたのが煮物《にもの》に、おにぎりだったのだ。鹿児島市内《かごしましない》から車《くるま》で1時間《じかん》、志布志《しぶし》の市街地《がいち》からさらに40分《ぷん》。生《お》い茂《しげ》った木々《きぎ》の先《さき》のわずか7世帯《せたい》20人《にん》の集落《しゅうらく》。この日《ひ》、取材《しゅざい》の約束《やくそく》をしていた私《わたし》たちのために、朝《あさ》から総出《そうで》でお昼《ひる》を用意《ようい》してくれていた。

「取材先《しゅざいさき》での飲食《いんしょく》のもてなしは……」なんて局《きょく》のコンプライアンスは、この際《さい》どこかに置《お》こう。見《み》たこともない山菜《さんさい》のおいしかったこと。

その後《あと》、とって返《かえ》した志布志《しぶし》の市街地《しがいち》。その先《さき》、何度《なんど》も泊《と》めてもらうことになる「ビジネスホテル枇榔《びろう》」で経営者《けいえいしゃ》の川畑幸夫《かわばたさちお》さんが待《ま》っていてくれた。川畑《かわばた》さんはその後《あと》、海外《かいがい》の人《ひと》までが「キリシタン弾圧《だんあつ》の踏《ふ》み絵《え》」か、と知《し》ることになる「踏《ふ》み字取《じと》り調《しら》べ」の被害者《ひがいしゃ》。恐《おそ》る恐《おそ》る「また嫌《いや》なことを思《おも》い出《だ》させますが」と、ホテルのロビーで取《と》り調《しら》べの再現《さいげん》をお願《ねが》いするディレクターに、川畑《かわばた》さんは半紙《はんし》にサインペンで父《ちち》、栄三《えいぞう》さんの名前《なまえ》を書《か》いて、そのあとに「お父《とう》さんは　そういう息子《むすこ》に育《そだ》てた覚《おぼ》えはない」「沖縄《おきなわ》の孫《まご》　早《はや》くやさしいおじいちゃんになってね」と書《か》き足《た》した。

最愛《さいあい》の肉親《にくしん》に対《たい》する侮辱《ぶじょく》、己《おのれ》に対《たい》する恥辱《ちじょく》。川畑《かわばた》さんは半紙《はんし》を足元《あしもと》に置《お》くと裸足《はだし》の足《あし》を乗《の》せ、戸惑《とまど》うディレクターに「おいの股《また》ぐらに首《くび》ば突《つ》っ込《こ》んで両足《りょうあし》を持《も》て！」。ドタバタ。「遠慮《えんりょ》ばしとってどげんする！」。ドタバタ、バリッ。文字《もじ》を思《おも》い切《き》り踏《ふ》みつけて半紙《はんし》が破《やぶ》れる。そのとき、川畑《かわばた》さんの目《め》から、うっすらと涙《なみだ》がこぼれるのを、私《わたし》は確《たし》かに見《み》た。

　サンデープロジェクトの番組《ばんぐみ》をはじめ、私《わたし》は関《かか》わったすべてのメディアで２００７年《ねん》２月《がつ》の被告《ひこく》12人全員《にんぜんいん》の無罪判決《むざいはんけつ》を待たずに「これは無罪事件《むざいじけん》」として報道《ほうどう》してきた。理論《りろん》や理屈《りくつ》ではない。勘《かん》と言《い》って語弊《ごへい》があるなら、私《わたし》が事件記者《じけんきしゃ》として大事《だいじ》にしている感性《かんせい》と思《おも》っていただきたい。懐集落《ふところしゅうらく》のみなさんは身《み》に覚《おぼ》えがないからこそ、そろって私《わたし》たちへの楽《たの》しい食事《しょくじ》の準備《じゅんび》ができたのではないか。事件《じけん》とは関《かか》わりがないからこそ、川畑《かわばた》さんは憤怒《ふんど》の思《おも》いを込《こ》めて、あの踏《ふ》み字《じ》の文字《もじ》を踏《ふ》んでくれたのではないか。

　その川畑《かわばた》さんへの聞《き》き書《が》き、「西日本新聞《にしにっぽんしんぶん》」が昨年《さくねん》10月《がつ》から今年《ことし》2月《がつ》まで、じつに95回《かい》にわたって連載《れんさい》した「一歩《いっぽ》も退《ひ》かんど」が、このたび一冊《いっさつ》の本《ほん》になって出版《しゅっぱん》されることになり、全回分《ぜんかいぶん》を一気《いっき》に読《よ》ませていただいた。

　あらためて冤罪事件《えんざいじけん》の恐《おそ》ろしさに戦慄《せんりつ》を覚《おぼ》えると同時《どうじ》に、時間《じかん》をかけてひとりの方《かた》の言葉《ことば》のひとつひとつに、じっくりと耳《みみ》を傾《かたむ》け、事実《じじつ》を積《つ》み上《あ》げていくことの大切《たいせつ》さを思《おも》い知《し》らされた。そのうえで埋《う》もれていたものを掘《ほ》り起《お》こし、土《つち》を払《はら》い、刷毛《はけ》でぬぐって初《はじ》めて見《み》えてきた事件《じけん》の全容《ぜんよう》に、いままた怒《いか》りで震《ふる》えが止《と》まらない。

　川畑《かわばた》さんが自《みずか》らの体験《たいけん》から、自前《じまえ》の街宣車《がいせんしゃ》まで造《つく》って、まさに全身全霊《ぜんしんぜんれい》を込《こ》めて訴《うった》える取《と》り調《しら》べの全面可視化《ぜんめんかしか》は裁判員制度実施《さいばんいんせいどじっし》にともなって２００９年《ねん》に一部導入《いちぶどうにゅう》されたが、いまだに「一部《いちぶ》」のままだ。それどころか、最近《さいきん》では検察官《けんさつかん》によって可視化映像《かしかえいぞう》が恣意的《しいてき》に編集《へんしゅう》され、裁判所《さいばんしょ》が証拠採用《しょうこさいよう》に慎重《しんちょう》になるケースも出始《ではじ》めている。冤罪防止《えんざいぼうし》のための切《き》り札《ふだ》として導入《どうにゅう》された制度《せいど》を、あろうことか冤罪《えんざい》の温床《おんしょう》としようとしている。この国《くに》の警察《けいさつ》、検察《けんさつ》は根元《ねもと》のどこまで腐《くさ》っているのか。

連載《れんさい》のなかで川畑《かわばた》さんも「冤罪《えんざい》オールスターズ」と楽《たの》しそうに紹介《しょうかい》していた布川事件《ふかわじけん》の桜井昌司《さくらいしょうじ》さん、足利事件《あしかがじけん》の菅谷利和《すがやとしかず》さん。お二方《ふたかた》とも何度《なんど》も取材《しゅざい》させていただいている。もちろん無実《むじつ》の罪《つみ》での無期懲役《むきちょうえき》は、あってはならないことだ。ただ布川《ふかわ》、足利事件《あしかがじけん》とも、殺人事件《さつじんじけん》という事件《じけん》はあった。警察《けいさつ》、検察《けんさつ》が犯人《はんにん》ではない人《ひと》を誤認逮捕《ごにんたいほ》してしまった冤罪事件《えんざいじけん》だ。

一方《いっぽう》で志布志事件《しぶしじけん》は、火《ひ》の気《け》のまったくない所《ところ》に警察《けいさつ》がゼロから煙《けむり》を立《た》て、シナリオを書《か》いた、まったくのでっち上《あ》げ事件《じけん》。警察《けいさつ》、検察《けんさつ》の底知《そこし》れぬ恐《おそ》ろしさを感《かん》じるのだ。

さて、ここでは詳《くわ》しくは触《ふ》れられないが、川畑《かわばた》さんへの聞《き》き書《が》きに出《で》てくる冤罪事件《えんざいじけん》に関《かか》わった女性《じょせい》たち。帳簿《ちょうぼ》の隅《すみ》の走《はし》り書《が》きで夫《おっと》や親類《しんるい》の行動《こうどう》を記録《きろく》し、家宅捜索《かたくそうさく》の際《さい》は機転《きてん》で大事《だいじ》なカセットテープを冷蔵庫《れいぞうこ》の下《した》に素早《すばや》く蹴《け》り込《こ》んだ川畑《かわばた》さんの妻順子《つまじゅんこ》さん。裁判《さいばん》で頼《たよ》りない受《う》け答《こた》えをする夫《おっと》に、いささか文字《もじ》にするのがはばかられる言葉《ことば》で檄《げき》を飛《と》ばした被告《ひこく》の妻《つま》。健気《けなげ》で、明《あか》るいそんな女性《じょせい》たちに、本《ほん》の中《なか》で今一度《いまいちど》ふれるのも楽《たの》しいのではないか。

それにしても冤罪事件《えんざいじけん》を取材《しゅざい》するたびに、胸《むね》に去来《きょらい》する思《おも》い。このたびもまた聞《き》き書《が》きを通読《つうどく》しながら、何度同《なんどおな》じ思《おも》いにかられたか。

どうしてこんなにやさしくて、いい人《ひと》たちが――いや、やさしくていい人《ひと》だから権力《けんりょく》の毒牙《どくが》にかかったのか。堂々《どうどう》めぐりは続《つづ》く。

ただひとつはっきりしていることがある。川畑《かわばた》さんひとりに、「一歩《いっぽ》も退《ひ》かん」闘《たたか》いを続《つづ》けさせてはならない。

大谷昭宏（おおたに・あきひろ）１９４５年《ねん》、東京《とうきょう》生まれ。68年《ねん》、読売新聞大阪本社《よみうりしんぶんおおさかほんしゃ》に入社《にゅうしゃ》し、社会部《しゃかいぶ》で警察取材《けいさつしゅざい》やコラム「窓《まど》」欄《らん》を担当《たんとう》。87年《ねん》に退社後《たいしゃご》、大阪《おおさか》に事務所《じむしょ》を設《もう》け、ジャーナリズム活動《かつどう》を展開《てんかい》している。主《おも》な著書《ちょしょ》に『事件記者《じけんきしゃ》という生《い》き方《かた》』（平凡社《へいぼんしゃ》）、『冤罪《えんざい》の恐怖《きょうふ》』（ソフトバンククリエイティブ）など。

目次《もくじ》

一歩《いっぽ》も退《ひ》かんど

聞《き》き書《が》き・鹿児島志布志《かごしましぶし》冤罪事件《えんざいじけん》

第《だい》4章《しょう》 闘争開始《とうそうかいし》

第《だい》5章《しょう》「真実《しんじつ》」求《もと》めて苦闘《くとう》

第《だい》6章《しょう》 真実《しんじつ》は勝《か》つ

第《だい》7章《しょう》 志布志《しぶし》事件《じけん》全員《ぜんいん》無罪《むざい》

第《だい》8章《しょう》 ジキルとハイド

第《だい》1章《しょう》　悪夢《あくむ》のような3日間《みっかかん》

1――いきなりの身体検査《しんたいけんさ》

読者《どくしゃ》の皆《みな》さん、はじめまして。川畑幸夫《かわばたさちお》と申《もう》します。鹿児島県《かごしまけん》の大隅半島《おおすみはんとう》の付《つ》け根《ね》にある志布志市《しぶしし》で、小《ちい》さなビジネスホテルを経営《けいえい》しています。

志布志事件《しぶしじけん》と言《い》えば「あのひどい冤罪事件《えんざいじけん》」と思《おも》い出《だ》す方《かた》もいるでしょう。統一地方選《とういっちほうせん》で実施《じっし》された鹿児島県議選《かごしまけんぎせん》で、県警《けんけい》が志布志《しぶし》の山奥《やまおく》の小《ちい》さな「懐《ふところ》 集落《しゅうらく》」を舞台《ぶたい》にありもしない選挙違反《せんきょいはん》をでっち上《あ》げ、20人以上《にんいじょう》の善良《ぜんりょう》な市民《しみん》の人生《じんせい》を狂《くる》わせました。私《わたし》はその事件《じけん》の最初《さいしょ》の被害者《ひがいしゃ》です。まずは悪夢《あくむ》のようなあの3日間《みっかかん》のことからお話《はな》しします。

2003年《ねん》4月《がつ》14日《か》朝《あさ》。前日投開票《ぜんじつとうかいひょう》された県議選旧曽於郡区《けんぎせんきゅうそおぐんく》で、妻《つま》のいとこの中山信一《なかやましんいち》が初当選《はつとうせん》し、私《わたし》は勝利《しょうり》の余韻《よいん》に浸《ひた》っていました。中山《なかやま》とは「しんちゃん」「さちおさん」と呼《よ》び合《あ》う仲《なか》。一世一代《いっせいいちだい》の選挙《せんきょ》に挑《いど》む身内《みうち》を支《ささ》えようと、私《わたし》も後援会《こうえんかい》の「何《なん》でも屋《や》」として奔走《ほんそう》したのです。

志布志事件の舞台となった
懐集落で語る川畑幸夫さん

眠《ねむ》い目《め》をこすりながらホテルの宿泊客《しゅくはくきゃく》の朝食作《ちょうしょくづく》りを終《お》え、午前《ごぜん》8時《じ》少《すこ》し前《まえ》。自宅《じたく》でトイレに入《はい》っていたら、3人《にん》の刑事《けいじ》がやって来《き》ました。実《じつ》は私《わたし》は1993年《ねん》から志布志署《しぶししょ》の「地域安全《ちいきあんぜん》モニター」を務《つと》めていて、署《しょ》の人《ひと》たちとは顔《かお》なじみでした。私《わたし》のホテルのロビーは、外回《そとまわ》りの署員《しょいん》が一息《ひといき》つく場《ば》にもなっていました。

「きょうは誰《だれ》が来《き》たかな」。なじみの顔《かお》を想像《そうぞう》しつつ下着姿《したぎすがた》でトイレを出《で》ると、見知《みし》らぬ顔《かお》の3人《にん》が妻《つま》の順子《じゅんこ》に室内《しつない》へ通《とお》されていました。「H」と名乗《なの》る警《けい》部補《ぶほ》が「川畑幸夫《かわばたさちお》さんですね。ちょっと選挙《せんきょ》のことで聞《き》きたいことがあります。志布志署《しぶししょ》までいいですか」。私《わたし》はてっきり他陣営《たじんえい》の情報《じょうほう》でも探《さぐ》りたいのかなと考《かんが》え、「ちょっと行《い》ってくるよ」と妻《つま》に言《い》い残《のこ》し、車《くるま》の後部座席《こうぶざせき》に乗《の》り込《こ》みました。

すると、H警部補《けいぶほ》ともう1人《ひとり》が私《わたし》を両側《りょうがわ》から挟《はさ》み込《こ》むように座《すわ》るのです。「あれっ」と違和感《いわかん》を覚《おぼ》えました。「何《なん》のことですか」と聞《き》くと、H警部補《けいぶほ》は人《ひと》さし指《ゆび》を口《くち》の前《まえ》に立《た》て「シー」というしぐさをするだけ。

嫌《いや》な感《かん》じのまま署《しょ》に到着《とうちゃく》。いつもの正面玄関《しょうめんげんかん》ではなく、裏口《うらぐち》から署内《しょない》に通《とお》されました。2階《かい》の生活安全刑事課《せいかつあんぜんけいじか》で「おはようございます」と言《い》っても、顔見知《かおみし》りの署員《しょいん》は顔《かお》を伏《ふ》せたまま。窓《まど》がない取調室《とりしらべしつ》へ案内《あんない》されました。H警部補《けいぶほ》が「決《き》まりですから持《も》ち物《もの》を出《だ》してください」。戸惑《とまど》いつつポケットから免許証《めんきょしょう》などを出《だ》すと、いきなり屈辱的《くつじょくてき》な身体検査《しんたいけんさ》が始《はじ》まりました。令状《れいじょう》なんてないのですよ。

2――執拗《しつよう》に「配《くば》ったろう」

2003年《ねん》4月《がつ》14日《か》朝《あさ》。鹿児島県警志布志署《かごしまけんけいしぶししょ》の狭《せま》くて暗《くら》い取調室《とりしらべしつ》で、いきなり私《わたし》への身体検査《しんたいけんさ》が始《はじ》まりました。両手《りょうて》を広《ひろ》げると、H警部補《けいぶほ》が脇《わき》の下《した》やお尻《しり》を探《さぐ》ります。「股《また》を開《ひら》いて」と言《い》われ、股間《こかん》まで触《さわ》られました。黙秘権《もくひけん》の説明《せつめい》なんてありませんでした。

壁《かべ》を背《せ》にして、硬《かた》い折《お》りたたみ式《しき》のパイプ椅子《いす》に座《すわ》らされました。するとH警部補《けいぶほ》が「何《なん》でそこに座《すわ》っているか、意味《いみ》が分《わ》かるだろう」と言《い》い放《はな》ちます。

私《わたし》は訳《わけ》が分《わ》からず、思《おも》わず「ハアー?」とけげんな声《こえ》を出《だ》すと、「ハアーじゃないがっ」と怒《ど》鳴《な》り、机《つくえ》をドーンとたたきます。そして「ビールを配《くば》っただろう」と追及《ついきゅう》が始《はじ》まりました。「知《し》りません」と何度答《なんどこた》えても、「うそつくな」「認《みと》めろ」の一点張《いってんば》りです。

ようやく私《わたし》が思《おも》い当《あ》たったのは、この年《とし》の1月《がつ》、知人《ちじん》の建設業者《けんせつぎょうしゃ》に缶《かん》ビールを1ケース届《とど》けたこと。前年末《ぜんねんまつ》、工事《こうじ》の団体宿泊客《だんたいしゅくはくきゃく》をホテルに回《まわ》してくれたことへのお礼《れい》で、県議選《けんぎせん》とは何《なん》の関係《かんけい》もありません。もともと、この知人《ちじん》は私《わたし》のいとこの中山信一《なかやましんいち》ではなく、別《べつ》の候補《こうほ》を応援《おうえん》していました。

そのうちなぜか、H警部補《けいぶほ》の質問《しつもん》が変《か》わります。「四浦《ようら》で焼酎《しょうちゅう》を配《くば》っただろう」と言《い》うのです。四浦《ようら》は志布志《しぶし》の山間部《さんかんぶ》の地区《ちく》です。「指紋《しもん》の付《つ》いたのし紙《がみ》もある」とまで言《い》いました。

実際《じっさい》、私《わたし》は四浦地区《ようらちく》に選挙活動《せんきょかつどう》で2回《かい》行きましたが、告示前《こくじまえ》のあいさつ回《まわ》りと告示後《こくじご》の旗立《はたた》てでした。焼酎《しょうちゅう》など配《くば》っていません。

川畑さんが取り調べのたびに
通された志布志署の裏口

さらに驚《おどろ》く発言《はつげん》も。H警部補《けいぶほ》は、以前汚職事件《いぜんおしょくじけん》で逮捕《たいほ》された旧《きゅう》志布志町《しぶしちょう》の前《まえ》の町長《ちょうちょう》と課長《かちょう》の名《な》を挙《あ》げ「○○町長《ちょうちょう》も××課長《かちょう》も、おまえの座《すわ》っているその椅子《いす》で涙《なみだ》を流《なが》し『すみません』と罪《つみ》を認《みと》めたんだ」。だからおまえも認《みと》めろというわけです。ついには「俺《おれ》の目《め》を見《み》ろ」と、にらめっこを要求《ようきゅう》。目《め》をそらすと「やっぱり（焼酎《しょうちゅう》を）配《くば》っている」。

てんで話《はなし》になりません。私《わたし》が「これはわなです」と言《い》うと、「わなという言葉《ことば》を使《つか》うなー」と、ものすごいけんまくでした。

その夜《よる》、帰宅《きたく》したのは午後《ごご》11時《じ》すぎ。ありもしないことであれだけ執拗《しつよう》に責《せ》められると頭《あたま》に血《ち》が上《のぼ》っていて、当時《とうじ》は飲《の》めなかった焼酎《しょうちゅう》をロックで3杯《さんばい》、カーッと飲《の》み干《ほ》しました。「悔《くや》しかーっ」。妻《つま》の順子《じゅんこ》に一部始終《いちぶしじゅう》を話《はな》すうち、「もう舌《した》が回《まわ》っちょらんが」と諭《さと》されました。今《いま》、私《わたし》は芋焼酎《いもじょうちゅう》をロックでたしなみますが、味《あじ》を覚《おぼ》えたのはある意味《いみ》、H警部補《けいぶほ》のおかげです。

3——奮《ふる》い立《た》つアドバイス

2003年《ねん》4月《がつ》15日《にち》の朝《あさ》が来《き》ました。前日《ぜんじつ》、思《おも》いもよらぬ選挙違反《せんきょいはん》の嫌疑《けんぎ》で聴取《ちょうしゅ》された私《わたし》は、この日《ひ》も午前《ごぜん》4時《じ》に起《お》き、ホテルの宿泊客《しゅくはくきゃく》の食事《しょくじ》を作《つく》りました。午前《ごぜん》8時《じ》にH警部補《けいぶほ》らが車《くるま》で迎《むか》えに来《き》て、志布志署《しぶししょ》へ。この時《とき》、私《わたし》の胸《むね》にはある決意《けつい》がありました。

実《じつ》は前日《ぜんじつ》の深夜《しんや》、妻《つま》の順子《じゅんこ》に促《うなが》され、以前《いぜん》、志布志署《しぶししょ》にいた仲《なか》の良《よ》い警察官《けいさつかん》に電話《でんわ》で相談《そうだん》してみたのです。「なんごつな」と電話《でんわ》を取《と》ったその人《ひと》は「川畑《かわばた》さん。やったのならすぐに認《みと》めんば（認《みと》めないと）」と言《い》いました。「おいは絶対《ぜったい》にやっちょらんが（やっていないって）」と潔白《けっぱく》を訴《うった》えると、こうアドバイスをくれました。

「やっとらんなら、絶対《ぜったい》に認《みと》めるな。絶対《ぜったい》に供述調書《きょうじゅつちょうしょ》にサインしちゃいかん。裁判《さいばん》で勝《か》てなくなるよ」

その言葉《ことば》に私《わたし》は奮《ふる》い立《た》ちました。「よーし、絶対《ぜったい》にうその買収《ばいしゅう》など認《みと》めんど」

2日目《ふつかめ》も取調室《とりしらべしつ》でまず令状《れいじょう》なしの身体検査《しんたいけんさ》がありました。H警部補《けいぶほ》は「四浦《ようら》の焼酎《しょうちゅう》（供与《きょうよ》）を認《みと》めろ」の一点張《いってんば》り。否認《ひにん》すると「認《みと》めてヒーローになれ」「おまえはばかか」と、バンバン机《つくえ》をたたきます。

さすがに私《わたし》も我慢《がまん》できなくなり、「どう見《み》てもおいより年下《としした》と思《おも》うが、何歳《なんさい》か」と聞《き》くと、「40」と答《こた》えます。私《わたし》が「50を過《す》ぎたおじさんに向《む》かって何《なに》を言《い》うか」と語気《ごき》を強《つよ》めると、「黙《だま》れー」とさらに大声《おおごえ》が返《かえ》ってきました。さらには「昨年《さくねん》6月《がつ》のベトナム旅行《りょこう》で1千万円《せんまんえん》を土建業者《どけんぎょうしゃ》に配《くば》っただろう」。完全《かんぜん》な出《で》任《まか》せにあぜんとするだけです。

川畑さんが志布志署での取り調べを中断して診察を受けた医院。現在は閉院になっている

次第《しだい》に私《わたし》は後頭部《こうとうぶ》がずきずきしてきました。10年前《ねんまえ》に狭心症《きょうしんしょう》と診断《しんだん》されていて病院《びょういん》での診察《しんさつ》を頼《たの》むと、H警部補《けいぶほ》も渋々許《しぶしぶゆる》しました。付《つ》き添《そ》ったのは若《わか》い刑事《けいじ》。医師《いし》には友達《ともだち》ということにしました。「家《いえ》に連《つ》れて帰《かえ》り水枕《みずまくら》をして安静《あんせい》に寝《ね》せなさい」との指示《しじ》に刑事《けいじ》は「はい」。ところが、車《くるま》が向《む》かったのは志布志署《しぶししょ》でした。その前《まえ》に携帯電話《けいたいでんわ》で怒鳴《どな》られていたので、H警部補《けいぶほ》から「逃《に》がすな」とでもしかられたのでしょう。

取調室《とりしらべしつ》に戻《もど》ると、県議選《けんぎせん》で当選《とうせん》した私《わたし》のいとこの中山信一《なかやましんいち》から私《わたし》の口座《こうざ》に1千万円《せんまんえん》振《ふ》り込《こ》む約束《やくそく》があると、また出任《でまか》せばかり。私《わたし》がホテル開業《かいぎょう》の際《さい》に負《お》った借金《しゃっきん》をまだ返済中《へんさいちゅう》であることを突《つ》いてきて、「何《なん》が草《くさ》の根《ね》の選挙《せんきょ》ボランティアか」とニヤニヤします。腹《はら》に据《す》えかね、私《わたし》が「でっち上《あ》げだ」と強《つよ》く言《い》うと、H警部補《けいぶほ》が「あーん」とげんこつを握《にぎ》って立《た》ち上《あ》がりました。その瞬間《しゅんかん》、思《おも》いました。「殴《なぐ》られる！」

4——刑事《けいじ》は弱《よわ》かもんの敵《てき》？

鹿児島県警志布志署《かごしまけんけいしぶししょ》での取《と》り調《しら》べ2日目《ふつかめ》。げんこつを握《にぎ》ったH警部補《けいぶほ》が、仁王像《におうぞう》のように歯《は》をくいしばっています。私《わたし》が「たたくならたたけ」と言《い》うと、「わいは黙《だま》れー」とものすごい怒《ど》鳴《な》り声《こえ》。一息《ひといき》ついて「わいをたたけばおいが処分《しょぶん》をくらう」と言《い》い、吐《は》き捨《す》てるように「ばかがっ！」。

「国民《こくみん》の税金《ぜいきん》で給料《きゅうりょう》をもらっておいて、国民《こくみん》に暴言《ぼうげん》を吐《は》くとかっ」と私《わたし》が言《い》い返《かえ》すと、珍《めずら》しく頭《あたま》を下《さ》げました。でも、しばらくすると再《ふたた》び「四浦《ようら》に焼酎《しょうちゅう》を2本《ほん》、持《も》っていったろうが」「認《みと》めろ」「ヒーローになれ」の繰《く》り返《かえ》しです。

それにしても、私《わたし》が焼酎《しょうちゅう》を配《くば》ったなんてでたらめがどこから出《で》たのでしょう。何度《なんど》か尋《たず》ねるうちに、H警部補《けいぶほ》が「山中鶴雄《やまなかつるお》が言《い》った」と口《くち》を滑《すべ》らせました。

山中《やまなか》さんは志布志《しぶし》の山間部《さんかんぶ》にある四浦地区《ようらちく》でも、一番奥《いちばんおく》まった所《ところ》にある懐集落《ふところしゅうらく》の住人《じゅうにん》です。後《あと》から分《わ》かったことですが、この日《ひ》、山中《やまなか》さんも志布志署《しぶししょ》に呼《よ》ばれていて「川畑《かわばた》から焼酎《しょうちゅう》をもらっただろう」と責《せ》め立《た》てられていたそうです。

口《くち》を滑《すべ》らせたH警部補《けいぶほ》は意外《いがい》な行動《こうどう》に出《で》ました。机《つくえ》の上《うえ》にA4判《ばん》の紙《かみ》とボールペンを出《だ》し、「山中鶴雄《やまなかつるお》と書《か》け」としつこく求《もと》めてきます。書《か》く理由《りゆう》などないので頑《がん》として拒《こば》みました。

すると「おまえは志布志署《しぶししょ》の地域安全《ちいきあんぜん》モニターを10年《ねん》もしとるのに、よくもK署長《しょちょう》の顔《かお》に泥《どろ》を塗《ぬ》ったな」と言《い》いだしました。私《わたし》はホテルを経営《けいえい》していることもあって、志布志署《しぶししょ》にはずっと協力《きょうりょく》してきたのです。かちんときて、わざと自分《じぶん》の靴《くつ》の裏《うら》をなでて「えー？　泥《どろ》とか塗《ぬ》っとらんがな」ととぼけたら、H警部補《けいぶほ》は「その泥《どろ》じゃなかが」と大《おお》いに怒《おこ》りました。

ちなみにこのK署長《しょちょう》こそが、志布志《しぶし》

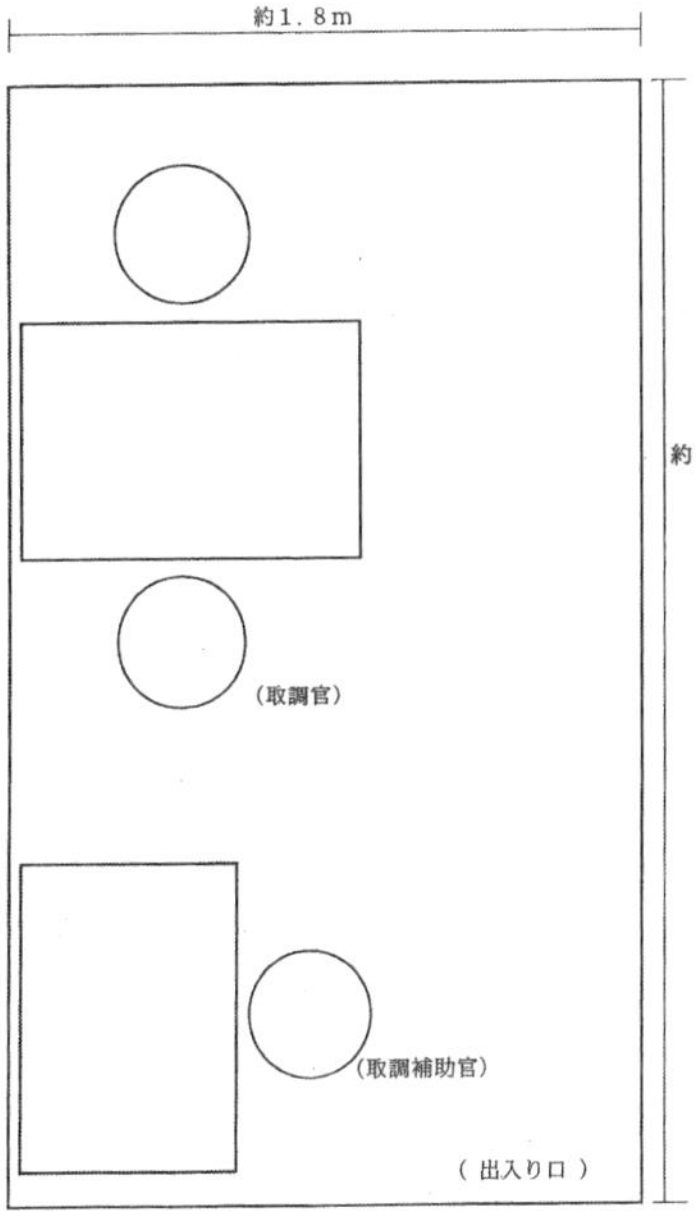

志布志署取調室の見取り図。広さわずか6平方メートルの密室だった

事件《じけん》を引《ひ》き起《お》こした捜査陣《そうさじん》の指揮官《しきかん》です。公判《こうはん》が進《すす》むにつれ、K署長《しょちょう》と直近《ちょっきん》のI警部《けいぶ》、その部《ぶ》下《か》のH警部補《けいぶほ》の3人《にん》がいかに強引《ごういん》な捜査《そうさ》をしたかが明《あき》らかになるのですが、それはいずれお話《はな》しします。

暗《くら》くなってもH警部補《けいぶほ》の詰問《きつもん》は続《つづ》きます。私《わたし》と親《した》しい刑事《けいじ》が私《わたし》のせいで格下《かくさ》げになったとか、出任《でまか》せの話《はなし》ばかり……。私《わたし》はしみじみと思《おも》いました。

「こちらがいくら真実《しんじつ》の説明《せつめい》をしても、ばか呼《よ》ばわりして怒鳴《どな》る……。刑事《けいじ》っちゃ国民《こくみん》の味方《みかた》どころか、弱《よわ》かもんの敵《てき》じゃなかか」

この日《ひ》の取《と》り調《しら》べも午後《ごご》11時《じ》まで。もう心《こころ》も体《からだ》もぼろぼろです。翌日《よくじつ》、この取調室《とりしらべしつ》で、忌《い》まわしい「踏《ふ》み字《じ》」事件《じけん》が起《お》きるのです。

5――3枚《まい》の紙《かみ》に肉親《にくしん》の名《な》

取《と》り調《しら》べ3日目《みっかめ》。この日《ひ》も午前《ごぜん》4時《じ》に起《お》きた私《わたし》は、ホテルの宿泊客《しゅくはくきゃく》の朝食《ちょうしょく》を作《つく》りながら、漠然《ばくぜん》と考《かんが》えていました。「自分《じぶん》を陥《おとしい》れようとしている人物《じんぶつ》は一体《いったい》だれだろう」。志布志《しぶし》という町《まち》は、伸《の》びる人《ひと》がいたら必《かなら》ずその足《あし》を引《ひ》っ張《ぱ》る人《ひと》がいます。思《おも》いを巡《めぐ》らせているうち、午前《ごぜん》8時《じ》にまたお迎《むか》えが来《き》ました。

志布志署《しぶししょ》の取調室《とりしらべしつ》で、H警部補《けいぶほ》は「焼酎《しょうちゅう》を認《みと》めろ」の繰《く》り返《かえ》しです。そして「山中鶴雄《やまなかつるお》と書《か》け」と紙《かみ》を差《さ》し出《だ》してきます。私《わたし》はそれをつっ返《かえ》して椅子《いす》から立《た》ち上《あ》がり宣言《せんげん》しました。

「書《か》きません。話《はな》しません。弁護士《べんごし》の先生《せんせい》をお願《ねが》いしまーす」

近《ちか》くの刑事部屋《けいじべや》にいる顔見知《かおみし》りの署員《しょいん》に聞《き》こえるよう、できる限《かぎ》りの大声《おおごえ》を張《は》り上《あ》げました。ですが取調室《とりしらべしつ》のドアは頑丈《がんじょう》で、外《そと》には聞《き》こえなかったようです。

この日《ひ》、私《わたし》は徹底的《てっていてき》に黙秘《もくひ》を通《とお》しました。質問《しつもん》に首《くび》を振《ふ》ることすらしませんでした。H警部《けいぶ》補《ほ》は「きょうはだんまり作戦《さくせん》か」と皮肉《ひにく》など言《い》いますが、面食《めんく》らっている様子《ようす》です。

ただ、昨日《きのう》からずっとお尻《しり》が痛《いた》いのには参《まい》りました。痔《じ》なんかじゃありませんよ。3日間《みっかかん》も硬《かた》く粗末《そまつ》なパイプ椅子《いす》に座《すわ》らされ、立《た》つことすら禁《きん》じられたら、皆《みな》そうなります。私《わたし》は「トイレに行《い》きたい」と申《もう》し出《で》ては、便座《べんざ》に座《すわ》って一息《ひといき》つきました。付《つ》き添《そ》ってきた刑事《けいじ》がドアをドンドンたたきます。「そんなたたかれたら、出《で》るもんも出《で》んが」と言《い》い返《かえ》しました。

そうやって時間《じかん》を費《つい》やすうち午後《ごご》になり、H警部補《けいぶほ》が不可解《ふかかい》な行動《こうどう》に出《で》ます。まずは、椅子《いす》に座《すわ》った私《わたし》の前《まえ》にしゃがみ込《こ》みました。そして、「川畑《かわばた》、おまえの股《また》ぐらに頭《あたま》を入《い》れろと言《い》うなら入《い》れるよ」と言《い》うのです。困惑《こんわく》していると、本当《ほんとう》に私《わたし》の股《また》ぐらに頭《あたま》を突《つ》っ込《こ》んできました。

次《つぎ》にH警部補《けいぶほ》はA4判《ばん》の紙《かみ》3枚《まい》にマジックで、こんな文章《ぶんしょう》を書《か》き始《はじ》めました。

「栄三《えいぞう》　お父《とう》さんはそういう息子《むすこ》に育《そだ》てた覚《おぼ》えはない」

H警部補が記した踏み字の文面を再現する川畑さん。「取り調べから帰宅後、すぐに記録したので、内容に間違いない」と語る

「文雄《ふみお》　元警察官《もとけいさつかん》の娘《むすめ》をそういう婿《むこ》にやった覚《おぼ》えはない」

「沖縄《おきなわ》の孫《まご》　早《はや》くやさしいじいちゃんになってね」

栄三《えいぞう》とは私《わたし》の父《ちち》です。加世田文雄《かせだふみお》は妻《つま》の父《ちち》で、戦前《せんぜん》に警察官《けいさつかん》でした。沖縄《おきなわ》の孫《まご》とは、長女《ちょうじょ》小由美《さゆみ》の子《こ》ども3人《にん》のことでしょう。この3枚《まい》の紙《かみ》をH警部補《けいぶほ》は私《わたし》の前《まえ》の床《ゆか》に右《みぎ》から順《じゅん》に並《なら》べました。「これをよーく見《み》て反省《はんせい》しろ」と言《い》い捨《す》て、取調室《とりしらべしつ》を出《で》ていきました。

6――身構《みがま》えたら「踏《ふ》み字《じ》」

取調室《とりしらべしつ》で目《め》の前《まえ》の床《ゆか》に置《お》かれたA4判《ばん》の3枚《まい》の紙《かみ》を見下《みお》ろしながら、私《わたし》はあきれ果《は》てていました。人《ひと》の肉親《にくしん》をかたってこんなうその言葉《ことば》を書《か》いてまで、私《わたし》に「焼酎《しょうちゅう》を配《くば》りました」とうその証言《しょうげん》をさせたいのなら、警察《けいさつ》という組織《そしき》は何《なん》のためにあるのでしょうか。もう一度《いちど》、H警部補《けいぶほ》が書《か》いた文面《ぶんめん》を紹介《しょうかい》しておきます。

「栄三《えいぞう》　お父《とう》さんはそういう息子《むすこ》に育《そだ》てた覚《おぼ》えはない」

「文雄《ふみお》　元警察官《もとけいさつかん》の娘《むすめ》をそういう婿《むこ》にやった覚《おぼ》えはない」

「沖縄《おきなわ》の孫《まご》　早《はや》くやさしいじいちゃんになってね」

そうして1時間《じかん》ほど過《す》ぎた時《とき》。H警部補《けいぶほ》が取調室《とりしらべしつ》に戻《もど》ってくるなり、私《わたし》の前《まえ》にしゃがみこみました。がちっと両手《りょうて》で私《わたし》の左右《さゆう》の足首《あしくび》をつかんで、持《も》ち上《あ》げます。私《わたし》はその瞬間《しゅんかん》、「後《うし》ろにひっくり返《かえ》される」と思《おも》い、とっさに座《すわ》っているパイプ椅子《いす》の座面《ざめん》を両手《りょうて》でつかんで身構《みがま》えました。

すると、H警部補《けいぶほ》は「こんわろ（鹿児島弁《かごしまべん》でこの野郎《やろう》の意味《いみ》）は、血《ち》も涙《なみだ》もないやつだ。親《おや》や孫《まご》を踏《ふ》みつけるやつだ」と言《い》いながら、私《わたし》の両足《りょうあし》を両手《りょうて》で持《も》ち上《あ》げ、足元《あしもと》に置《お》いていた紙《かみ》を無理《むり》やり踏《ふ》ませたのです。私《わたし》から向《む》かって右側《みぎがわ》から順番《じゅんばん》に、右《みぎ》、真《ま》ん中《なか》、左《ひだり》――という具合《ぐあい》です。踏《ふ》ませた回数《かいすう》は10回くらいでした。

私《わたし》は怒《いか》りより先《さき》に、とにかくびっくりしました。「おいおい、警察《けいさつ》がここまでやるのか。うそだろう」というのが率直《そっちょく》な感想《かんそう》です。常軌《じょうき》を逸《いっ》した取《と》り調《しら》べに私《わたし》の感覚《かんかく》もまひしていたのかもしれません。その後《あと》は一言《ひとこと》もしゃべらず、午後《ごご》9時半《じはん》に自宅《じたく》に帰《かえ》されました。

「きょうは変《へん》な紙《かみ》を踏《ふ》まされてよ」。恒例《こうれい》となった焼酎《しょうちゅう》のロックで心《こころ》を静《しず》めながら、妻《つま》の順子《じゅんこ》に一部始終《いちぶしじゅう》を話《はな》し始《はじ》めると、順子《じゅんこ》がいきなり怒《おこ》りだしました。

「それはキリシタンの踏《ふ》み絵《え》じゃよ。何百年《なんびゃくねん》も前《まえ》の話《はなし》。今《いま》の時代《じだい》に江戸時代《えどじだい》の拷問《ごうもん》とおんなじ

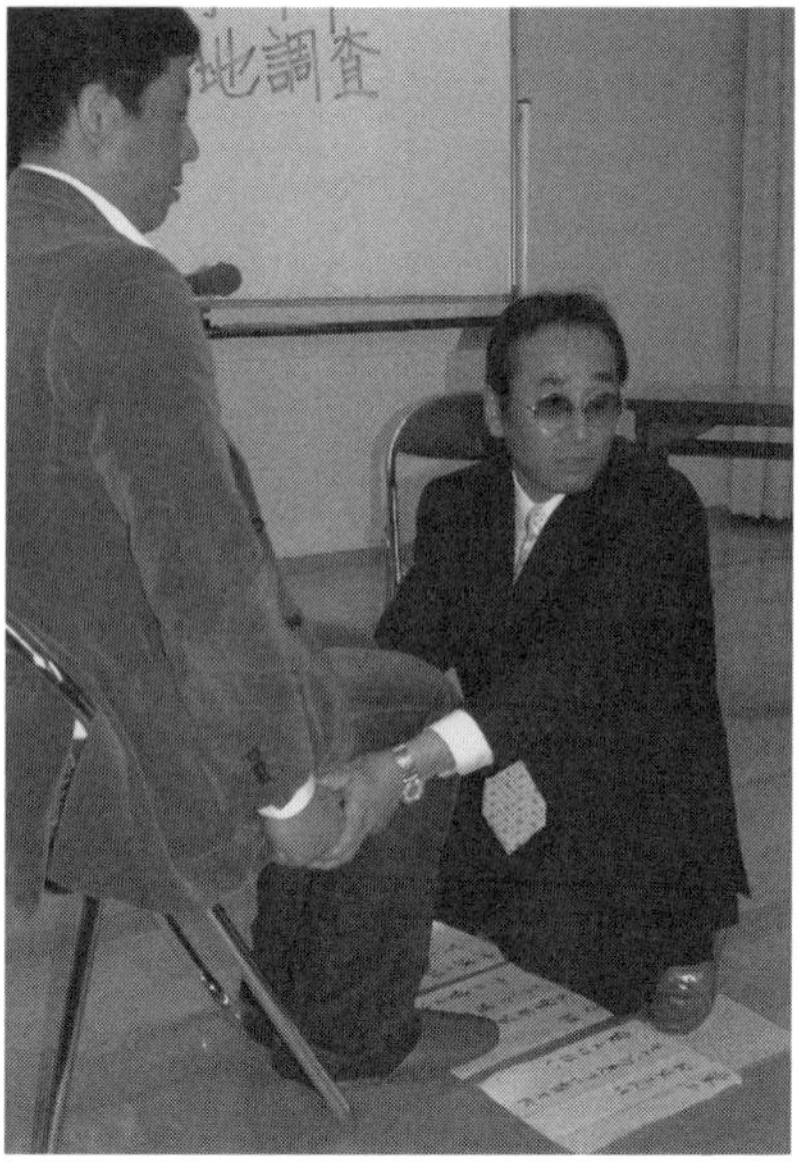

北九州市での講演で「踏み字」行為を再現してみせる川畑さん（右）=2007年３月24日

こつをさせるなんて、絶対《ぜったい》に許《ゆる》さるっこつじゃなか」

　順子《じゅんこ》の言葉《ことば》で雷《かみなり》に打《う》たれたように、私《わたし》の胸《むね》も怒《いか》りでいっぱいになりました。大切《たいせつ》な親《おや》や孫《まご》を、こんな卑劣《ひれつ》なやり方《かた》で侮辱《ぶじょく》するとは……。「ほんなこつ。許《ゆる》さるっこつじゃなか」

　すると順子《じゅんこ》から「あなた、その文句《もんく》、忘《わす》れんうちに書《か》いとこ」と促《うなが》されました。私《わたし》は穴《あな》の開《あ》くほど見《み》せられた文句《もんく》を、同じ大《おお》きさのＡ４判《ばん》の紙《かみ》にマジックで記録《きろく》し、こう決心《けっしん》しました。

「権力《けんりょく》の横暴《おうぼう》と、とことん闘《たたか》う。一歩《いっぽ》も退《ひ》かんど」

第《だい》2章《しょう》　前半生《ぜんはんせい》も波瀾万丈《はらんばんじょう》

7──小《ちい》さな〝冤罪《えんざい》〟で骨折《こっせつ》

前回《ぜんかい》まで「踏《ふ》み字事件《じじけん》」が発生《はっせい》した3日間《みっかかん》の一部始終《いちぶしじゅう》を述《の》べました。警察官《けいさつかん》が取《と》り調《しら》べで肉《にく》親《しん》の名前《なまえ》とうその言葉《ことば》を書《か》いた紙《かみ》を無理《むり》やり踏《ふ》ませる……。本当《ほんとう》にひどい話《はなし》ですが、今回《こんかい》からしばし事件《じけん》から離《はな》れたいと思《おも》います。読者《どくしゃ》の皆《みな》さんに私《わたし》がどう生《い》きてきたかを知《し》ってもらえれば、買収《ばいしゅう》なんかする男《おとこ》じゃないと分《わ》かってもらえると思《おも》うのです。生《お》い立《た》ちから一切合切《いっさいがっさい》をお話《はな》しします。お恥《は》ずかしい限《かぎ》りですが、しばらくの間《あいだ》、おつきあいください。

私《わたし》は終戦直後《しゅうせんちょくご》の昭和《しょうわ》20(1945)年《ねん》11月2日《がつふつか》、現在《げんざい》の鹿児島県志布志市志布志町内ノ倉《かごしまけんしぶししぶしちょうちくら》に、農家《のうか》の長男《ちょうなん》として生《う》まれました。畑《はたけ》で主《おも》に作《つく》るのはサツマイモ。皆《みな》さんがお好《す》きな焼《や》き芋《いも》とは違《ちが》って、外見《がいけん》も中身《なかみ》も白《しろ》く、デンプン採取《さいしゅ》を目的《もくてき》にした品種《ひんしゅ》です。食《た》べてもおいしくありませんよ。あと牛《うし》を3頭育《とうそだ》てて、米《こめ》や麦《むぎ》も作《つく》っていました。まあ、鹿児島特有《かごしまとくゆう》のシラス台地《だいち》の典型的《てんけいてき》な畑作農家《はたさくのうか》ですね。

現在は知人に貸している生家の前で、
父にしかられた思い出を語る川畑さん

私《わたし》は3人《にん》きょうだいの中《なか》の男《おとこ》1人《ひとり》でしたので、小学校《しょうがっこう》に上《あ》がると畑《はたけ》を手伝《てつだ》わされました。春《はる》は来《く》る日《ひ》も来《く》る日《ひ》もイモの苗植《なえう》え。機械《きかい》などありません。苗《なえ》の重《おも》い束《たば》を脇《わき》に抱《かか》え、一本《いっぽん》ずつ手《て》植《う》えして土《つち》をかぶせます。腰《こし》が痛《いた》くて手《て》を休《やす》めると、父《ちち》の栄三《えいぞう》に「それじゃ日《ひ》が暮《く》るっど」とどやされます。すると、見《み》かねたご近所《きんじょ》さんが隣《となり》の畑《はたけ》から手伝《てつだ》いに来《き》てくれました。

通学路《つうがくろ》はうちの畑《はたけ》の脇《わき》を通《とお》ります。ある日《ひ》の学校帰《がっこうがえ》り。土手《どて》に隠《かく》れながら通過《つうか》しようとしていると、畑《はたけ》の方《ほう》から父《ちち》が友達《ともだち》に「うちの幸夫《ゆきお》はまだけ？」。私《わたし》は口《くち》を押《お》さえて手《て》を振《ふ》って「言《い》うな」と懸命《けんめい》のジェスチャーをするのですが、友達《ともだち》は「ここにおるよ」と指《ゆび》さすのです。そのたびに、畑《はたけ》へと引《ひ》っ立《た》てられました。

　そんな父《ちち》は曲《ま》がったことが大嫌《だいきら》いな性格《せいかく》。私《わたし》が小《しょう》6の時《とき》、ちょっとした事件《じけん》が起《お》こります。いとこの女《おんな》の子《こ》が「幸夫《さちお》ちゃんがラムネ瓶《びん》のゴムを外《はず》した」と父《ちち》に言《い》いつけたのです。ゴムがないと瓶《びん》を返《かえ》せないためです。私《わたし》のはもともと外《はず》れていて〝冤罪《えんざい》〟だったのですが……。「外《はず》してない」と言《い》うと、父《ちち》は「うそをつくな」とさらに怒《おこ》ります。牛小屋《うしごや》の柱《はしら》に後《うし》ろ手《で》にくくりつけられ、竹《たけ》ぼうきがささくれ立《た》つほど尻《しり》をたたかれました。その時《とき》、かばった左手《ひだりて》に激痛《げきつう》が。

父《ちち》が慌《あわ》てて私《わたし》を自転車《じてんしゃ》で病院《びょういん》に連《つ》れていくと、医師《いし》は「骨折《こっせつ》ですな」。以来《いらい》、父《ちち》は私《わたし》をしかる時《とき》、きせるで頭《あたま》をコツンとするだけになりました。

8——マドロスに憧《あこが》れ家出《いえで》

1961年《ねん》、私《わたし》は中学《ちゅうがく》を卒業《そつぎょう》しましたが、高校《こうこう》には進《すす》みませんでした。当時《とうじ》の志布志《しぶし》では農《のう》家《か》の跡取《あとと》りは中学《ちゅうがく》を出《で》たら家《いえ》に入《はい》るのがごく普通《ふつう》のこと。農作業《のうさぎょう》を手伝《てつだ》いながら土木作業《どぼくさぎょう》に出《で》て家計《かけい》を助《たす》けるのです。

ただ、胸《むね》にはずっと「マドロス」への憧《あこが》れがありました。岡晴夫《おかはるお》さんの「憧《あこが》れのハワイ航《こう》路《ろ》」や美空《みそら》ひばりさんの「港町十三番地《みなとまちじゅうさんばんち》」など、マドロス歌謡《かよう》がはやっていました。「バタヤン」と呼《よ》ばれた田端義夫《たばたよしお》さんのマドロス帽《ぼう》が、それはかっこよく映《うつ》りました。

おいもマドロスになりたか——。思《おも》いを募《つの》らせた15の夏《なつ》、私《わたし》は家出《いえで》を決行《けっこう》します。今《いま》となれば浅《あさ》はかですが、どこかの島《しま》に行《い》って大《おお》きな船《ふね》に頼《たの》みこめば、船員《せんいん》に雇《やと》ってもらえるのではと考《かんが》えたのです。

目指《めざ》したのは種子島《たねがしま》。旅費《りょひ》は、土木作業《どぼくさぎょう》のアルバイト代《だい》の一部《いちぶ》をこっそりためていました。

中学を卒業した頃の川畑さん。当時は珍しいカメラを手に入れた友人が撮影してくれた

よそ行《ゆ》きの服《ふく》などないので中学《ちゅうがく》の制服《せいふく》を着《き》て、鹿児島市《かごしまし》までバスで出《で》て、鹿児島港《かごしまこう》でフェリーに乗《の》り込《こ》みました。

船《ふね》は煙《けむり》を吐《は》く桜島《さくらじま》に別《わか》れを告《つ》げ、穏《おだ》やかな錦江湾《きんこうわん》（鹿児島湾《かごしまわん》）を南《みなみ》へ進《すす》みます。右手《みぎて》に薩摩《さつま》半島《はんとう》、左手《ひだりて》に大隅半島《おおすみはんとう》の山並《やまな》みを後《あと》にして、太平洋《たいへいよう》に出《で》ると白波《しらなみ》が立《た》っていました。海《うみ》の雄大《ゆうだい》さに見《み》とれました。

意気揚々《いきようよう》と種子島《たねがしま》の西之表港《にしのおもてこう》に降《お》り立《た》つと、すぐに2人《ふたり》の警察官《けいさつかん》が近寄《ちかよ》ってきました。「君《きみ》は中学生《ちゅうがくせい》？　1人《ひとり》でどこに行《い》くの？」。職務質問《しょくむしつもん》というやつですね。私《わたし》は中学《ちゅうがく》を出《で》て既《すで》に働《はたら》いており、船員《せんいん》になろうと思《おも》って島《しま》に来《き》たと説明《せつめい》しましたが、警察署《けいさつしょ》に一時保護《いちじほご》され、次《つぎ》の鹿児島《かごしま》行《い》きフェリーに強制的《きょうせいてき》に乗《の》せられました。船《ふね》が出《で》るまで警察官《けいさつかん》が岸壁《がんぺき》からずっと見張《みは》っていて、逃《に》げ出《だ》すことはできませんでした。

肩《かた》を落《お》として鹿児島港《かごしまこう》に着《つ》くと、父《ちち》の栄三《えいぞう》が迎《むか》えに来《き》ていました。警察《けいさつ》が連絡《れんらく》したのでしょうね。「殴《なぐ》られる」と覚悟《かくご》して身《み》を硬《かた》くしていたら、父《ちち》は「親《おや》にあんまり心配《しんぱい》かけるな」と言《い》ったきり、何《なに》もしゃべりません。父《ちち》と2人《ふたり》、黙《だま》り込《こ》んだままバスに揺《ゆ》られ、志布志《しぶし》に戻《もど》りました。

父《ちち》がこぐ自転車《じてんしゃ》の後《うし》ろに乗《の》って、家《いえ》まで帰《かえ》りました。

そして私《わたし》は、父《ちち》に「なんぼ連《つ》れ返《かえ》されても、おいはまた家出《いえで》すっど」と正直《しょうじき》な思《おも》いを告《つ》げました。今振《いまふ》り返《かえ》ると、職業《しょくぎょう》は何《なに》でもよくて、とにかく古《ふる》くさい田舎《いなか》を出《で》たかったのですね。父《ちち》は最後《さいご》には折《お》れて、「イモを取《と》る時期《じき》には帰《かえ》って来《こ》いよ」と言《い》いました。

9——夢《ゆめ》の東京生活始《とうきょうせいかつはじ》まる

東京五輪《とうきょうごりん》が開催《かいさい》される1964年《ねん》。18歳《さい》になっていた私《わたし》は念願《ねんがん》の東京《とうきょう》に旅立《たびだ》ちます。父栄三《ちちえいぞう》の弟《おとうと》、川畑収《かわばたおさむ》が東京《とうきょう》で菓子店《かしてん》を営《いとな》んでいて、身元《みもと》を引《ひ》き受《う》けてくれることになったのです。夢《ゆめ》がかなった私《わたし》は、上京《じょうきょう》する直前《ちょくぜん》までサツマイモの収穫《しゅうかく》に精《せい》を出《だ》したことは言《い》うまでもありません。

正月《しょうがつ》が終《お》わるとすぐ寝台列車《しんだいれっしゃ》に飛《と》び乗《の》りました。やっと東京駅《とうきょうえき》に着《つ》きましたが、収叔父《おさむおじ》さんとは何年《なんねん》も会《あ》っておらず、互《たが》いに顔《かお》が分《わ》かりません。薄暗《うすぐら》いプラットホームからは潮《しお》が引《ひ》くように人《ひと》がいなくなっていきます。その心細《こころぼそ》さといったら……。すると、1人《ひとり》の男性《だんせい》が呼《よ》び掛《か》けてきました。

「幸夫《さちお》け?」

私《わたし》は思《おも》わず「収《おさむ》あんやん（兄《にい》ちゃん）け？」と問《と》い返《かえ》しました。「ああ、おれだ。よく来《き》たな」と言《い》われて、体《からだ》の力《ちから》が抜《ぬ》けました。叔父《おじ》さんは「幸夫《さちお》も太《ふと》うなったなー。全然《ぜんぜん》分《わ》からなかった」と笑《わら》い、自宅《じたく》まで案内《あんない》してくれました。

叔父《おじ》さんは私《わたし》を預《あず》かることにしたわけを、話《はな》してくれました。「おれも幸夫《さちお》と同《おな》じように上京《じょうきょう》しようとして、皆《みな》に反対《はんたい》されたんだ。すると、おまえのお父《とう》さんだけが応援《おうえん》してくれた。『頑張《がんば》れ。一人前《いちにんまえ》になるまで帰《かえ》ってくるな』と、せんべつまでくれた。その恩返《おんがえ》しだよ」。父《ちち》のしかめっ面《つら》が懐《なつ》かしくなりました。

私《わたし》は叔父《おじ》さんの知人《ちじん》のつてで、大森警察署《おおもりけいさつしょ》の隣《となり》にあった運送会社《うんそうがいしゃ》で助手《じょしゅ》として働《はたら》くことになりました。1階《かい》がトラックの車庫《しゃこ》で2階《かい》が事務所《じむしょ》、3階《かい》が寮《りょう》。寮《りょう》と言《い》っても畳敷《たたみじ》きの大部屋《おおべや》で、20人《にん》で雑魚寝生活《ざこねせいかつ》です。

私《わたし》は免許《めんきょ》がないので、鋼管《こうかん》や清涼飲料水《せいりょういんりょうすい》の積《つ》み降《お》ろし、トラックの洗車《せんしゃ》が主《おも》な仕事《しごと》でした。いろんな運転手《うんてんしゅ》にかわいがられて、楽《たの》しい助手《じょしゅ》時代《じだい》でした。

暑《あつ》い夏《なつ》に宮崎県出身《みやざきけんしゅっしん》の運転手《うんてんしゅ》に付《つ》いて長崎《ながさき》ま

東京五輪のマラソンで35キロ付近を力走するアベベ選手
＝1964年10月21日

で行《い》ったこともあります。クーラーなんてなく、小《ちい》さな三角窓《さんかくまど》からは風《かぜ》も満足《まんぞく》に入《はい》りません。2人《ふたり》ともステテコに肌着《はだぎ》1枚《まい》の格好《かっこう》になって、箱根《はこね》の山《やま》を何《なん》とか越《こ》える頃《ころ》には、汗《あせ》びっしょりでしたね。

忘《わす》れられないのは10月《がつ》21日《にち》の東京《とうきょう》五輪《ごりん》マラソン。会社《かいしゃ》の前《まえ》の道路《どうろ》がコースになっていて、私《わたし》は車庫《しゃこ》に止《と》まったトラックの荷台《にだい》の上《うえ》から観戦《かんせん》していました。すると、黒《くろ》い肌《はだ》の選手《せんしゅ》がすーっと目《め》の前《まえ》を走《はし》り去《さ》っていきました。エチオピアのアベベ選手《せんしゅ》です。他《ほか》の選手《せんしゅ》は必死《ひっし》の形相《ぎょうそう》で走《はし》っているのに、1人《ひとり》だけ軽《かろ》やかですごく優雅《ゆうが》な感《かん》じ。「世界《せかい》って広《ひろ》いなあ」と感心《かんしん》しました。

10——しっかり者《もの》に引《ひ》かれて

1960年代《ねんだい》の日本《にっぽん》は、高度成長期《こうどせいちょうき》のまっただ中《なか》でした。私《わたし》は20歳《さい》で大型免許《おおがためんきょ》を取《と》って運転手《うんてんしゅ》として独《ひと》り立《だ》ち。東京都町田市《とうきょうとまちだし》の山《やま》を切《き》り開《ひら》く宅地開発事業《たくちかいはつじぎょう》で、ダンプやブルドーザーを運転《うんてん》していました。もちろん、父《ちち》の栄三《えいぞう》との約束通《やくそくどお》り、11～12月《がつ》は長期休暇《ちょうききゅうか》を取《と》って帰省《きせい》し、サツマイモの収穫《しゅうかく》に精《せい》を出《だ》しました。

その頃《ころ》、私《わたし》には気《き》になる女性《じょせい》がいました。加世田順子《かせだじゅんこ》さん。旧松山町《きゅうまつやまちょう》（鹿児島県志布志市《かごしまけんしぶしし》）の尾野見小《おのみしょう》に用務員《ようむいん》として勤《つと》めていました。そう、現在《げんざい》の妻《つま》です。

順子《じゅんこ》は、私《わたし》より10日《とおか》遅《おく》れの1945年《ねん》11月《がつ》12日《にち》、中国《ちゅうごく》・大連《だいれん》で生《う》まれました。敗戦《はいせん》と、その後《ご》の混乱《こんらん》で一家《いっか》の暮《く》らしは一変《いっぺん》。父《ちち》の文雄《ふみお》は現地警察《げんちけいさつ》の巡査《じゅんさ》だったためシベリアに抑留《よくりゅう》されてしまいます。母《はは》のヨシエは生後間《せいごま》もない順子《じゅんこ》とその姉《あね》を連《つ》れて、命《いのち》からがら引《ひ》き揚《あ》げ船《せん》で佐世保《させぼ》にたどり着《つ》きました。

順子《じゅんこ》に記憶《きおく》はありませんが、日本《にっぽん》に着《つ》いた時《とき》は栄養失調《えいようしっちょう》で死《し》ぬ寸前《すんぜん》だったようです。義母《ぎぼ》は佐世保《させぼ》から同《おな》じ汽車《きしゃ》に乗《の》った人《ひと》に「背中《せなか》におぶっている子《こ》はもう死《し》んでいるよ」と告《つ》げられました。でも、実家《じっか》にたどり着《つ》いて重湯《おもゆ》を飲《の》ませると、息《いき》を吹《ふ》き返《かえ》したそうです。

そんな経験《けいけん》を持《も》つ順子《じゅんこ》はしっかり者《もの》。中学卒業後《ちゅうがくそつぎょうご》に青年団《せいねんだん》の行事《ぎょうじ》で知《し》り合《あ》った私《わたし》はひそかに心《こころ》を寄《よ》せていました。帰省《きせい》するたびに大《たい》した用《よう》もないのに、尾野見小《おのみしょう》に顔《かお》を出《だ》したものです。それを察《さっ》した私《わたし》のいとこが「順子《じゅんこ》ちゃんを嫁《よめ》にもらえ」と強《つよ》く勧《すす》めてきます。いとこによると、順子《じゅんこ》もまんざらでないとのこと。

難関《なんかん》は義父《ぎふ》でした。シベリア抑留《よくりゅう》から帰還《きかん》しても希望《きぼう》した警察《けいさつ》には戻《もど》れず、地域《ちいき》では「怖《こわ》くてやかましい人《ひと》」で通《とお》っていたのです。でも私《わたし》には勝算《しょうさん》があ

川畑さんがひそかに思いを寄せていた頃の順子さん（中央）

りました。ある大雨《おおあめ》の日《ひ》。私《わたし》はたまたま義父《ぎふ》の車《くるま》が田《た》んぼに落《お》ちかけている現場《げんば》に出《で》くわしました。「これはアピールのチャンスだ」と、パンツ1枚《まい》になって車《くるま》を引《ひ》き上《あ》げるべく奮闘《ふんとう》し、大《おお》いに感謝《かんしゃ》されていたのです。

ここは直球勝負《ちょっきゅうしょうぶ》だ――。67年《ねん》2月《がつ》、休暇《きゅうか》をもらって帰省《きせい》し、順子《じゅんこ》の家《いえ》を訪《たず》ねました。「こんばんは」とあいさつすると、既《すで》に私《わたし》に好感《こうかん》を持《も》っていた義父《ぎふ》は「おう、上《あ》がらんな」。単刀直入《たんとうちょくにゅう》に「順子《じゅんこ》さんをください」と言《い》って頭《あたま》を下《さ》げました。順子《じゅんこ》は目《め》を丸《まる》くしていましたが、義父《ぎふ》から「結婚《けっこん》したいのか」と問《と》われると、「はい」とはっきり答《こた》えてくれました。そして私《わたし》たちの新生活《しんせいかつ》が東京《とうきょう》で始《はじ》まります。

11――「神田川《かんだがわ》」の新婚生活《しんこんせいかつ》

お恥《は》ずかしい話《はなし》ですが、今回《こんかい》の聞《き》き書《が》きで結婚記念日《けっこんきねんび》を尋《たず》ねられたのですが、はっきり思《おも》い出《だ》せません。妻《つま》の順子《じゅんこ》に戸籍抄本《こせきしょうほん》を取《と》ってきてもらったら、1967年《ねん》4月《がつ》19日《にち》が「婚姻日《こんいんび》」となっていました。

記憶《きおく》にないのも当《あ》たり前《まえ》。67年《ねん》3月《がつ》、私《わたし》たちは双方《そうほう》の親《おや》に結婚《けっこん》を認《みと》めてもらうと、婚姻届《こんいんとどけ》の提出《ていしゅつ》は親《おや》に託《たく》し、ボストンバッグ一《ひと》つずつ抱《かか》えて上京《じょうきょう》したのです。2人《ふたり》とも21歳《さい》。ちょっとした嫌《いや》な出来事《できごと》もあったので、「今《いま》すぐ2人《ふたり》で東京《とうきょう》に出《で》よう」と飛《と》び出《だ》しました。新婚生活《しんこんせいかつ》のスタートは、そばを荒川《あらかわ》が流《なが》れる6畳一間《じょうひとま》のアパートでした。部屋《へや》には小《ちい》さな流《なが》しがあるだけで、トイレは共同《きょうどう》、風呂《ふろ》はなし。妻《つま》はテレビの部品工場《ぶひんこうじょう》で、私《わたし》はダンプの運転手《うんてんしゅ》として働《はたら》きました。

楽《たの》しみはその日《ひ》の出来事《できごと》を話《はな》しながら銭湯《せんとう》まで歩《ある》くこと。妻《つま》が出《で》てくるまで、よく待《ま》たされました。70年代《ねんだい》にフォークグループ、かぐや姫《ひめ》の「神田川《かんだがわ》」が大《だい》ヒットしましたが、せっけんがカタカタ鳴《な》ったとか、全《まった》く同《おな》じ雰囲気《ふんいき》でしたね。♫若《わか》かったあの頃《ころ》――と歌《うた》は続《つづ》きますが、私《わたし》と順子《じゅんこ》も、本当《ほんとう》に若《わか》かったです。

結婚式を挙げ、記念撮影をした
川畑さん夫妻

新生活《しんせいかつ》に慣《な》れたその年《とし》の11月《がつ》、妻《つま》の懐妊《かいにん》が分《わ》かりました。東京《とうきょう》での出産《しゅっさん》・子育《こそだ》ては難《むずか》しく、父母《ふぼ》が暮《く》らす志布志《しぶし》の実家《じっか》に戻《もど》ることにしました。身重《みおも》の妻《つま》は奮発《ふんぱつ》して飛行機《ひこうき》で帰《かえ》しました。私《わたし》は残《のこ》った貯金《ちょきん》で買《か》った中古《ちゅうこ》の軽《けい》トラックを運転《うんてん》し、古里《ふるさと》に戻《もど》りました。

翌《よく》68年《ねん》2月《がつ》に親類約《しんるいやく》50人《にん》を招《まね》いて、遅《おそ》まきながらの結婚式《けっこんしき》を挙《あ》げました。妻《つま》は身重《みおも》であるのを気《き》にしていましたが、鶴《つる》の刺繍《ししゅう》が入《はい》った打《う》ち掛《か》け姿《すがた》があでやかなこと。ほれ直《なお》しました。6月6日《がつむいか》に長女《ちょうじょ》が無事誕生《ぶじたんじょう》。幸夫《さちお》の「さ」、順子《じゅんこ》の「ゆ」、母《はは》ミエの「み」を取《と》って、小由美《さゆみ》と名付《なづ》けました。翌年《よくねん》12月《がつ》15日《にち》には次女香代《じじょかよ》に恵《めぐ》まれました。

2児《じ》の父《ちち》となった私《わたし》。一家《いっか》の大黒柱《だいこくばしら》として稼《かせ》がねばなりません。そこで、少々危険《しょうしょうきけん》ですが実入《みい》りの良《よ》い、セメントを運《はこ》ぶタンクローリーの運転手《うんてんしゅ》になりました。セメントはコンクリートを作《つく》る材料《ざいりょう》でビルやマンションの建設《けんせつ》に欠《か》かせない資材《しざい》。それを宮崎県日南市《みやざきけんにちなんし》の油津港《あぶらつこう》から鹿児島県鹿屋市《かごしまけんかのやし》の生《なま》コン工場《こうじょう》まで運搬《うんぱん》するのです。常温《じょうおん》だと固《かた》まるので、タンクの中《なか》で高温《こうおん》に熱《ねっ》したまま輸送《ゆそう》します。取《と》り扱《あつか》いには十分《じゅうぶん》に注意《ちゅうい》しないといけないのですが……。

人生《じんせい》を大《おお》きく変《か》える事故《じこ》が起《お》きたのは、70年《ねん》9月《がつ》21日《にち》のことでした。

12——事故《じこ》で左目《ひだりめ》を失明《しつめい》……

1970年《ねん》9月《がつ》21日《にち》。あの日《ひ》のことを思《おも》い出《だ》すと、自分《じぶん》の軽率《けいそつ》さが悔《く》やまれてなりません。タンクローリーの運転手《うんてんしゅ》だった私《わたし》。宮崎県日南市《みやざきけんにちなんし》から鹿児島県鹿屋市《かごしまけんかのやし》まで、セメントを運《はこ》んできました。タンクの中《なか》のセメントを、ホースを使《つか》って生《なま》コン工場《こうじょう》のサイロに移《うつ》し終《お》え、後片付《あとかたづ》けにかかった時《とき》です。

長女の小由美さんと記念撮影する川畑さん夫妻。これからほどなくして川畑さんは労災事故に遭う

「熱《あつ》いっ」。突然《とつぜん》、顔全体《かおぜんたい》がものすごく熱《あつ》くなり、両目《りょうめ》を手《て》で覆《おお》いました。

ホースを外《はず》した瞬間《しゅんかん》、タンク内《ない》に残《のこ》っていたセメント混《ま》じりの温度《おんど》80度《ど》ほどの圧縮空気《あっしゅくくうき》が、私《わたし》の両目《りょうめ》を直撃《ちょくげき》したのです。四《よっ》つある空気抜《くうきぬ》きバルブのうちの一《ひと》つを開《あ》け忘《わす》れていたことが原因《げんいん》でした。その日《ひ》は雨《あめ》が降《ふ》っていて、サングラスも外《はず》していました。

すぐに水道《すいどう》へ走《はし》り、ホースから水《みず》をジャージャー出《だ》して、目《め》に水《みず》をかけました。近《ちか》くの眼科医《がんかい》院《いん》に運《はこ》び込《こ》まれ、1時間《じかん》ほど両目《りょうめ》を洗浄《せんじょう》してもらううち、右目《みぎめ》は見《み》えるようになりました。ですが、最初《さいしょ》は右目《みぎめ》より見《み》えていた左目《ひだりめ》が次第《しだい》にぼんやりし始《はじ》め、やがて見《み》えなくなりました。

その医院《いいん》には1カ月入院《げつにゅういん》しましたが、ついに左目《ひだりめ》の視力《しりょく》は戻《もど》りませんでした。看護師《かんごし》さんは「実《じつ》は運《はこ》び込《こ》まれた時《とき》、先生《せんせい》が『角膜《かくまく》が煮《に》えている。失明《しつめい》は避《さ》けられないだろう』とおっしゃっていました」とのこと。退院後《たいいんご》、妻《つま》の順子《じゅんこ》が「大《おお》きな病院《びょういん》なら手術《しゅじゅつ》してくれるかも」と福岡《ふくおか》の九州大学医学部《きゅうしゅうだいがくいがくぶ》付属病院《ふぞくびょういん》（現《げん》　九州大学病院《きゅうしゅうだいがくびょういん》）に連《つ》れて行《い》ってくれましたが、やはり無理《むり》でした。

下《した》の娘《むすめ》がまだ0歳《さい》の時《とき》です。片目《かため》の視力《しりょく》を失《うしな》った以上《いじょう》、大型車《おおがたしゃ》の運転手《うんてんしゅ》としては働《はたら》けません。妻《つま》と父《ふ》母《ぼ》が仕事《しごと》や農作業《のうさぎょう》に出《で》た家《いえ》に、幼《おさな》い娘《むすめ》2人《ふたり》とこもりきりの毎日《まいにち》です。こんなことをしでかした自分《じぶん》に腹《はら》が立《た》って、腹《はら》が立《た》って…。失明《しつめい》した左目《ひだりめ》を隠《かく》すためかけ始《はじ》めたサングラスを、何度《なんど》も壁《かべ》に投《な》げつけては壊《こわ》しました。そのたびに、妻《つま》が黙《だま》って買《か》い直《なお》してくれました。

しばらくして、深夜《しんや》に居間《いま》から「カサカサ」と音《おと》がするのに気付《きづ》きました。私《わたし》の代《か》わりに一《いっ》家《か》の生計《せいけい》を支《ささ》えようと、妻《つま》がタクシー運転手《うんてんしゅ》になる勉強《べんきょう》を始《はじ》めていたのです。

こんまんまじゃいかん、何《なん》とかせんな――。私《わたし》は東京《とうきょう》で菓子店《かしてん》を営《いとな》む叔父《おじ》の川畑収《かわばたおさむ》に電話《でんわ》しました。

「収《おさむ》あんやん（兄《にい》さん）。おいは左目《ひだりめ》が見《み》えんごっなった。菓子職人《かししょくにん》の修業《しゅぎょう》をしたか」

叔父《おじ》はこう言《い》いました。「分《わ》かった。幸夫《さちお》、まずは1人《ひとり》で東京《とうきょう》に来《こ》い」

13――単身修業《たんしんしゅぎょう》、菓子職人《かししょくにん》に

左目《ひだりめ》を失明《しつめい》した私《わたし》は、手《て》に職《しょく》を付《つ》けようと、1971年《ねん》3月《がつ》に単身《たんしん》で上京《じょうきょう》。東京《とうきょう》で菓子店《かしてん》を営《いとな》む叔父《おじ》の川畑収《かわばたおさむ》の下《もと》に身《み》を寄《よ》せました。志布志《しぶし》に妻《つま》と幼子《おさなごふたり》2人を残《のこ》しての背水《はいすい》の陣《じん》です。

叔父《おじ》の口癖《くちぐせ》は「和菓子《わがし》の基本《きほん》はあんこだぞ」。徹底的《てっていてき》にあんこ作《づく》りを仕込《しこ》まれました。

起床《きしょう》は午前《ごぜん》3時《じ》。外《そと》はまだ真《ま》っ暗《くら》です。前夜《ぜんや》、洗《あら》って水《みず》に浸《ひた》しておいた小豆《あずき》を炊《た》き、いった

川畑さんの長女小由美さんと次女香代さん。宮崎県都城市で両親が働いている間、2人は仲よく遊んでいた

んお湯《ゆ》を捨《す》ててあくを除《のぞ》きます。煮込《にこ》む際《さい》は豆《まめ》が踊《おど》って割《わ》れないよう、板《いた》で押《お》さえます。豆《まめ》がふっくらしてきたら砂糖《さとう》を加《くわ》え、最後《さいご》に水《みず》あめで味《あじ》を調《ととの》えると出来上《できあ》がり。3時間《じかん》がかりの重労働《じゅうろうどう》です。

特《とく》に注意《ちゅうい》を払《はら》うのがあんこの硬《かた》さ。菓子《かし》の食感《しょくかん》を決《き》めるからです。慣《な》れた職人《しょくにん》は、へらで一《ひと》すくいしただけであんこの良《よ》しあしが分《わ》かるそうで、この勘所《かんどころ》を覚《おぼ》えるのが大変《たいへん》でした。

5カ月間《げつかん》、しゃにむに頑張《がんば》り、桜餅《さくらもち》、大福《だいふく》、豆大福《まめだいふく》、おはぎなどの作《つく》り方《かた》を一通《ひととお》り覚《おぼ》えました。「これで一人前《いちにんまえ》」と叔父《おじ》のお墨付《すみつ》きも出《で》て、私《わたし》の胸《むね》に「自分《じぶん》の店《みせ》を持《も》ちたい」との夢《ゆめ》が広《ひろ》がり始《はじ》めました。

志布志《しぶし》に戻《もど》り、まずは妻《つま》の順子《じゅんこ》に話《はな》しました。「やってみよう」と意見《いけん》が一致《いっち》し、両親《りょうしん》に「実《じっ》家《か》を出《で》て菓子店《かしてん》を開《ひら》く」と切《き》り出《だ》すと猛反対《もうはんたい》。親戚《しんせき》から「親《おや》を捨《す》てるのか」とまで責《せ》め立《た》てられました。それでも私《わたし》の決意《けつい》は変《か》わりません。道《みち》は険《けわ》しくとも順子《じゅんこ》と未知《みち》の生《い》き方《かた》がしたかったのです。

まずは東京《とうきょう》で小《ちい》さなたい焼《や》き店《てん》を営《いとな》み、商売《しょうばい》のいろはを覚《おぼ》えました。そして、実家《じっか》に近《ちか》い宮《みや》崎県《ざきけん》都城市《みやこのじょうし》に腰《こし》を落《お》ち着《つ》け、資金《しきん》をためることにしました。

引《ひ》っ越《こ》しを終《お》え都城《みやこのじょう》の街《まち》に出《で》ると、老舗菓子店《しにせかしてん》に「従業員急募《じゅうぎょういんきゅうぼ》」の張《は》り紙《がみ》が。職人《しょくにん》が辞《や》めて困《こま》っているとのこと。「私《わたし》、経験者《けいけんしゃ》です」と言《い》うと社長《しゃちょう》は大喜《おおよろこ》び。前掛《まえか》けを借《か》り、その日《ひ》から働《はたら》きました。

ただ、職人《しょくにん》の給料《きゅうりょう》では貯金《ちょきん》が増《ふ》えず、出稼《でかせ》ぎに出《で》ることに。まずは池島炭鉱《いけしまたんこう》（長崎県《ながさきけん》）で保線区員《ほせんくいん》として働《はたら》きました。３００メートル垂直《すいちょく》に下《くだ》り、３キロ先《さき》の海底《かいてい》が仕事場《しごとば》。トロッコのロープに足《あし》を引《ひ》っかけて死者《ししゃ》が出《で》たので、作業時《さぎょうじ》はとにかく足元《あしもと》に用心《ようじん》しました。

次《つぎ》は友達《ともだち》に「給料《きゅうりょう》がいいぞ」と誘《さそ》われ、飛騨高山《ひだたかやま》（岐阜県《ぎふけん》）のトンネル工事《こうじ》へ。命綱《いのちづな》を着《つ》け、2人一組《ふたりひとくみ》で斜面《しゃめん》に引《ひ》っ掛《か》かった直径《ちょっけい》1～2メートルの石《いし》を落《お》とす作業《さぎょう》に当《あ》たりました。ですが、頑張《がんば》り過《す》ぎて体《からだ》を壊《こわ》してしまい、都城《みやこのじょう》に戻《もど》ることに……。

14——菓子《かし》コンクールでV

出稼《でかせ》ぎで体《からだ》を壊《こわ》し、宮崎県都城市《みやざきけんみやこのじょうし》に戻《もど》った私《わたし》。回復《かいふく》したら元《もと》の菓子店《かしてん》に勤《つと》め、夜《よる》はキャバレーのボーイもしました。お客《きゃく》さんがたまにくれるチップが本当《ほんとう》にうれしかったですね。自分《じぶん》の菓子店《かしてん》を持《も》つまでは、とひたすら働《はたら》く日々《ひび》でした。

そんなある日《ひ》、菓子店《かしてん》の社長《しゃちょう》が「川畑君《かわばたくん》、いっちょ腕試《うでだめ》しせんか」。都城《みやこのじょう》圏域《けんいき》の菓子職人《かししょくにん》コンクールへ出場《しゅつじょう》せよと言《い》うのです。応募《おうぼ》したのは純正《じゅんせい》カステラの部《ぶ》。小麦粉《こむぎこ》、卵《たまご》、砂糖《さとう》などで焼《や》き上《あ》げるカステラはシンプルで奥深《おくぶか》く、自分《じぶん》の力《ちから》が試《ため》せると考《かんが》えました。

1974年《ねん》10月《がつ》、いよいよ大会当日《たいかいとうじつ》。出場者《しゅつじょうしゃ》の中《なか》で28歳《さい》の私《わたし》は最年少《さいねんしょう》。周囲《しゅうい》360度《ど》から審《しん》査員《さいん》や同業者《どうぎょうしゃ》が見守《みまも》る中《なか》、緊張《きんちょう》の実技《じつぎ》です。ドキドキして卵《たまご》を割《わ》り、砂糖《さとう》を加《くわ》えホイップ。小《こ》麦粉《むぎこ》を投入《とうにゅう》して仕上《しあ》げに蜂蜜《はちみつ》と水《みず》あめを入《い》れ、型《かた》に流《なが》し込《こ》んで焼《や》きます。途中《とちゅう》で生地《きじ》を細《こま》かくする「泡切《あわぎ》り」を適度《てきど》に入《い》れるのがこつ。私《わたし》はなるべく手早《てばや》く5回《かい》で切《き》り上《あ》げました。

都城で菓子職人をしていた頃の川畑さん。左のオーブンで毎日カステラを焼いていた

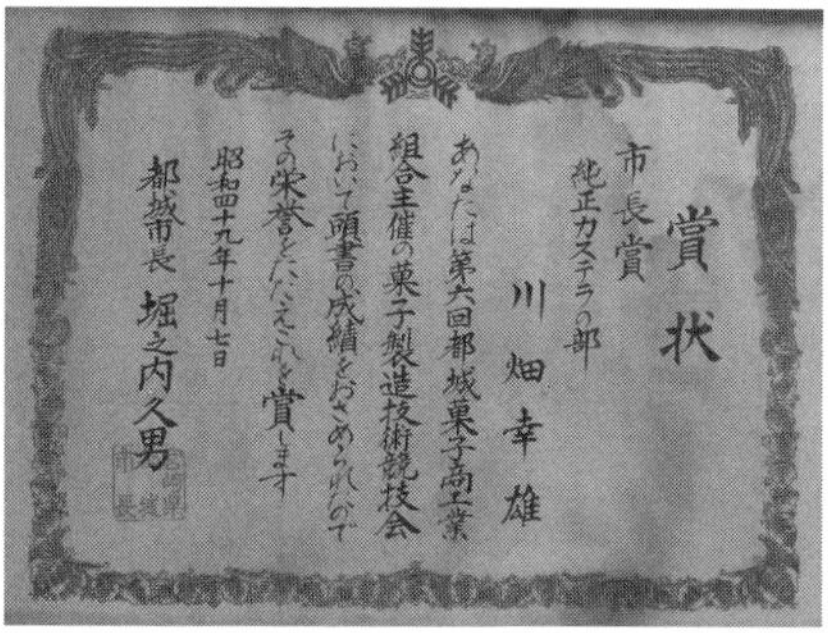

賞状
市長賞
純正カステラの部
川畑幸雄
あなたは第六回都城菓子商工業組合主催の菓子製造技術競技会において頭書の成績をおさめられたのでその栄誉をたたえこれを賞します
昭和四十九年十月七日
都城市長 堀之内久男

川畑さんが優勝したコンクールの賞状

1時間後《じかんご》、続々《ぞくぞく》とカステラが窯出《かまだ》しされますが、ぺしゃんこになるなど失敗作続出《しっぱいさくぞくしゅつ》です。ベテラン職人《しょくにん》も緊張《きんちょう》でこうなるのですね。いよいよ私《わたし》の番《ばん》。恐《おそ》る恐《おそ》るふたを開《あ》けたら、周囲《しゅうい》から「うわあ」とどよめきが。表面《ひょうめん》はごく滑《なめ》らかでこんがりとしたきつね色《いろ》。われながらうまくいきました。中身《なかみ》の比較《ひかく》でも私《わたし》のカステラ

が最《もっと》も生地《きじ》の目《め》が細《こま》かく、優勝《ゆうしょう》となりました。

これが大《おお》きな自信《じしん》になりました。周囲《しゅうい》からは「なーんが10年《ねん》やそこらで自分《じぶん》の店《みせ》など出《だ》せるものか」となじられてきましたが、一生懸命《いっしょうけんめい》やればできると、確信《かくしん》しました。

翌年《よくねん》、ついに鹿児島県志布志市《かごしまけんしぶしし》の中心部《ちゅうしんぶ》から少《すこ》し離《はな》れた幹線道路沿《かんせんどうろぞ》いに、80坪《つぼ》の用地《ようち》を買《か》いました。帽子店《ぼうしてん》で働《はたら》く妻《つま》の順子《じゅんこ》が、少《すく》ない給料《きゅうりょう》から毎月《まいつき》3万円《まんえん》を四苦八苦《しくはっく》してためてくれたのが、役立《やくだ》ったのです。

建物《たてもの》は近《ちか》くの中古住宅《ちゅうこじゅうたく》を安《やす》く購入《こうにゅう》し、ばらして持《も》ってきました。さらには、以前勤《いぜんつと》めた会社《かいしゃ》から規格外《きかくがい》のブロックをただで分《わ》けてもらい、休《やす》みの日《ひ》に1人《ひとり》で黙々《もくもく》と積《つ》みました。

開店《かいてん》までもう一息《ひといき》で、問題《もんだい》が浮《う》かびます。店名《てんめい》です。私《わたし》は先祖《せんぞ》から続《つづ》く「川畑《かわばた》」の名《な》に誇《ほこ》りを持《も》っており、「川畑菓子店《かわばたかしてん》」にするつもりでしたが、近《ちか》くの末吉町《すえよしちょう》（現曽於市《げんそおし》）に「川畑《かわばた》」を名乗《なの》る店《みせ》があったのです。万《まん》が一《いち》、私《わたし》の店《みせ》が食中毒《しょくちゅうどく》でも出《だ》そうものなら、あちらの店《みせ》に迷惑《めいわく》が掛《か》かります。これは弱《よわ》りました。

15——念願《ねんがん》の店《みせ》に「枇榔《びろう》」の名《な》

念願《ねんがん》の菓子店開業《かしてんかいぎょう》まであと一息《ひといき》に迫《せま》った私《わたし》と妻《つま》の順子《じゅんこ》ですが、「川畑《かわばた》」を使《つか》った店名《てんめい》を見直《みなお》さないといけなくなりました。これは弱《よわ》った。頭《あたま》を抱《かか》えていると、順子《じゅんこ》がひらめきました。

「志布志《しぶし》には、枇榔島《びろうじま》があるじゃない」

枇榔島《びろうじま》は志布志湾《しぶしわん》に浮《う》かぶ無人島《むじんとう》です。ビロウなどの亜熱帯性植物《あねったいせいしょくぶつ》の群落《ぐんらく》が国《くに》の特別天然記念物《とくべつてんねんきねんぶつ》に指定《してい》されていて、志布志《しぶし》を代表《だいひょう》する景観《けいかん》の一《ひと》つです。志布志《しぶし》で店《みせ》をやるにはぴったりの名前《なまえ》ではありませんか。電話帳《でんわちょう》をめくると、そういう名称《めいしょう》の店《みせ》や会社《かいしゃ》は見当《みあ》たりません。「よし、これにしよう」。店名《てんめい》は「ビロー堂《どう》」に決《き》めました。

志布志湾に浮かぶ枇榔島

1977年に開店した「ビロー堂」。「雨どいもない粗末な店舗でした」と川畑さんは振り返る

1977年《ねん》11月《がつ》2日《にち》。私《わたし》の32歳《さい》の誕生日《たんじょうび》は、人生《じんせい》で忘《わす》れられない日《ひ》となりました。東京《とうきょう》に単身《たんしん》で菓子《かし》職人《しょくにん》の修業《しゅうぎょう》に出《で》て6年余《ねんあま》りで、念願《ねんがん》の菓子店《かしてん》を開《ひら》いたのです。所在地《しょざいち》は現在《げんざい》の鹿児島県志布志市志布志町《かごしまけんしぶししぶしちょう》志布志《しぶし》。これだけ「志《こころざし》」が多《おお》い地名《ちめい》ですから、強《つよ》い意志《いし》を持《も》って店《みせ》は伸《の》びていくことでしょう。この先《さき》、長《なが》い付《つ》き合《あ》いとなる枇榔島《びろうじま》にも上《じょう》

「ビロー堂」の新築落成祝賀会で壇上に並んだ川畑さん一家 ＝1983年

陸《りく》し、神職《しんしょく》を呼《よ》んでおはらいをしてもらいました。

店舗兼工場兼住宅《てんぽけんこうじょうけんじゅうたく》は狭《せま》くて古《ふる》いのですが、妻《つま》とこつこつ働《はたら》いて手《て》に入《い》れた私《わたし》たちの「城《しろ》」です。ここを拠点《きょてん》に私《わたし》は菓子作《かしづく》り、妻《つま》は接客《せっきゃく》や経理《けいり》にフル回転《かいてん》。夜《よる》10時《じ》にお客《きゃく》が来《き》ても、店《みせ》を開《あ》けて菓子《かし》を売《う》りました。

新規《しんき》の店《みせ》ですので、待《ま》っていても顧客《こきゃく》は増《ふ》えません。私《わたし》は営業《えいぎょう》活動《かつどう》に精《せい》を出《だ》しました。敬老会《けいろうかい》などの会合《かいごう》を聞《き》きつけては、「食《た》べてみてください」とロールケーキを持《も》っていくのです。志布志《しぶし》だけでなく鹿屋《かのや》や都城《みやこのじょう》、遠《とお》くはロケット基地《きち》のある内之浦《うちのうら》まで足《あし》を延《の》ばしました。結婚式《けっこんしき》の引《ひ》き菓子《がし》など、まとまった注文《ちゅうもん》が取《と》れた帰《かえ》りは、車《くるま》を運転《うんてん》しながらガッツポーズをしたものです。

そうやって経営《けいえい》は順調《じゅんちょう》に推移《すいい》し、私《わたし》たちは店《みせ》を新築《しんちく》することにしました。83年《ねん》に鉄筋《てっきん》コンクリート2階建《かいだ》てで新《あたら》しい店舗兼工場兼住宅《てんぽけんこうじょうけんじゅうたく》を建設《けんせつ》。従業員《じゅうぎょういん》を6人雇《にんやと》って、100個単位《こたんい》の注文《ちゅうもん》も流《なが》れ作業《さぎょう》でこなせるようにしました。書《か》き入《い》れ時《どき》のクリスマスにはバイトを3人雇《にんやと》ってケーキ作《づく》りに励《はげ》みました。

ですが、その頃《ころ》からなぜか売《う》り上《あ》げは頭打《あたまう》ちになっていました。経営者《けいえいしゃ》として「何《なに》か手《て》を打《う》たないといけない」と悩《なや》み始《はじ》めた時《とき》、知人《ちじん》の紹介《しょうかい》で、政界《せいかい》の「大物《おおもの》」と会《あ》えることになりました。自民党副総裁《じみんとうふくそうさい》だった二階堂進《にかいどうすすむ》さんです。

16——二階堂副総裁《にかいどうふくそうさい》の助言《じょげん》

1984年《ねん》の夏《なつ》。酒店《さけてん》を営《いとな》む友人《ゆうじん》の計《はか》らいで、私《わたし》は自民党副総裁《じみんとうふくそうさい》だった二階堂進《にかいどうすすむ》さんと、鹿児島県肝付町《かごしまけんきもつきちょう》のご自宅《じたく》で昼食《ちゅうしょく》をご一緒《いっしょ》することになりました。

当時《とうじ》の衆議院《しゅうぎいん》は中選挙区制《ちゅうせんきょくせい》。私《わたし》が住《す》む旧鹿児島《きゅうかごしま》3区《く》では、田中派《たなかは》の大番頭《おおばんとう》の二階堂《にかいどう》さんと「ミスター税調《ぜいちょう》」の山中貞則《やまなかさだのり》さんが毎回《まいかい》、自民同士《じみんどうし》で激《はげ》しいトップ争《あらそ》いを繰《く》り広《ひろ》げていました。私《わたし》の父栄三《ちちえいぞう》は山中《やまなか》さん支持《しじ》ですが、そんなこと口《くち》が裂《さ》けても言《い》えません。

お宅《たく》は江戸時代《えどじだい》に建《た》った国指定重要文化財《くにしていじゅうようぶんかざい》でした。二階堂《にかいどう》さんは眼光《がんこう》こそ鋭《するど》いけど優《やさ》しい方《かた》で、ざっくばらんの鹿児島弁《かごしまべん》。店《みせ》を新築《しんちく》したのに売《う》り上《あ》げが頭打《あたまう》ちになったことを相談《そうだん》すると、こう諭《さと》されました。

二階堂進さん（左）に商売のアドバイスをもらい、握手する川畑さん

「川畑君《かわばたくん》な、お菓子屋《かしや》か。人《ひと》が作《つく》らんような菓子《かし》を作《つく》らんといかんど。そうすればお客《きゃく》さんが来《く》っとよ。そのためには、もっともっと勉強《べんきょう》せんないかんど」

ビロー堂《どう》でしか買《か》えない菓子《かし》を──。私《わたし》は翌日《よくじつ》から看板菓子《かんばんかし》の開発《かいはつ》に没頭《ぼっとう》しました。目指《めざ》したのは「和《わ》」と「洋《よう》」の結合《けつごう》。メレンゲの生地《きじ》を二《ふた》つ丸《まる》く焼《や》き、間《あいだ》に餅《もち》とつぶあんを挟《はさ》む菓子《かし》を思《おも》いつきました。ただ、餅作《もちづく》りが難航《なんこう》しました。保存《ほぞん》のために冷蔵《れいぞう》しても固《かた》くならない餅《もち》が必要《ひつよう》なのですが、どうしても作《つく》れないのです。熊本《くまもと》のある銘菓《めいか》の成分分析《せいぶんぶんせき》を、専門《せんもん》の会社《かいしゃ》に依《い》頼《らい》する奥《おく》の手《て》まで使《つか》いました。それでも適当《てきとう》な材料《ざいりょう》は突《つ》き止《と》められません。

開発《かいはつ》が暗礁《あんしょう》に乗《の》り上《あ》げそうになったある日《ひ》、菓子作《かしづく》りで余《あま》った卵《たまご》の白身《しろみ》に目《め》が止《と》まりました。試《ため》しにこれを餅《もち》に練《ね》り込《こ》んでみたら、冷《ひ》やしてもほとんど固《かた》くなりません。「できた」と小躍《こおど》りしました。灯台下暗《とうだいもとくら》しとはこのことでした。

名称《めいしょう》は、太鼓《たいこ》に似《に》た外観《がいかん》から、志布志《しぶし》の郷土芸能《きょうどげいのう》にちなみ「千軒太鼓《せんげんだいこ》」と名付《なづ》けました。江《え》戸時代《どじだい》に貿易港《ぼうえきこう》として栄《さか》えた志布志《しぶし》は「千軒《せんげん》の町《まち》」と呼《よ》ばれた歴史《れきし》があるのです。

上品《じょうひん》な淡《あわ》い紫色《むらさきいろ》の包装《ほうそう》で売《う》り出《だ》した「千軒太鼓《せんげんだいこ》」はまさに大当《おおあ》たり。所用《しょよう》で外出《がいしゅつ》しようとすると、従業員《じゅうぎょういん》から「社長《しゃちょう》、行《い》くなら千軒太鼓《せんげんだいこ》を焼《や》いてから行《い》ってください」と文句《もんく》を言《い》われるほど。毎晩《まいばん》、1人《ひとり》で何百枚《なんびゃくまい》も生地《きじ》を焼《や》いておかないと、注文《ちゅうもん》に生産《せいさん》が追《お》いつかない状態《じょうたい》になりました。

貧《まず》しい農家《のうか》の長男のこの私《わたし》が、お年寄《としよ》りから子《こ》どもまで愛《あい》される菓子《かし》を生《う》み出《だ》せました。二《に》階堂《かいどう》さんは亡《な》くなりましたが、創意工夫《そういくふう》の大切《たいせつ》さを教《おし》えていただき、今《いま》も感謝《かんしゃ》に堪《た》えません。

17――ビジネスホテル開業《かいぎょう》

1987年《ねん》までに娘2人《むすめふたり》が大阪《おおさか》に就職《しゅうしょく》。私《わたし》と妻順子《つまじゅんこ》の人生《じんせい》にまた転機《てんき》が訪《おとず》れます。4年前《ねんまえ》に新築《しんちく》した菓子店舗兼住宅《かしてんぽけんじゅうたく》の一部《いちぶ》を遊《あそ》ばせておくのはもったいないので、増築《ぞうちく》して宿泊業《しゅくはくぎょう》に手《て》を広《ひろ》げてみたのです。

この頃《ころ》、志布志《しぶし》は港湾関係《こうわんかんけい》の事業《じぎょう》が盛《さか》んで、作業員《さぎょういん》の宿泊需要《しゅくはくじゅよう》があると見込《みこ》みました。泊《と》まり客《きゃく》の夕食作《ゆうしょくづく》りは菓子店《かしてん》の従業員《じゅうぎょういん》に頼《たの》み、朝食《ちょうしょく》だけは夫婦《ふうふ》で頑張《がんば》って作《つく》ることに。地元《じもと》の集落《しゅうらく》名《めい》から「大原荘《おおはらそう》」の看板《かんばん》を掲《かか》げました。

ところが、1週間《しゅうかん》たっても人《ひと》っ子一人《こひとり》、客《きゃく》は来《き》ません。これは失敗《しっぱい》したかと思《おも》ったら、妻《つま》の順子《じゅんこ》が「はやりのビジネスホテルにしてみたら」。なるほど、と看板《かんばん》を「ビジネスホテル大原《おおはら》」に変《か》えると、その日《ひ》から客《きゃく》が入《はい》りだしました。

そして、菓子店《かしてん》と宿泊施設《しゅくはくしせつ》の経営《けいえい》は順調《じゅんちょう》に推移《すいい》しました。すると、妻《つま》から指宿《いぶすき》の旅館《りょかん》で驚《おどろ》きの提案《ていあん》が。

新築した「ビジネスホテル枇榔」の落成式でテープカットする川畑さん（中央）=1993年10月

「お父《とう》さん、ホテル建《た》てようよ」

「えっ、お金《かね》はどうするの」と、聞《き》き返《かえ》したのは言《い》うまでもありません。

その少《すこ》し前《まえ》、道路《どうろ》を挟《はさ》んだ向《む》かいの土地《とち》が売《う》りに出《で》たので、従業員《じゅうぎょういん》の駐車場《ちゅうしゃじょう》にでも、と購入《こうにゅう》していたのです。知《し》り合《あ》いの設《せっ》計業者《けいぎょうしゃ》に図面《ずめん》を引《ひ》いてもらい、費用《ひよう》を見積《みつ》もると、何《なに》と億《おく》に達《たっ》する額《がく》。駄目《だめ》でもともとで銀行《ぎんこう》に融資《ゆうし》を申《もう》し込《こ》みました。最終《さいしゅう》判断《はんだん》のため、銀行《ぎんこう》のお偉方《えらがた》が黒塗《くろぬ》りの車《くるま》で現地《げんち》にやって来《き》ました。

「おお、志布志《しぶし》の玄関口《げんかんぐち》のいい場所《ばしょ》ですね。よろしい。貸《か》しましょう」

もう、びっくりです。菓子店《かしてん》の経営《けいえい》が堅調《けんちょう》なのが決《き》め手《て》でした。菓子店《かしてん》の営業《えいぎょう》を続《つづ》けることを条件《じょうけん》に、融資《ゆうし》が認《みと》められたのです。

そして93年《ねん》10月《がつ》、鉄筋《てっきん》コンクリート4階建《かいだ》ての「ビジネスホテル枇榔《びろう》」が開業《かいぎょう》しました。左《ひだり》目《め》を失明《しつめい》して職《しょく》を失《うしな》い、菓子職人《かししょくにん》の修業《しゅぎょう》をして……。これまでの20年余《ねんあま》りの苦労《くろう》を思《おも》うと、感《かん》無量《むりょう》でした。

長女《ちょうじょ》の小由美《さゆみ》が菓子店《かしてん》の運営《うんえい》に入《はい》ってくれていましたが、94年《ねん》に結婚《けっこん》し家《いえ》を出《で》ます。私《わたし》は過労《かろう》がたたり、手《て》が震《ふる》えて息切《いきぎ》れするように。狭心症《きょうしんしょう》と診断《しんだん》され、思《おも》い切《き》って菓子店《かしてん》を閉《と》じました。「千《せん》軒太鼓《げんだいこ》」を作《つく》れなくなるのは残念《ざんねん》ですが、背《せ》に腹《はら》は代《か》えられません。銀行《ぎんこう》にも断《ことわ》りを入《い》れました。

それからホテルの経営《けいえい》と朝食作《ちょうしょくづく》りに地道《じみち》に働《はたら》いていた私《わたし》に突然《とつぜん》、思《おも》いも寄《よ》らぬ冤罪《えんざい》が降《ふ》りかかるのです。

長《なが》らくお待《ま》たせしました。次回《じかい》から「志布志事件《しぶしじけん》」の話《はなし》に戻《もど》ります。

第《だい》3章《しょう》　逮捕《たいほ》、送検《そうけん》、そして釈放《しゃくほう》

18——鍵握《かぎにぎ》った妻《つま》の日記《にっき》

長々《ながなが》と身《み》の上話《うえばなし》に付《つ》き合《あ》わせてしまいました。本題《ほんだい》の「志布志事件《しぶしじけん》」に話《はなし》を戻《もど》します。鹿児《かご》島県警《しまけんけい》が志布志市《しぶしし》の懐集落《ふところしゅうらく》を舞台《ぶたい》に架空《かくう》の選挙買収《せんきょばいしゅう》をでっち上《あ》げた冤罪事件《えんざいじけん》で、私《わたし》はその最《さい》初《しょ》の被害者《ひがいしゃ》です。

この聞《き》き書《が》きの初《はじ》めで、最初《さいしょ》の3日間《みっかかん》の執拗《しつよう》な取《と》り調《しら》べのことは詳《くわ》しく話《はな》しました。志布志《しぶし》署《しょ》に裏口《うらぐち》から通《とお》され、令状《れいじょう》なしの身体検査《しんたいけんさ》に始《はじ》まって、自分《じぶん》より10歳以上《さいいじょう》も年下《としした》のH警部補《けいぶほ》に「おまえはばかかー」「黙《だま》れー」と怒鳴《どな》られ続《つづ》け、揚《あ》げ句《く》の果《は》てが「踏《ふ》み字《じ》」です。愛《あい》する肉親《にくしん》の名前《なまえ》とうその言葉《ことば》を書《か》いた紙《かみ》を無理《むり》やり踏《ふ》ませるとは……。妻《つま》の順子の言葉《ことば》を借《か》りずとも、ほんなごつ許《ゆる》さるっこつじゃなか、です。

踏《ふ》み字《じ》を受《う》けた翌日《よくじつ》、2003年《ねん》4月《がつ》17日《にち》の朝《あさ》。私《わたし》はまだ後頭部《こうとうぶ》がずきずきしていました。ホテル宿泊客《しゅくはくきゃくちょうしょくづく》の朝食作りは妻《つま》に交代《こうたい》してもらいました。それでも午前《ごぜん》8時《じ》ごろ、2人《ふたり》の刑事《けいじ》がまた私《わたし》を迎《むか》えに。妻《つま》が「夫《おっと》は頭《あたま》が痛《いた》くて寝《ね》ていて、病院《びょういん》に連《つ》れて行《い》きます」と追《お》い返《かえ》してくれました。

その10～20分後《ふんご》、また2人《ふたり》がホテルのフロントに戻《もど》ってきて、「日記《にっき》を貸《か》してください」と妻《つま》に頼《たの》みます。妻《つま》が「いつまでの分《ぶん》？」と聞《き》くと、「1月《がつ》から3月末《がつまつ》まで」。妻《つま》は私《わたし》の潔白《けっぱく》を証明《しょうめい》できればと考《かんが》え、「協力《きょうりょく》しますから、しっかり調《しら》べてくださいね」と、差《さ》し出《だ》しました。

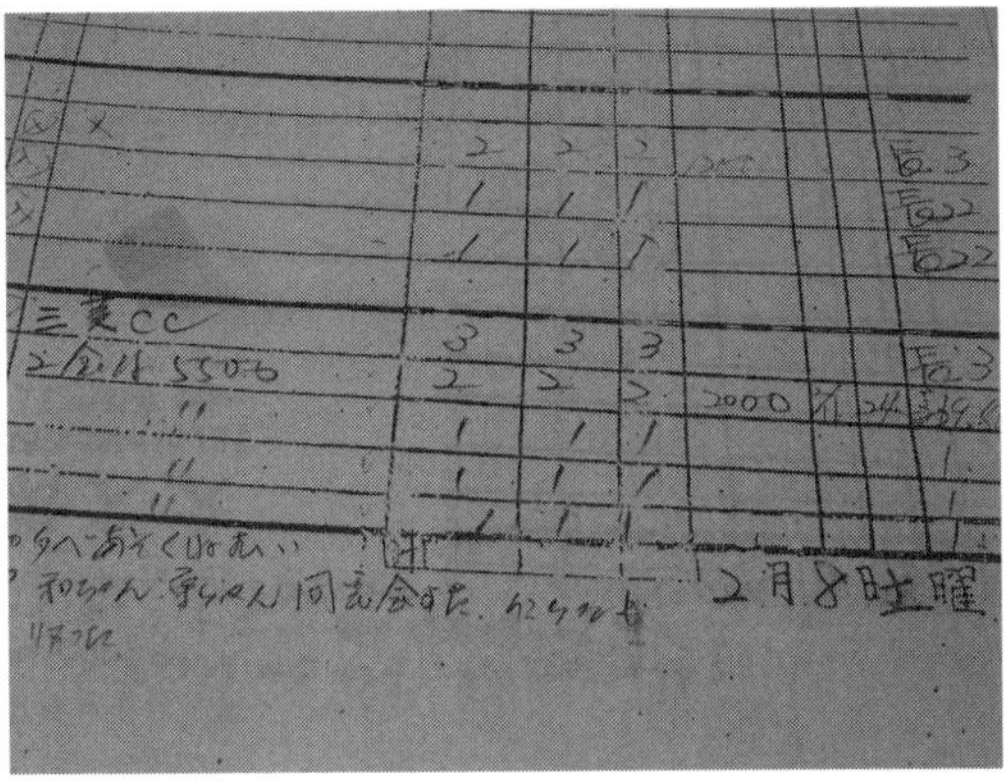

川畑順子さんが鹿児島県警に提供した予約台帳のコピー。県警が買収会合があったと主張した2003年2月8日は、欄外に中山信一夫妻が同窓会に出席したことを示す記述がある

「日記《にっき》」とは、妻《つま》が毎日《まいにち》つけている「ビジネスホテル枇《び》榔《ろう》」の予約台帳《よやくだいちょう》でした。妻《つま》は台帳《だいちょう》の余白《よはく》に日記代《にっきが》わりに、どれそれの会合《かいごう》があった、誰《だれ》から何《なに》の用件《ようけん》で電話《でんわ》があったなど、その日《ひ》の出来事《できごと》と留意点《りゅういてん》を細《こま》かく書《か》き留《と》めていたのです。

3日間《みっかかん》の取《と》り調《しら》べでしつこくアリバイを追及《ついきゅう》された私《わたし》は「妻《つま》が日記《にっき》をつけているので見《み》たらいい。何《なに》も悪《わる》いことをしていないと証明《しょうめい》できる」と答《こた》えた覚《おぼ》えがあります。それで、電話《でんわ》でH警部補《けいぶほ》に指示《しじ》された2人《ふたり》が、取《と》りに来《き》たのでしょう。

この「日記《にっき》」が、志布志事件《しぶしじけん》のアリバイを巡《めぐ》る検察《けんさつ》と弁護団《べんごだん》の攻防《こうぼう》の下敷《したじ》きになると同時《どうじ》に、被告《ひこく》たちの無実《むじつ》を証明《しょうめい》する有力《ゆうりょく》な物証《ぶっしょう》になっていくのです。

午前《ごぜん》11時《じ》ごろ、妻《つま》が私《わたし》をパジャマ姿《すがた》のままかかりつけの医院《いいん》に連《つ》れて行《い》ってくれました。医師《い し》は私《わたし》の容体《ようだい》を見《み》てすぐ、より大《おお》きな病院《びょういん》を紹介《しょうかい》。血圧《けつあつ》が急上昇《きゅうじょうしょう》しており、経過観察《けいかかんさつ》のため即《そく》、入院《にゅういん》となりました。

すると県警《けんけい》は私《わたし》に代《か》わる新《あら》たな標的《ひょうてき》を定《さだ》めます。藤元《ふじもと》いち子《こ》さんでした。

19――下着《したぎ》の中《なか》に録音機《ろくおんき》が

私《わたし》が入院《にゅういん》した翌日《よくじつ》の2003年《ねん》4月《がつ》18日《にち》、志布志事件《しぶしじけん》で、私《わたし》に代《か》わる新《あら》たなターゲットが生《う》まれてしまいました。鹿児島県志布志市《かごしまけんしぶしし》の懐集落《ふところしゅうらく》に住《す》む藤元《ふじもと》いち子《こ》さん。この日《ひ》、私《わたし》に「踏《ふ》み字《じ》」を強《し》いたH警部補《けいぶほ》が懐集落《ふところしゅうらく》に現《あらわ》れ、いち子《こ》さんに任意同行《にんいどうこう》を求《もと》めたのです。

ここで事件《じけん》の舞台《ぶたい》になった懐集落《ふところしゅうらく》のことを話《はな》しておきます。集落《しゅうらく》は志布志《しぶし》の中心部《ちゅうしんぶ》から北《きた》へ車《くるま》で約《やく》40分《ぶん》の山間部《さんかんぶ》。車《くるま》1台《だい》が通《とお》るのがやっとの曲《ま》がりくねった山道《やまみち》が延々《えんえん》と続《つづ》きます。こんな言《い》い方《かた》は申《もう》し訳《わけ》ないのですが、志布志《しぶし》でもかなりの僻地《へきち》です。

当時《とうじ》、7世帯《せたい》20人《にん》がほそぼそと農業《のうぎょう》や林業《りんぎょう》を営《いとな》んでいました。こんな山奥《やまおく》の小《ち》さな集落《しゅうらく》で集中的《しゅうちゅうてき》に選挙買収《せんきょばいしゅう》を図《はか》るなんて、常識的《じょうしきてき》にあり得《え》ないことですが、鹿児島県警《かごしまけんけい》はそんな構図《こうず》を描《えが》いたのです。懐《ふところ》の人《ひと》たちは皆《みな》、純朴《じゅんぼく》なので、警察署《けいさつしょ》で脅《おど》しあげればいいように供述《きょうじゅつ》が取《と》れる――。そのくらいの考《かんが》えだったのではないでしょうか。

私《わたし》は当時《とうじ》、いち子《こ》さんと面識《めんしき》はありませんでしたが、夫《おっと》の安義《やすよし》さんは中学校《ちゅうがっこう》の一《ひと》つ上《うえ》の先輩《せんぱい》で、存《ぞん》じていました。いつもにこにこして人間《にんげん》の良《よ》い方《かた》です。

懐集落で志布志事件の体験を語り合う藤元いち子さん（右）と川畑さん

いち子《こ》さんは、妻《つま》のいとこで県議《けんぎ》に初当選《はつとうせん》した中山信一《なかやましんいち》の会社《かいしゃ》に勤《つと》め、焼酎用《しょうちゅうよう》イモの収穫作業《しゅうかくさぎょう》をしていました。私《わたし》がビールや焼酎《しょうちゅう》の供与《きょうよ》を全《まった》く認《みと》めずに入院《にゅういん》し捜査《そうさ》が行《い》き詰《づ》まったので、いち子《こ》さんに目《め》を付《つ》けたのだろうと思《おも》います。

いち子《こ》さんへのH警部補《けいぶほ》の取《と》り調《しら》べは、私《わたし》と同様《どうよう》に執拗《しつよう》でした。「中山《なかやま》のため焼酎《しょうちゅう》と金《かね》を配《くば》っただろう」「認《みと》めろ」の繰《く》り返《かえ》し。翌《よく》19日《にち》、根負《こんま》けして焼酎《しょうちゅう》と現金《げんきん》を配《くば》ったことを認《みと》めたいち子《こ》さんですが、20日《はつか》に撤回《てっかい》。するとH警部補《けいぶほ》は激高《げっこう》して再《ふたた》び認《みと》めさせた上《うえ》、信《しん》じられない行動《こうどう》に出《で》ます。

まずは取調室《とりしらべしつ》からいち子《こ》さんの姉《あね》に携帯電話《けいたいでんわ》をかけるように仕向《しむ》け、容疑事実《ようぎじじつ》の口裏合《くちうらあ》わせをさせました。いち子《こ》さんが「私《わたし》から焼酎《しょうちゅう》と現金《げんきん》をもらったことにして」と頼《たの》むと、姉《あね》は戸惑《とまど》い、拒絶《きょぜつ》したそうです。それだけでも許《ゆる》されないことですが、H警部補《けいぶほ》はその会話《かいわ》を、補助官《ほじょかん》の女性巡査長《じょせいじゅんさちょう》にこっそり録音《ろくおん》させていました。補助官《ほじょかん》はブラジャーの中《なか》にICレコーダーを忍《しの》ばせていたのです。この録音《ろくおん》をH警部補《けいぶほ》は、上司《じょうし》のI警部《けいぶ》と志布志署《しぶししょ》のK署長《しょちょう》に聞《き》かせました。

これは全《すべ》て後《のち》の公判《こうはん》で明《あき》らかになったことです。あまりの卑劣《ひれつ》さに今《いま》もはらわたが煮《に》えくりかえります。

20――「懐《ふところ》」の住民《じゅうみん》次々《つぎつぎ》と逮捕《たいほ》

志布志《しぶし》事件《じけん》の取《と》り調《しら》べで血圧《けつあつ》に異常《いじょう》を来《きた》した私《わたし》は、病院《びょういん》の6人部屋《にんべや》に入院《にゅういん》。ほどなく、院内《いんない》に水色《みずいろ》の土木作業服《どぼくさぎょうふく》を着《き》た男《おとこ》たちの姿《すがた》が目立《めだ》つのに気付《きづ》きます。服《ふく》は全然汚《ぜんぜんよご》れてなくて妙《みょう》な感《かん》じ。私《わたし》がトイレに行《い》けば、2人《ふたり》で入《はい》ってくる。廊下《ろうか》を通《とお》りすがりに病室《びょうしつ》をのぞく。勘《かん》のいい妻《つま》の順子が教《おし》えてくれました。「あなた、警察《けいさつ》に見張《みは》られてるよ」。ご苦労《くろう》なことです。

その頃《ころ》、志布志署《しぶししょ》では懐《ふところ》集落《しゅうらく》の藤元《ふじもと》いち子《こ》さんがH警部補《けいぶほ》に責《せ》め立《た》てられていました。2003年《ねん》4月《がつ》23日《にち》、朝一番《あさいちばん》で妻《つま》から携帯《けいたい》に電話《でんわ》が。何事《なにごと》かと取《と》ると、「いち子《こ》さんが逮捕《たいほ》されたよ。深夜《しんや》のテレビニュースに出《で》た」。ついにわなにかかる人《ひと》が出《で》たのです。

鹿児島県警による架空の買収会合の舞台とされた
藤元いち子さん宅

いち子《こ》さんは22日夜《にちよる》、妻《つま》のいとこ、中山信一派《なかやましんいちは》の運動員《うんどういん》として、2人《ふたり》に現金《げんきん》と焼酎《しょうちゅう》を配《くば》った公選法違反容疑《こうせんほういはんようぎ》（買収《ばいしゅう》）で逮捕《たいほ》されました。この件《けん》は結局《けっきょく》、起訴《きそ》に至《いた》りませんでしたが、いち子《こ》さんはさらに2度《ど》、逮捕《たいほ》されます。中山《なかやま》の会社《かいしゃ》に勤《つと》めてはいましたが、完全《かんぜん》なスケープゴートです。

これを皮切《かわき》りに、鹿児島県警《かごしまけんけい》は懐集落《ふところしゅうらく》の住人《じゅうにん》に続々《ぞくぞく》と任意同行《にんいどうこう》をかけました。I警部《けいぶ》らが描《えが》く事件《じけん》の構図《こうず》がここから大《おお》きく変《か》わっていくのです。最終的《さいしゅうてき》には、同年《どうねん》2月上旬《がつじょうじゅん》から3月下旬《がつげじゅん》までに計《けい》4回《かい》、いち子《こ》さん宅《たく》で中山派《なかやまは》の買収会合《ばいしゅうかいごう》が開《ひら》かれ、住民《じゅうみん》に現金計《げんきんけい》191万円《まんえん》が配《くば》られた、という荒唐無稽《こうとうむけい》な内容《ないよう》に膨《ふく》らみます。さらにはこの会合《かいごう》の司会《しかい》は私《わたし》が務《つと》めたというのですから、あぜんとします。

逮捕《たいほ》されたいち子《こ》さんは留置場《りゅうちじょう》で自分《じぶん》の頭《あたま》を壁《かべ》に激《はげ》しくぶつけ、自殺《じさつ》を図《はか》ったことも。後日《ごじつ》、本人《ほんにん》に聞《き》くと、「H警部《けいぶ》補《ほ》が怒鳴《どな》るのでずっと怖《こわ》かった。家《いえ》に帰《かえ》りたいのに帰《かえ》れない。死《し》んだほうがましと思《おも》ったけど死《し》ねず、大《おお》きなこぶができただけ」と打《う》ち明《あ》けました。痛《いた》ましい限《かぎ》りです。

体調《たいちょう》が回復《かいふく》した私《わたし》は30日《にち》に退院《たいいん》し、事件《じけん》の推移《すいい》に固唾《かたず》をのんでいました。5月《がつ》13日《にち》、同法違反《どうほういはん》（買収《ばいしゅう》）容疑《ようぎ》でいち子《こ》さんが再逮捕《さいたいほ》、同法違反《どうほういはん》（被買収《ひばいしゅう》）容疑《ようぎ》で山下邦雄《やましたくにお》さん、藤山忠《ふじやますなお》さん、永山《ながやま》トメ子《こ》さん、山中鶴雄《やまなかつるお》さん、懐俊裕《ふところとしひろ》さんが逮捕《たいほ》され、新聞《しんぶん》やテレビも大《おお》きく報《ほう》じました。18日《にち》にはいち子《こ》さんの夫《おっと》の安義《やすよし》さんも同法違反《どうほういはん》（買収《ばいしゅう》）容疑《ようぎ》で逮捕《たいほ》されます。

「この先《さき》どうなるのか。信《しん》ちゃん（中山《なかやま》）も逮捕《たいほ》されるんじゃ」と私《わたし》たち夫婦《ふうふ》の心配《しんぱい》は募《つの》るばかり。そんな中《なか》、私《わたし》のホテルに変《か》わった宿泊客《しゅくはくきゃく》が訪《おとず》れました。

21――家宅捜索《かたくそうさく》、通帳《つうちょう》も押収《おうしゅう》

２００３年《ねん》6月《がつ》3日《みっか》。私《わたし》の経営《けいえい》するビジネスホテルに鹿児島県《かごしまけん》の民放《みんぽう》テレビ局《きょく》から3人《にん》の宿泊予約《しゅくはくよやく》が入《はい》りました。夜中《よなか》にやって来《き》たのは、男性《だんせい》2人《ふたり》、女性《じょせい》1人《ひとり》のテレビクルー。選挙違反《せんきょいはん》事件《じけん》の渦中《かちゅう》にある県議《けんぎ》の中山信一《なかやましんいち》が、うちと縁戚関係《えんせきかんけい》にあるとは知《し》らなかったのでしょうね。

翌《よく》4日《よっか》、3人《にん》は朝食《ちょうしょく》も食《た》べず、薄暗《うすぐら》い中《なか》を慌《あわ》ただしく出《で》ていきます。妻《つま》の順子《じゅんこ》に「何《なに》かありそう。つけてみれば」と言《い》われ、車《くるま》で追《お》いかけました。すると、一行《いっこう》は中山宅《なかやまたく》の手前《てまえ》の空《あ》き地《ち》に車《くるま》を突《つ》っ込《こ》みます。私《わたし》はそのまま車《くるま》を進《すす》めると、大勢《おおぜい》の捜査員《そうさいん》が中山《なかやま》の家《いえ》を取《と》り巻《ま》いていました。慌《あわ》てて妻《つま》に電話《でんわ》しました。「信《しん》ちゃんが逮捕《たいほ》される」

中山《なかやま》と妻《つま》のシゲ子《こ》さんが公選法違反《こうせんほういはん》（買収《ばいしゅう》）容疑《ようぎ》で逮捕《たいほ》、6人《にん》が同法違反《どうほういはん》（被買収《ひばいしゅう》）容疑《ようぎ》で再逮捕《さいたいほ》されました。現場《げんば》にはほかのテレビ局《きょく》や新聞《しんぶん》のカメラマンも待《ま》ち受《う》けていました。県警《けんけい》側《がわ》が逮捕情報《たいほじょうほう》を流《なが》したのでしょう。まだ有罪《ゆうざい》と決《き》まっていないのに、こんな犯人扱《はんにんあつか》いが許《ゆる》されるのでしょうか。

自宅《じたく》に戻《もど》ると、案《あん》の定《じょう》、うちにも捜査員《そうさいん》15～16人《にん》が来《き》ました。県警《けんけい》の顔見知《かおみし》りの捜査員《そうさいん》が「幸夫《さちお》ちゃんをいじめるとやなかよ。上《うえ》からの命令《めいれい》やきな」と言《い》って、家宅捜索《かたくそうさく》の令状《れいじょう》を見《み》せました。私《わたし》は「これ（選挙違反《せんきょいはん》事件《じけん》）はないことだ。後《あと》で大変《たいへん》なことになるよ」と告《つ》げ、書類《しょるい》にサインしました。

捜索《そうさく》が始《はじ》まると、捜査員《そうさいん》は何《なん》でもかんでも段《だん》ボール箱《ばこ》に詰《つ》め込《こ》みます。ホテルの帳簿《ちょうぼ》、通帳《つうちょう》、住所録《じゅうしょろく》、レシートに妻《つま》の日記《にっき》まで。ところが、私《わたし》が10年間《ねんかん》も務《つと》めてきた志布志署《しぶししょ》の「地域安《ちいきあん》全《ぜん》モニター」の書類《しょるい》や腕章《わんしょう》、帽子《ぼうし》には手《て》を付《つ》けないのです。かちんときて、「これも持《も》っていかんや」と皮肉《ひにく》を言《い》うと、「いや、結構《けっこう》です」。勝手《かって》なものです。

鹿児島県警が川畑さん宅の家宅捜索で手を付けなかった「地域安全モニター」の帽子や腕章など

この後《あと》、困《こま》ったのがホテルの運転資金《うんてんしきん》。通帳《つうちょう》がなくて現金《げんきん》がおろせないのです。500万円《まんえん》の融資《ゆうし》を頼《たの》みに懇意《こんい》の銀行《ぎんこう》に行《い》ったら、けんもほろろで貸《か》してくれません。この銀行《ぎんこう》の店舗《てんぽ》にも刑事《けいじ》が来《き》て、銀行《ぎんこう》も迷惑《めいわく》していたのです。それで、鹿屋《かのや》の銀行《ぎんこう》に出向《でむ》き窮状《きゅうじょう》を打《う》ち明《あ》けると、親切《しんせつ》な支店長《してんちょう》さんが貸《か》してくれました。あれがなかったら、「ビジネスホテル枇榔《びろう》」は倒産《とうさん》していたかもしれません。

会社《かいしゃ》が回《まわ》らないよう通帳類《つうちょうるい》を持《も》って行《い》き、ありもしない容疑《ようぎ》を「認《みと》めろ」と圧力《あつりょく》をかける。兵《ひょう》糧《ろう》攻《ぜ》めですね。これが警察《けいさつ》のやり方《かた》だとつくづく思《おも》いました。

22――残念《ざんねん》、犯人扱《はんにんあつか》いの報道《ほうどう》

志布志事件《しぶしじけん》は、ついに「本丸《ほんまる》」に入《はい》りました。2003年《ねん》6月4日《がつよっか》、鹿児島県議《かごしまけんぎ》に初当選《はつとうせん》したばかりの中山信一《なかやましんいち》が逮捕《たいほ》されたのです。鹿児島《かごしま》で現職県議《げんしょくけんぎ》の逮捕《たいほ》は24年《ねん》ぶりとあって、新聞《しんぶん》やテレビは大《おお》きく報《ほう》じました。本人《ほんにん》が関与《かんよ》を否定《ひてい》していることに触《ふ》れた社《しゃ》もありましたが、どこもほぼ犯人扱《はんにんあつか》いの報道《ほうどう》でした。

「西日本新聞《にしにっぽんしんぶん》」も鹿児島県版《かごしまけんばん》に「裏切《うらぎ》られた気持《きも》ちだ」「有権者《ゆうけんしゃ》として恥《は》ずかしい」といった地元関係者《じもとかんけいしゃ》の談話《だんわ》を掲載《けいさい》しました。残念《ざんねん》です。私自身《わたしじしん》、冤罪被害者《えんざいひがいしゃ》になって分《わ》かったのですが、報道《ほうどう》を目《め》にした人《ひと》の多《おお》くは「あの人《ひと》は犯人《はんにん》、悪《わる》い人《ひと》」と決《き》めつけてしまいます。そうした世間《せけん》の目《め》は冤罪《えんざい》が晴《は》れた後《あと》もおいそれとは変《か》わりません。報道《ほうどう》に携《たずさ》わる方々《かたがた》は、特《とく》に否認事案《ひにんじあん》ではより慎重《しんちょう》に報道《ほうどう》するよう心《こころ》からお願《ねが》いします。

ここで、中山《なかやま》のことをお話《はな》ししておきますね。彼《かれ》は妻《つま》の順子《じゅんこ》のいとこで、私《わたし》と同《おな》じたたき上《あ》げの苦労人《くろうにん》です。私《わたし》は彼《かれ》を「信《しん》ちゃん」と呼《よ》び、親《した》しく親戚付《しんせきづ》き合《あ》いをしてきました。

中山《なかやま》は東京《とうきょう》でダンプの運転手《うんてんしゅ》として働《はたら》き、農業《のうぎょう》を継《つ》いだ後《あと》、芋焼酎会社《いもじょうちゅうがいしゃ》の経営《けいえい》に乗《の》り出《だ》しました。サツマイモの栽培《さいばい》から焼酎《しょうちゅう》への加工《かこう》、販売《はんばい》までの一貫《いっかん》経営《けいえい》を目指《めざ》したのです。当然《とうぜん》、既存《きそん》の業者《ぎょうしゃ》や団体《だんたい》から反発《はんぱつ》や嫌《いや》がらせを受《う》けましたが、めげずに頑張《がんば》り、旧志布志町議《きゅうしぶしちょうぎ》にまでなりました。

京都・祇園の橋で記念撮影する中山信一さん(左)と川畑さん（2005年頃）

そんな中山《なかやま》が旧曽於郡区《きゅうそおぐんく》から県議選《けんぎせん》に立候補《りっこうほ》すると知《し》ったのは、03年《ねん》の1月《がつ》3日《みっか》。中山《なかやま》の妻《つま》シゲ子《こ》さんから順子《じゅんこ》に「夫《おっと》が県議選《けんぎせん》に出《で》ると言《い》っている。止《と》めてほしい」と、相談《そうだん》の電話《でんわ》があったのです。

2日後《ふつかご》、夫婦《ふうふ》の間《あいだ》で話《はなし》がついたのでしょう。私《わたし》の家《いえ》に2人《ふたり》で来《き》て、中山《なかやま》が「出《で》るから加勢《かせい》してほしい」。私《わたし》は「身内《みうち》だから応援《おうえん》する。頑張《がんば》ろう」と応《おう》じ、「ただし、自分《じぶん》は警察《けいさつ》の地域《ちいき》安全《あんぜん》モニターをしているので、違反《いはん》だけは絶対《ぜったい》だめだよ」とくぎを刺《さ》しました。

中山《なかやま》は後援会事務所《こうえんかいじむしょ》を私《わたし》のホテルのすぐ近《ちか》くに開設《かいせつ》。中山夫妻《なかやまふさい》と長男夫妻《ちょうなんふさい》が1カ月近《げつちか》く私《わたし》のホテルに泊《と》まり込《こ》み、活動《かつどう》に没頭《ぼっとう》しました。私《わたし》は後援会《こうえんかい》で裏方《うらかた》の元締《もとじめ》のような役回《やくまわ》り。事務所《じむしょ》では、酒《さけ》は一切出《いっさいだ》しませんでした。田舎《いなか》の選挙《せんきょ》ですので、有権者側《ゆうけんしゃがわ》から酒食《しゅしょく》の提供《ていきょう》を無心《むしん》されたことも4回《かい》ありましたが、全《すべ》てきっぱり断《ことわ》りました。

それなのに、でっちあげの選挙違反《せんきょいはん》の標的《ひょうてき》とされた……。たたき上《あ》げの2人《ふたり》の悔《くや》しさを察《さっ》してください。

23——35回目《かいめ》の聴取《ちょうしゅ》で逮捕《たいほ》

私《わたし》の親戚《しんせき》で鹿児島県議《かごしまけんぎ》だった中山信一《なかやましんいち》の逮捕《たいほ》から一夜《いちや》が明《あ》けた2003年《ねん》6月5日《がついつか》、入院《にゅういん》で中断《ちゅうだん》していた私《わたし》への取《と》り調《しら》べが再開《さいかい》されました。今度《こんど》の取調官《とりしらべかん》は旧知《きゅうち》のT警部補《けいぶほ》でした。

前年《ぜんねん》の6月《がつ》、県警《けんけい》は外国貨物船《がいこくかもつせん》の船員《せんいん》らが末端価格《まったんかかく》3億円《おくえん》を超《こ》えるコカイン5キロを志布志《しぶし》港《こう》に密輸《みつゆ》した事件《じけん》を摘発《てきはつ》。T警部補《けいぶほ》は捜査班《そうさはん》の一員《いちいん》として、私《わたし》が営《いとな》む「ビジネスホテル枇榔《びろう》」の別館《べっかん》に3カ月《げつ》ほど宿泊《しゅくはく》したのです。短《たん》パンやヘルメットで変装《へんそう》して港《みなと》に張《は》り込《こ》みに出《で》る前《まえ》に、毎朝《まいあさ》、私《わたし》が作《つく》った朝食《ちょうしょく》で腹《はら》ごしらえしていました。

顔見知《かおみし》りで私《わたし》を揺《ゆ》さぶる狙《ねら》いでしょうが、私《わたし》は頑《がん》として買収《ばいしゅう》など認《みと》めません。T警部補《けいぶほ》から「これ（うその調書《ちょうしょ》）にサインしたら帰《かえ》れるがな」と促《うなが》されても「なら自分《じぶん》の名前《なまえ》を書《か》かんな」とはねつけました。

そんなやりとりの末《すえ》にT警部補《けいぶほ》が怒《おこ》って退室《たいしつ》したある時《とき》、補助官《ほじょかん》の若《わか》い刑事《けいじ》が寄《よ》ってきて言《い》いました。「自分《じぶん》の尊敬《そんけい》する上司《じょうし》から、枇榔《びろう》さん（私《わたし》のこと）はそんな悪事《あくじ》を働《はたら》く人《ひと》じゃないから、そのつもりで対応《たいおう》しろよ、と言《い》われました」。うれしかったですね。あの若《わか》い刑事《けいじ》さんは今《いま》、何《なに》をされているのでしょうか。

川畑さんの逮捕現場になった鹿児島県警志布志署。2階右側の鉄格子の窓の向こうに取調室があった

T警部補《けいぶほ》の取《と》り調《しら》べでは追及内容《ついきゅうないよう》が大《おお》きく変《か》わります。最初《さいしょ》は焼酎《しょうちゅう》の供与《きょうよ》でしたが、今度《こんど》は中山派《なかやまは》の買収会合《ばいしゅうかいごう》が志《し》布志市《ぶしし》四浦《ようら》地区《ちく》の懐《ふところ》集落《しゅうらく》で開《ひら》かれて私《わたし》が司会《しかい》を務《つと》めた、というのです。県警《けんけい》は逮捕《たいほ》した懐《ふところ》の住民《じゅうみん》を責《せ》め上《あ》げうその供《きょう》述《じゅつ》をさせ、買収会合《ばいしゅうかいごう》の構図《こうず》を描《えが》いていったのでしょう。

T警部補《けいぶほ》は「四浦《ようら》の人《ひと》はみんなおまえを恨《うら》んどる。おまえが今《いま》の状況《じょうきょう》で四浦《ようら》に行《い》けば、刺《さ》されるぞ」と言《い》います。私《わたし》は潔白《けっぱく》ですから「なら今《いま》から行《い》くが」と立《た》ち上《あ》がると、慌《あわ》てて「刺《さ》されたらおいの責任《せきにん》になる」と止《と》めるのです。中山《なかやま》に容疑《ようぎ》を認《みと》めるよう諭《さと》す手紙《てがみ》を書《か》き、「最後《さいご》に川畑《かわばた》と書《か》け」と迫《せま》りもしました。

そして7月《がつ》24日《か》、志布志署《しぶししょ》で35回目《かいめ》の聴取《ちょうしゅ》。「認《みと》めんな」と迫《せま》るT警部補《けいぶほ》に「それはでけん」と答《こた》えると、いきなり机越《つくえご》しに私《わたしの》の両手《りょうて》をぎゅっと握《にぎ》り1分《ぷん》ほど離《はな》しません。机《つくえ》に両手《りょうて》をついて頭《あたま》を下《さ》げると、何《なに》も言《い》わずに出《で》ていきました。

入《い》れ替《か》わって別《べつ》の刑事《けいじ》が来《き》て、目《め》の前《まえ》に手錠《てじょう》をガシャンと置《お》きました。「逮捕《たいほ》な」と聞《き》くと「そうだ」。午前《ごぜん》9時《じ》35分《ふん》、私《わたし》の両手《りょうて》に手錠《てじょう》がかけられました。

24――素《す》っ裸《ぱだか》で屈辱《くつじょく》の検査《けんさ》

35回《かい》に及《およ》ぶ任意聴取《にんいちょうしゅ》の末《すえ》、私《わたし》は2003年《ねん》7月《がつ》24日《にち》、公選法違反《こうせんほういはん》（買収《ばいしゅう》）の疑《うたが》いで逮捕《たいほ》されました。逮捕容疑《たいほようぎ》は3月下旬《がつげじゅん》、妻《つま》のいとこで鹿児島県議《かごしまけんぎ》の中山信一《なかやましんいち》らと共謀《きょうぼう》し、志布志市《しぶしし》の懐《ふところ》集落《しゅうらく》で10人《にん》に現金《げんきん》を配《くば》ったというものです。

否認《ひにん》を貫《つらぬ》いた私《わたし》をなぜ逮捕《たいほ》できたのか。志布志署《しぶししょ》の取調室《とりしらべしつ》で手錠《てじょう》をかけた刑事《けいじ》に尋《たず》ねると、「きょう逮捕《たいほ》された池口勤《いけぐちつとむ》という男《おとこ》が、川畑《かわばた》から10万円《まんえん》もらったと認《みと》めた」と言《い》いました。私《わたし》はこの時《とき》まだ池口《いけぐち》さんの顔《かお》すら知《し》りません。この刑事《けいじ》の話《はなし》もでっちあげです。私《わたし》は「大変《たいへん》なことになるよ」と警告《けいこく》しておきました。

まずはT警部補《けいぶほ》に連《つ》れられ体調確認《たいちょうかくにん》のため市内《しない》の病院《びょういん》へ。手錠《てじょう》をはめた私《わたし》を待合室《まちあいしつ》の人《ひと》がじろじろ見《み》ます。T警部補《けいぶほ》が上着《うわぎ》で隠《かく》そうとするのを「いい、いい」と強《つよ》く制《せい》しました。当然《とうぜん》です。やってないのだから。

志布志署《しぶししょ》で1泊《ぱく》し、翌日《よくじつ》、護送車《ごそうしゃ》で鹿児島市《かごしまし》へ。鹿児島地検《かごしまちけん》で書類《しょるい》にサインし、連《つ》れて行《い》かれたのは鹿児島南署《かごしまみなみしょ》でした。ここも裏口《うらぐち》から通《とお》されて2階《かい》へ。頑丈《がんじょう》な鉄製《てっせい》の二重扉《にじゅうとびら》が開《ひら》くと、そこが留置場《りゅうちじょう》でした。

内部《ないぶ》は扇形《おおぎがた》で、入《い》り口《ぐち》から六《むっ》つの部屋《へや》が見渡《みわた》せる構造《こうぞう》。おりの中《なか》の人々《ひとびと》の目《め》が一斉《いっせい》に私《わたし》に注《そそ》がれます。

留置場の見取り図を書いて内部の状況を説明する川畑さん

すると留置場《りゅうちじょう》の担当官《たんとうかん》が「川畑《かわばた》、シャツを脱《ぬ》げ。ズボンも」。言《い》われた通《とお》りにすると、「パンツも脱《ぬ》がんかー」。えーっと戸惑《とまど》っていると、ついたてが運《はこ》ばれてきました。素《す》っ裸《ぱだか》になると、「前《まえ》に体《からだ》を曲《ま》げて尻《しり》を出《だ》せ」。くぎなどを持《も》ち込《こ》ませないためでしょうが、何《なん》という屈《くっ》辱《じょく》でしょう。

服《ふく》を着《き》ると、「川畑《かわばた》っ、3号室《ごうしつ》へ」。幅《はば》50センチくらいの小《ちい》さな出入り口《でいぐち》をくぐると、広《ひろ》さ6畳《じょう》ほどの部屋《へや》に青畳《あおだたみ》が敷《し》いてありました。先客《せんきゃく》は男性《だんせい》2人《ふたり》。若《わか》い人《ひと》は大学生《だいがくせい》で強姦容疑《ごうかんようぎ》、40歳《さい》くらいの人《ひと》は消防士《しょうぼうし》で窃盗《せっとう》の容疑《ようぎ》で捕《つか》まったとか。大学生《だいがくせい》は「付《つ》き合《あ》っていた彼女《かのじょ》に仕組《しく》まれた」と言《い》っていました。消防士《しょうぼうし》は盗《ぬす》みを悔《く》い、残《のこ》された妻子《さいし》の身《み》を案《あん》じていました。私《わたし》は「人間《にんげん》、いつでもやり直《なお》せるよ」と声《こえ》を掛《か》けました。

その数年後《すうねんご》、出所《しゅっしょ》した消防士《しょうぼうし》が私《わたし》のホテルを訪《たず》ねてきました。「妻《つま》と離婚《りこん》し、代行運転《だいこううんてん》の仕事《しごと》をしています」とのこと。私《わたし》は「頑張《がんば》らんといかんよ。奥《おく》さんと子《こ》どもさんもいずれ帰《かえ》ってくるから」と励《はげ》ましました。その2カ月後《げつご》、この男性《だんせい》から電話《でんわ》が。「妻《つま》と子《こ》どもが帰《かえ》ってきました」――。臭《くさ》い飯《めし》を食《く》った仲間《なかま》の弾《はず》む声《こえ》。うれしかったですね。

25――鹿児島弁通《かごしまべんつう》じぬ検察《けんさつ》

志布志事件《しぶしじけん》で逮捕《たいほ》・送検《そうけん》された私《わたし》は、2003年《ねん》の夏《なつ》の盛《さか》りを鹿児島南署《かごしまみなみしょ》の留置場《りゅうちじょう》で過《す》ごすことになりました。ひどい環境《かんきょう》かと思《おも》いきや、冷房《れいぼう》も入《はい》っています。雑居房《ざっきょぼう》の同居人《どうきょにん》2人《ふたり》と身《み》の上話《うえばなし》に花《はな》が咲《さ》いたことは前回《ぜんかい》、話《はな》しましたね。「おーい、3号室《ごうしつ》。うるさいぞ」と担当官《たんとうかん》にしかられても、ひそひそ声《こえ》で会話《かいわ》を続《つづ》けました。

雑居房《ざっきょぼう》では1日《にち》3冊《さつ》まで本《ほん》や雑誌《ざっし》の閲覧《えつらん》が認《みと》められていました。狭《せま》い運動場《うんどうじょう》で体《からだ》を動《うご》かした

送検後、川畑さんが取り調べをうけた鹿児島地検

帰《かえ》り、留置場《りゅうちじょう》の図書置《としょお》き場《ば》から持《も》ち込《こ》むのです。びっくりしたのが成人向《せいじんむ》け雑誌《ざっし》が並《なら》んでいたこと。これで性欲《せいよく》を刺激《しげき》し「早《はや》く外《そと》に出《で》たい」と思《おも》わせることで、容疑《ようぎ》を認《みと》めるよう仕向《しむ》けているのでは、と勘繰《かんぐ》りたくなります。

驚《おどろ》いたことに、志布志《しぶし》事件《じけん》で最初《さいしょ》に逮捕《たいほ》された藤元《ふじもと》いち子《こ》さんが6号室《ごうしつ》に収容《しゅうよう》されていることも分《わ》かりました。うまそうなにおいのする出前《でまえ》のラーメンを担当官《たんとうかん》がよく6号室《ごうしつ》へ運《はこ》ぶので、相部屋《あいべや》の大学生《だいがくせい》が「だれに持《も》っていくんですか」と尋《たず》ねると、「藤元《ふじもと》いち子《こ》だ」と答《こた》えたのです。

県警《けんけい》の取《と》り調《しら》べは午前《ごぜん》8時半《じはん》~正午《しょうご》と、午後《ごご》6~8時《じ》の1日《にち》2回《かい》。もう前《まえ》のようにきつい追及《ついきゅう》はなく、ほとんど世間話《せけんばなし》でした。私《わたし》は商売人《しょうばいにん》ですので、ある刑事《けいじ》から「いずれ居酒屋《いざかや》を出《だ》したいが、どう思《おも》う?」と相談《そうだん》されもしました。

鹿児島《かごしま》地検《ちけん》での聴取《ちょうしゅ》は午後《ごご》1~5時《じ》。きつかったというか頭《あたま》に血《ち》が上《のぼ》ったのが、T副検事《ふくけんじ》の調《しら》べ方《かた》です。私《わたし》の訴《うった》えを全《まった》く聞《き》こうとせず、「君《きみ》、(買収会合《ばいしゅうかいごう》の舞台《ぶたい》とされた)四浦《ようら》に行《い》ったんだろう。司会《しかい》したんだろう」の繰《く》り返《かえ》し。「認《みと》めたらお盆《ぼん》には家《いえ》に帰《かえ》れるぞ」と言《い》うので、「お盆《ぼん》は来年《らいねん》もありますよ」とやり返《かえ》すと、怒《おこ》りました。

鹿児島弁《かごしまべん》も通《つう》じません。私《わたし》が「おいが話《はなし》きっとがあたいまえじゃねえか」と少《すこ》し声《こえ》を荒《あら》げても、きょとんとしています。補佐《ほさ》の職員《しょくいん》が「私《わたし》の話《はなし》を聞《き》くのが当《あ》たり前《まえ》じゃないか、と言《い》っています」と通訳《つうやく》すると「なるほど」。茶番《ちゃばん》ですね。

そもそも検察《けんさつ》の大事《だいじ》な役割《やくわり》は、警察《けいさつ》とは違《ちが》う視点《してん》から調《しら》べ直《なお》し、送検容疑《そうけんようぎ》が真実《しんじつ》か見極《みきわ》めることではないでしょうか。だからこそ検察官《けんさつかん》には刑事裁判《けいじさいばん》を起《お》こす大《おお》きな権限《けんげん》が与《あた》えられているはずです。でも、T副検事《ふくけんじ》は県警《けんけい》の筋立《すじだ》てに乗《の》っかってうその自白《じはく》を引《ひ》き出《だ》そうとするだけでした。志布志事件《しぶしじけん》という未曽有《みぞう》の冤罪《えんざい》を引《ひ》き起《お》こした重《おも》い責任《せきにん》は、検察《けんさつ》にもあると私《わたし》は思《おも》います。

26――釈放《しゃくほう》されても一騒動《ひとそうどう》

朝《あさ》の9時《じ》を過《す》ぎても、いつものお迎《むか》えが来《き》ません。2003年《ねん》8月《がつ》13日《にち》。私《わたし》がいるのは鹿児《かご》島南署留置場《しまみなみしょりゅうちじょう》の3号室《ごうしつ》。同居人《どうきょにん》の消防士《しょうぼうし》が「川畑《かわばた》さん、こりゃあ釈放《しゃくほう》だよ」とささやきます。判《はん》で押《お》したように午前《ごぜん》8時《じ》20分《ぷん》に姿《すがた》を見《み》せ、私《わたし》を取調室《とりしらべしつ》まで引《ひ》っ立《た》てる刑事《けいじ》が、顔《かお》を見《み》せないのです。

しばらくしてパチンと出《で》入《い》り口《ぐち》が開《ひら》きました。「川畑《かわばた》さん、出《で》てください」と留置場《りゅうちじょう》の担当官《たんとうかん》。初《はじ》めての「さん」付《づ》けです。それから何《なに》やら書類《しょるい》を読《よ》み上《あ》げると、「じゃあ、帰《かえ》っていいですよ」。私《わたし》はその言葉《ことば》にかちんときました。

「勝手《かって》に人《ひと》を遠《とお》い志布志《しぶし》から連《つ》れてきておいて、帰《かえ》っていいよ、とはどういうことか。家《いえ》まで車《くるま》で送《おく》ります、が筋《すじ》じゃないか」

一騒動《ひとそうどう》の末《すえ》、預《あず》けていた私物《しぶつ》を受《う》け取《と》り留置場《りゅうちじょう》を後《あと》に。刑事課《けいじか》を通《とお》ると、刑事《けいじ》たちが「川畑《かわばた》さん、おめでとう」と手《て》をたたきます。1階《かい》に下《お》り、交通課《こうつうか》の受付《うけつけ》で「すいません。ほんとは志布志《しぶし》までで言《い》いたいっちゃけど、フェリー乗《の》り場《ば》まで送《おく》ってくださーい」と大声《おおごえ》で申《もう》し出《で》ました。すると、刑事《けいじ》が出《で》てきて「川畑《かわばた》さん、それはできん」。「あんたたちが勝手《かって》に連《つ》れてきたんだから、送《おく》らんか」と食《く》い下《さ》がると、タクシーだけは呼《よ》んでくれました。

「これっておかしいですよね」。運転手《うんてんしゅ》さんに鬱憤《うっぷん》をぶちまけると、気《き》の毒《どく》がってくれましたが、タクシー代《だい》は結局《けっきょく》、自分《じぶん》の財布《さいふ》から払《はら》いました。今《いま》でも納得《なっとく》がいきません。

釈放されて出迎えに来てもらった垂水港で当時を振り返る川畑さんと妻順子さん

鹿児島港《かごしまこう》からフェリーに乗《の》り、垂水港《たるみずこう》に降《お》り立《た》つと、妻《つま》の順子《じゅんこ》ら家族《かぞく》が迎《むか》えに来《き》てくれていました。孫《まご》が「じいちゃん、どこに旅行《りょこう》いっとったの」と聞《き》いてきます。私《わたし》が「牢屋《ろうや》たい」と大声《おおごえ》で答《こた》え、ありもしない罪《つみ》で逮捕《たいほ》されたと話《はな》し始《はじ》めたら、長女《ちょうじょ》の小由美《さゆみ》が「お父《とう》さん、やめてやめて」とさえぎりました。

志布志事件《しぶしじけん》でこの日釈放《ひしゃくほう》されたのは私《わたし》と、妻《つま》のいとこ中山信一《なかやましんいち》の焼酎会社《しょうちゅうかいしゃ》の副社長《ふくしゃちょう》だった門松輝海《かどまつてるみ》さんに、畜産農家《ちくさんのうか》の池口勤《いけぐちつとむ》さん。私《わたし》と門松《かどまつ》さんが懐《ふところ》集落《しゅうらく》で金《かね》を配《くば》ったとされ、池口《いけぐち》さんが受《う》け取《と》ったとされていました。しかし、3人《にん》とも徹底的《てっていてき》に否認《ひにん》を貫《つらぬ》いたので、検察側《けんさつがわ》は私《わたし》たちまで起訴《きそ》すれば、公判《こうはん》の維持《いじ》が厄介《やっかい》になると考《かんが》えたのではないでしょうか。

結局《けっきょく》、志布志事件《しぶしじけん》では中山《なかやま》と妻《つま》のシゲ子《こ》さん、藤元《ふじもと》いち子《こ》さんをはじめ、計《けい》13人《にん》が鹿児島地《かごしまち》裁《さい》に起訴《きそ》されました（うち1人《ひとり》は在宅《ざいたく》）。ここから闘《たたか》いの場《ば》は法廷《ほうてい》へと移《うつ》っていきます。

第《だい》4章《しょう》　闘争開始《とうそうかいし》

27――「あんやんを守《まも》らにゃ」

２００３年夏《ねんなつ》の終《お》わり、釈放《しゃくほう》された私《わたし》は志布志事件《しぶしじけん》の舞台《ぶたい》になった鹿児島県《かごしまけん》志布志市《しぶしし》四浦《ようら》地《ち》区《く》の懐《ふところ》集落《しゅうらく》を訪《たず》ねてみました。ある人物《じんぶつ》に会《あ》いたかったのです。

その人《ひと》は、私《わたし》と同《おな》じ日《ひ》に逮捕《たいほ》され、同《おな》じ日《ひ》に釈放《しゃくほう》された池口勤《いけぐちつとむ》さん。私《わたし》は彼《かれ》に10万円《まんえん》を渡《わた》した公選法《こうせんほう》違反《いはん》（買収《ばいしゅう》）容疑《ようぎ》で逮捕《たいほ》されたのです。互《たが》いに顔《かお》すら知《し》りませんでした。

集落《しゅうらく》の外《はず》れの狭《せま》い道沿《みちぞ》いに、池口《いけぐち》さんの家《いえ》がありました。「川畑《かわばた》でーす」と呼《よ》び掛《か》けると、池《いけ》口《ぐち》さんが「おー。あの川畑《かわばた》さんか」と声《こえ》を上《あ》げ、牛小屋《うしごや》の柵《さく》を跳《と》び越《こ》えて出《で》てきました。

「初《はじ》めて会《あ》うがな」と握手《あくしゅ》して「お互《たが》い釈放《しゃくほう》されてよかったな」と肩《かた》をたたき合《あ》いました。それだけで「戦友《せんゆう》」の気分《きぶん》です。

話《はなし》を聞《き》くと、池口《いけぐち》さんも私《わたし》を調《しら》べたT警部補《けいぶほ》らに責《せ》め立《た》てられたそうです。「おいはそれでも認《みと》めんやったど。もらっとらんもんはもらっとらん」と池口《いけぐち》さん。私《わたし》は「ありがとう、ありが

焼酎を酌み交わして事件を振り返る
川俣次男さん（左）と川畑さん

とう」とその武骨《ぶこつ》な手《て》を握《にぎ》りました。

池口《いけぐち》さんと同様《どうよう》、私《わたし》にとって大切《たいせつ》な供述《きょうじゅつ》をしてくれたのが、親友《しんゆう》の川俣次男君《かわまたつぎおくん》です。懐集落《ふところしゅうらく》で1回目《かいめ》の買収会合《ばいしゅうかいごう》があったとされた同年《どうねん》2月8日《がつようか》、私《わたし》は、雨《あめ》で仕事《しごと》が休《やす》みになった川俣君《かわまたくん》と宮崎県串間市《みやざきけんくしまし》の温泉《おんせん》に行《い》きました。私《わたし》の家《いえ》に戻《もど》って2人《ふたり》で酒《さけ》を飲《の》み、帰宅《きたく》する川俣君《かわまたくん》のため私《わたし》の電話《でんわ》から代行運転《だいこううんてん》を手配《てはい》したのです。温泉《おんせん》の女性従業員《じょせいじゅうぎょういん》も、陽気《ようき》なおじさん2人組《ふたりぐみ》のことを覚《おぼ》えていて、私《わたし》のアリバイが証明《しょうめい》されたのです。

工務店《こうむてん》を自営《じえい》する川俣君《かわまたくん》とは、菓子店《かしてん》の増築工事《ぞうちくこうじ》を頼《たの》んだ時《とき》からの仲《なか》。当時《とうじ》は独身《どくしん》だった彼《かれ》は私《わたし》たち夫婦《ふうふ》の仕事中《しごとちゅう》、娘《むすめ》2人《ふたり》の面倒《めんどう》も見《み》てくれました。

私《わたし》の勾留中《こうりゅうちゅう》、川俣君《かわまたくん》は鹿児島地検《かごしまちけん》に呼《よ》び出《だ》され、私《わたし》の担当《たんとう》のT副検事《ふくけんじ》から調《しら》べられました。「うそをついているだろう」と追及《ついきゅう》され、「おいは、あんやんを守《まも》らにゃいかん」と強《つよ》い口《く》調《ちょう》で宣言《せんげん》したそうです。すると、T副検事《ふくけんじ》はきょとんとした顔《かお》で事務官《じむかん》に「あんやんって何《なに》?」と尋《たず》ねたとか。

釈放後《しゃくほうご》に川俣君《かわまたくん》から一部始終《いちぶしじゅう》を聞《き》きました。大笑《おおわら》いして、そして、うれしかったですね。「あんやん」とは鹿児島弁《かごしまべん》で

「兄《にい》ちゃん」。私《わたし》は彼《かれ》を、弟《おとうと》も同然《どうぜん》だよという親《した》しみをこめて「次《つぎ》やん」と呼《よ》びます。事件《じけん》のおかげで少々酒《しょうしょうさけ》が強《つよ》くなった私《わたし》は、こよいも「次《つぎ》やん」と焼酎《しょうちゅう》を酌《く》み交《か》わし、しみじみと思《おも》うのです。仲間《なかま》っていいなと。

28――妻《つま》の機転《きてん》、テープ守《まも》る

前回《ぜんかい》の親友《しんゆう》に引《ひ》き続《つづ》き、今回《こんかい》は照《て》れくさいのですが、愛妻《あいさい》の話《はなし》です。13人《にん》が起訴《きそ》された志布《しぶ》志事件《しじけん》で私《わたし》が起訴《きそ》を免《まぬか》れたのは、妻順子《つまじゅんこ》の行動力《こうどうりょく》も一因《いちいん》です。

まず妻《つま》は、私《わたし》が鹿児島県警《かごしまけんけい》に「踏《ふ》み字《じ》」を受《う》けた際《さい》、5回《かい》も志布志署《しぶししょ》に抗議《こうぎ》の電話《でんわ》をかけました。そして、一部始終《いちぶしじゅう》をカセットテープに録音《ろくおん》したのです。

「焼酎《しょうちゅう》も何《なに》も配《くば》っていないのに、夫《おっと》がなぜこんな目《め》に遭《あ》うのですか」。妻《つま》は切々《せつせつ》と、それでいて根気強《こんきづよ》く訴《うった》えました。応答《おうとう》した署員《しょいん》は「うちの署《しょ》の者《もの》は皆《みな》、川畑《かわばた》さんには良《よ》くしてもらったと言《い》っています。ただ、県警本部《けんけいほんぶ》の人《ひと》や、偉《えら》い人《ひと》の命令《めいれい》には、従《したが》わないといけないのです」と、済《す》まなさそうに話《はな》しました。

その約《やく》1カ月後《げつご》、自宅《じたく》とホテルに家宅捜索《かたくそうさく》が入《はい》った際《さい》、妻《つま》はとっさの行動《こうどう》に出《で》ます。テープを押収《おうしゅう》されないよう、捜査員《そうさいん》の隙《すき》を見《み》てホテルの調理場《ちょうりば》の床《ゆか》に落《お》とし、冷蔵庫《れいぞうこ》の下《した》に蹴《け》り込《こ》んだのです。妻《つま》が守《まも》ったテープはその後《ご》、テレビニュースなどで流《なが》され、捜査《そうさ》の強引《ごういん》さを世《よ》に問《と》うことができました。

もう一《ひと》つ、妻《つま》の行動力《こうどうりょく》に驚《おどろ》いたことがありました。私《わたし》が連日《れんじつ》の取《と》り調《しら》べを受《う》けていた2003年《ねん》6月8日《がつようか》の夜《よる》。妻《つま》のいとこが訪《たず》ねてきて、九州管区警察局《きゅうしゅうかんくけいさつきょく》（福岡市《ふくおかし》）に相談《そうだん》する手《て》があると教《おし》えられたのです。警察局《けいさつきょく》は、各府県警《かくふけんけい》を指導監督《しどうかんとく》する警察庁《けいさつちょう》の地方機関《ちほうきかん》。そこに鹿《か》児島県警《ごしまけんけい》の不当捜査《ふとうそうさ》を訴《うった》えるのです。

いとこが「幸夫《さちお》さんは取《と》り調《しら》べで動《うご》けない。順子《じゅんこ》さんが電話《でんわ》すれば」と勧《すす》めると、妻《つま》は「直《ちょく》接訴《せつうった》えたい」。同様《どうよう》に夫《おっと》が不当聴取《ふとうちょうしゅ》を受《う》けている女性《じょせい》らも誘《さそ》って、自宅前《じたくまえ》に見張《みは》りの捜査員《そうさいん》がいなくなった午前《ごぜん》0時《じ》ごろ車《くるま》を出《だ》しました。

志布志署への電話を録音したカセットテープを示す川畑順子さん。手前は日々の出来事を記録した日記

福岡《ふくおか》に着《つ》いたのは9日午前《ここのかごぜん》6時《じ》ごろ。レストランで時間《じかん》をつぶし警察局《けいさつきょく》へ。妻《つま》は「鹿児島県警《かごしまけんけい》がありもしないことで夫《おっと》を引《ひ》っ張《ぱ》り、何時間《なんじかん》も調《しら》べている。踏《ふ》み字《じ》もされた」と、「F」と名乗《なの》る担《たん》当者《とうしゃ》に訴《うった》えました。

帰《かえ》ってきた妻《つま》は再度《さいど》の家宅捜索《かたくそうさく》を恐《おそ》れ、職員《しょくいん》の名《な》をメモには残《のこ》しませんでした。台所《だいどころ》の流《なが》しの下《した》にある戸棚《とだな》の裏《うら》に「F」とマジックで書《か》き、記録《きろく》しました。

私《わたし》が不起訴《ふきそ》になった理由《りゆう》は不明《ふめい》ですが、警察組織《けいさつそしき》は上下関係《じょうげかんけい》が厳格《げんかく》なので、警察局《けいさつきょく》への妻《つま》の「直訴《じきそ》」も少《すこ》しは効果《こうか》があったのでは。

それにしても、本当《ほんとう》に度胸《どきょう》のある妻《つま》でしょう。「F」の文字《もじ》は今《いま》もわが家《や》の流《なが》しの下《した》に、志布《しぶ》志事件《しじけん》の勝利《しょうり》の印《しるし》として残《のこ》っています。

29――自殺未遂《じさつみすい》の言葉《ことば》を偽《いつわ》る

私《わたし》の釈放後《しゃくほうご》、志布志事件《しぶしじけん》の被告《ひこく》も次々《つぎつぎ》と保釈《ほしゃく》されてきて、事件《じけん》の深刻《しんこく》な概要《がいよう》が分《わ》かり始《はじ》めました。舞台《ぶたい》となった鹿児島県志布志市四浦地区《かごしまけんしぶししようらちく》の懐《ふところ》集落《しゅうらく》が山奥《やまおく》にあることは、話《はな》しましたね。そこに鹿児島県警《かごしまけんけい》の集中捜査《しゅうちゅうそうさ》が入《はい》ったのは2003年《ねん》4月《がつ》。県警《けんけい》は集落《しゅうらく》への出入《でい》り口《ぐち》2カ所《しょ》に24時間態勢《じかんたいせい》で警官《けいかん》を置《お》いて人《ひと》の出入《でい》りをチェックし、集落全体《しゅうらくぜんたい》を監視下《かんしか》に置《お》いたのです。たった20人《にん》の住民《じゅうみん》はまさに「袋《ふくろ》のねずみ」です。

そうした状況《じょうきょう》の下《もと》、うその自白《じはく》をさせられ、自殺《じさつ》を図《はか》る人《ひと》が出《で》ました。藤元《ふじもと》いち子《こ》さんが留置場《りゅうちじょう》で頭《あたま》を壁《かべ》に打《う》ち付《つ》けたことは話《はな》しました。入水自殺《じゅすいじさつ》を図《はか》ったのが、懐俊裕《ふところとしひろ》さんです。

懐《ふところ》集落《しゅうらく》の外《はず》れを流《なが》れる渓流《けいりゅう》の福島川《ふくしまがわ》に、消防隊《しょうぼうたい》の水難救助訓練《すいなんきゅうじょくんれん》に使《つか》われる深《ふか》い滝《たき》つぼがあります。懐《ふところ》さんはその高《たか》さ5～6メートルはある滝壺《たきつぼ》に飛《と》び込《こ》んだのです。たまたま近《ちか》くに釣《つ》りに来《き》ていた宮崎県串間市《みやざきけんくしまし》の木村久男《きむらひさお》さんが水音《みずおと》に気付《きづ》いて、助《たす》け上《あ》げました。

懐《ふところ》さんは、私《わたし》が「踏《ふ》み字《じ》」を強制《きょうせい》されて入院《にゅういん》した4月《がつ》17日《にち》から、きつい取《と》り調《しら》べを受《う》けていました。妻《つま》の智津子《ちづこ》さんも19日《にち》から調《しら》べられ、2人《ふたり》とも「いち子《こ》さんから焼酎《しょうちゅう》をもらった」という内容《ないよう》のうその自白《じはく》をしてしまったのです。

翌20日《よくはつか》、思《おも》いあぐねた智津子《ちづこ》さんが「お父《とう》さん、もう死《し》のうか」と水《みず》を向《む》けます。牛《うし》をつなぐロープを家《いえ》から持《も》ち出《だ》し、2人《ふたり》で柿《かき》の木《き》で首《くび》をつろうとしていたところを、異変《いへん》に気付《きづ》いた長男《ちょうなん》に止《と》められました。この後《あと》、懐《ふところ》さんは一目散《いちもくさん》に滝壺《たきつぼ》へと走《はし》り、身《み》を投《な》げたのです。本人《ほんにん》は金《かな》づちで泳《およ》げないのですよ。

懐俊裕さんが飛び込んだ滝壺。相当な深さがあるという

助《たす》けられた懐《ふところ》さんは「このままでは逮捕《たいほ》される。子《こ》どもの仕事《しごと》もなくなる。死《し》んだ方《ほう》がましだ」と、震《ふる》える声《こえ》で木村《きむら》さんに打《う》ち明《あ》けました。ところが、県警《けんけい》が作成《さくせい》した木村《きむら》さんの調書《ちょうしょ》では、懐《ふところ》さんの言葉《ことば》が「みんなに迷《めい》惑《わく》をかけた。死《し》んでおわびする」と改竄《かいざん》されていたのです。

「死《し》んだ方《ほう》がまし」は、潔白《けっぱく》だから思《おも》わず出《で》た言葉《ことば》です。「死《し》んでおわび」になれば犯罪《はんざい》への関与《かんよ》を認《みと》めたことになります。

この事実《じじつ》は04年《ねん》9月《がつ》24日《か》の公判《こうはん》で明《あき》らかになりました。木村《きむら》さんは調書読《ちょうしょよ》み聞《き》かせの際《さい》、検察官《けんさつかん》に訂正《ていせい》を求《もと》めたのに「同《おな》じじゃないですか」と聞《き》き入《い》れてくれなかったため、法廷《ほうてい》で暴露《ばくろ》したのです。

公判《こうはん》を傍聴《ぼうちょう》していた私《わたし》はつくづく思《おも》いました。「警察《けいさつ》も検察《けんさつ》もうそばっかり」

30——新聞《しんぶん》に初《はじ》めて「冤罪《えんざい》」

自殺未遂者《じさつみすいしゃ》が出《で》るほど過酷《かこく》な取《と》り調《しら》べが続《つづ》いた志布志事件《しぶしじけん》。保釈《ほしゃく》された人《ひと》や家族《かぞく》が真相《しんそう》を語《かた》り始《はじ》めると、とんでもない人権侵害《じんけんしんがい》が次第《しだい》に分《わ》かってきました。そこで支援《しえん》に立《た》ち上《あ》がったのが、鹿児島県志布志市《かごしまけんしぶしし》の住職一木法明《じゅうしょくいちきのりあき》さんです。

きっかけは、一木《いちき》さんの寺《てら》の檀家《だんか》だった谷田則雄《たにだのりお》さんからの救《すく》いを求《もと》める電話《でんわ》でした。谷田《たにだ》さんは2人《ふたり》暮《ぐ》らしの父《ちち》がぜんそくで入院《にゅういん》し危篤《きとく》に近《ちか》い状態《じょうたい》の中《なか》、取《と》り調《しら》べでうその自白《じはく》を強要《きょうよう》されていたのです。

最初《さいしょ》は半信半疑《はんしんはんぎ》だった一木《いちき》さん。ほかの被害者《ひがいしゃ》の証言《しょうげん》を聞《き》き、谷田《たにだ》さんの訴《うった》えが真実《しんじつ》と確信《かくしん》します。そして２００３年《ねん》8月《がつ》27日《にち》、「住民《じゅうみん》の人権《じんけん》を考《かんが》える会《かい》」を発足《ほっそく》させたのです。

県議選曽於郡区
選挙買収事件
12人中9人が「冤罪」
全面対決で泥沼化
地検と県弁護士会

志布志事件を報じた2003年９月３日の「西日本新聞」鹿児島版

起訴《きそ》されて拘置所《こうちしょ》にいた谷田《たにだ》さんは「会《あ》えないが、父《ちち》は生《い》きているだろうか」と案《あん》じ、新聞《しんぶん》の死亡欄《しぼうらん》を確認《かくにん》する日々《ひび》でした。その新聞《しんぶん》の片隅《かたすみ》に、一木《いちき》さんが会長《かいちょう》を務《つと》める「考《かんが》える会《かい》」発足《ほっそく》の記事《きじ》を見《み》つけ、生《い》きる希望《きぼう》になったそうです。

この会《かい》の発足《ほっそく》は、谷田《たにだ》さんのみならず、志布志事件《しぶしじけん》の被害者全員《ひがいしゃぜんいん》に大《おお》きな助《たす》けになりました。私《わたし》たちは徒手空拳《としゅくうけん》で権力《けんりょく》の横暴《おうぼう》と闘《たたか》っていましたが、心《こころ》ある市民《しみん》の方々《かたがた》が「人権侵害《じんけんしんがい》の捜査《そうさ》を改《あらた》めよ。長期勾留中《ちょうきこうりゅうちゅう》の被告《ひこく》を釈放《しゃくほう》せよ」と、声《こえ》を上《あ》げてくれたのですから。

そして同年《どうねん》9月3日朝《がつみっかあさ》、「西日本新聞《にしにっぽんしんぶん》」鹿児島版《かごしまばん》の見出《みだ》しを見《み》て、私《わたし》と妻《つま》の順子《じゅんこ》は大喜《おおよろこ》びしました。「12人中《にんちゅう》9人《にん》が『冤罪《えんざい》』／県議選曽於郡《けんぎせんそおぐん》区選挙買収事件《くせんきょばいしゅうじけん》」。私《わたし》のホテルでは当時《とうじ》、新聞全紙《しんぶんぜんし》を取《と》っていましたが、志布志事《しぶしじ》件《けん》で見出《みだ》しに「冤罪《えんざい》」と出《で》たのはこれが初《はじ》めてと記憶《きおく》します。

記事《きじ》は、9人《にん》が冤罪《えんざい》を訴《うった》え、国選弁護人解任《こくせんべんごにんかいにん》など混乱《こんらん》が続《つづ》く裁判《さいばん》の内幕《うちまく》ものでした。執筆者《しっぴつしゃ》は東憲昭記者《ひがしのりあききしゃ》。ひょろっとしていますが、どんな相手《あいて》にも臆《おく》せず早口《はやくち》で質問《しつもん》を放《はな》ちます。「ようやく新聞《しんぶん》も動《うご》き始《はじ》めた」と、勇気《ゆうき》が湧《わ》きました。

この日《ひ》はちょうど志布志事件《しぶしじけん》の第《だい》5回公判日《かいこうはんび》。午前《ごぜん》8時半《じはん》、私《わたし》のホテルに家族《かぞく》や支援者《しえんしゃ》が集合《しゅうごう》し、バスで鹿児島地裁《かごしまちさい》に出発《しゅっぱつ》します。私《わたし》と妻《つま》は大急《おおいそ》ぎで記事《きじ》を50枚《まい》コピーして配《くば》りました。それを見《み》て、皆《みな》が一気《いっき》に元気《げんき》になりました。

そしてこの日《ひ》の公判《こうはん》では被告《ひこく》3人《にん》が自白《じはく》を撤回《てっかい》し、逮捕《たいほ》された12人全員《にんぜんいん》が否認《ひにん》で足並《あしな》みをそろえたのです。この頃《ころ》から、わが「ビジネスホテル枇榔《びろう》」ではコピー機《き》が壊《こわ》れるほどフル回転《かいてん》し、闘争《とうそう》の前線基地《ぜんせんきち》みたいになっていきました。

31――女性《じょせい》パワー、原告団結《げんこくだんけつ》

2003年秋以降《ねんあきいこう》、私《わたし》と妻順子《つまじゅんこ》が営《いとな》む「ビジネスホテル枇榔《びろう》」は、志布志事件《しぶしじけん》の闘争拠点《とうそうきょてん》になっていきました。ホテルの食堂《しょくどう》はたびたび記者会見場《きしゃかいけんじょう》に。新聞記事《しんぶんきじ》やビラを大量《たいりょう》にコピーしては、訪《おとず》れる支援者《しえんしゃ》に渡《わた》し、街頭《がいとう》で市民《しみん》に配《くば》りました。

そして、裁判《さいばん》の日《ひ》の朝《あさ》は40～50人《にん》がホテルに集合《しゅうごう》します。貸《か》し切《き》りバスで片道《かたみち》2時間《じかん》ほどかけ鹿児島地裁《かごしまちさい》へ公判《こうはん》を傍聴《ぼうちょう》に行《い》くのです。やがて裁判所《さいばんしょ》の職員《しょくいん》が「きょうは何人《なんにん》ですか」と尋《たず》ねてきて、人数分《にんずうぶん》の長椅子《ながいす》を傍聴席《ぼうちょうせき》に準備《じゅんび》してくれるようになりました。

にぎやかなのがお昼《ひる》の休廷時間《きゅうていじかん》。近《ちか》くの公園《こうえん》にござを敷《し》き、持参《じさん》した弁当《べんとう》に舌鼓《したつづみ》を打《う》つのです。まるで花見客《はなみきゃく》のような一団《いちだん》がオフィス街《がい》の一角《いっかく》を陣取《じんど》ります。道行《みちい》く人《ひと》はじろじろ見《み》ますが、そうやって私《わたし》たちの絆《きずな》は強《つよ》まっていきました。

志布志事件《しぶしじけん》の被告《ひこく》は、病気療養中《びょうきりょうようちゅう》の永利忠義《ながとしただよし》さんが在宅《ざいたく》で後《あと》から起訴《きそ》され計《けい》13人《にん》。逮捕《たいほ》されたものの起訴《きそ》されなかった人《ひと》が私《わたし》を含《ふく》め3人《にん》。逮捕《たいほ》も起訴《きそ》もされなかったものの、強引《ごういん》な取《と》り調《しら》べで被害《ひがい》を受《う》けた人《ひと》が少《すく》なくとも6人《にん》いました。

これらの人《ひと》と家族《かぞく》、弁護士《べんごし》、支援者《しえんしゃ》が固《かた》く結《むす》び合《あ》ったのが志布志事件《しぶしじけん》の原告団《げんこくだん》です。その特長《とくちょう》は、私《わたし》の妻《つま》を引《ひ》き合《あ》いに出《だ》すまでもなく、女性《じょせい》がパワフルなことでした。

たびたび記者会見に使用された「ビジネスホテル枇榔」の食堂

中《なか》でも、起訴《きそ》された山下邦雄《やましたくにお》さんの妻《つま》、カズエさんは気丈《きじょう》な方《かた》でした。邦雄《くにお》さんは、勾留《こうりゅう》が長引《ながび》いて育《そだ》てていたニワトリが全滅《ぜんめつ》するのを恐《おそ》れ、ありもしない罪《つみ》を認《みと》めてしまいました。

これに怒《おこ》ったのがカズエさんです。03年《ねん》7月《がつ》23日《にち》の公判《こうはん》で買収会合《ばいしゅうかいごう》を認《みと》めた邦雄《くにお》さんを、傍聴席《ぼうちょうせき》からしかり飛《と》ばしました。そのせりふは新聞的《しんぶんてき》にはどうかと思《おも》うのですが、思《おも》い切《き》って原文通《げんぶんどお》り紹介《しょうかい》しますね。

「うんがーっ、うそばっかり言《い》うと、金玉《きんたま》ひっちぎっどーっ」

さらには、「黙《だま》れー」と威圧《いあつ》してきた検察官《けんさつかん》に対《たい》し、「何《なん》もしちょらんのに。おまえが黙《だま》れ！」。

この一喝《いっかつ》に邦雄《くにお》さんも目《め》を覚《さ》まし、事件《じけん》は全員否認《ぜんいんひにん》で足並《あしなみ》みがそろっていくのです。

また、懐集落《ふところしゅうらく》で簡易郵便局長《かんいゆうびんきょくちょう》を務《つと》めていた被告《ひこく》の永山《ながやま》トメ子《こ》さんもしっかりした方《かた》で、厳《きび》しい取《と》り調《しら》べに頑《がん》として否認《ひにん》を貫《つらぬ》きました。私《わたし》と同様《どうよう》に留置場《りゅうちじょう》で全裸《ぜんら》の身体検査《しんたいけんさ》をされたことをずっと怒《おこ》っていました。「なんで人間《にんげん》があんなことされにゃいかん。なんぼ年取《としと》っても忘《わす》れることはできん」。全《まった》くその通《とお》りです。

32——弁護士《べんごし》2人《ふたり》に恵《めぐ》まれ

裁判《さいばん》では弁護士《べんごし》の力《ちから》が勝敗《しょうはい》を大《おお》きく左右《さゆう》します。その点《てん》、私《わたし》は本当《ほんとう》に恵《めぐ》まれていたと思《おも》います。

鹿児島市《かごしまし》の中原海雄弁護士《なかはらうみおべんごし》に弁護《べんご》を依頼《いらい》したのは、任意取《にんいと》り調《しら》べ中《ちゅう》の2003年《ねん》7月《がつ》16日《にち》。志布志署《しぶししょ》の取調室《とりしらべしつ》で、T警部補《けいぶほ》が「真実《しんじつ》を言《い》わんなら帰《かえ》れ」と言《い》うので、「じゃ、帰《かえ》るわ」とあっさり帰宅《きたく》。ただちに妻《つま》の順子《じゅんこ》と中原先生《なかはらせんせい》の事務所《じむしょ》へ車《くるま》を走《はし》らせたのです。

「中原《なかはら》です」。先生《せんせい》にあいさつされてたじろぎました。サンダル履《ば》きに無精《ぶしょう》ひげ。見《み》た目《め》は申《もう》し

踏み字国家賠償請求訴訟で、提訴の記者会見に臨む
中原海雄弁護士（左）と野平康博弁護士=2004年4月9日

訳《わけ》ないですが、暴力団《ぼうりょくだん》の組長《くみちょう》のよう。おっかなびっくりで踏《ふ》み字《じ》の一部始終《いちぶしじゅう》を話《はな》すと、「署長《しょちょう》は誰《だれ》？」。「K署長《しょちょう》です」。「取《と》り巻《ま》きは？」。「I警部《けいぶ》とH警部補《けいぶほ》です」と答《こた》えると、「それは相手《あいて》が悪《わる》かったな」。

大卒《だいそつ》のK署長《しょちょう》と高卒《こうそつ》のI警部《けいぶ》は県警《けんけい》の同期《どうき》で、汚職捜査《おしょくそうさ》でのし上《あ》がった盟友《めいゆう》。あまりに強引《ごういん》な捜査《そうさ》をしたI警部《けいぶ》に、中原先生《なかはらせんせい》が一筆《いっぴつ》書かせたこともあるそうです。H警部補《けいぶほ》はそんなI警部《けいぶ》の直属《ちょくぞく》の部下《ぶか》。「取《と》り調《しら》べで何《なに》かあればいつでも来《き》なさい」と言《い》われました。

ほどなく妻《つま》も県警《けんけい》の聴取《ちょうしゅ》を受《う》けました。取調室《とりしらべしつ》で「うちは弁護士《べんごし》を頼《たの》みましたから」と中原先生《なかはらせんせい》の名刺《めいし》を見《み》せると、刑事《けいじ》の顔色《かおいろ》が一変《いっぺん》。慌《あわ》てて部屋《へや》のドアを開《あ》けて「奥《おく》さん、どうぞお帰《かえ》りください」と促《うなが》したそうです。中原先生《なかはらせんせい》はそれほどこわもて、いや腕利《うでき》きの弁護士《べんごし》だったのですね。

私《わたし》が逮捕《たいほ》された7月《がつ》24日《か》、中原先生《なかはらせんせい》は遠《とお》い志布志《しぶし》まで駆《か》けつけてくれました。面会室《めんかいしつ》で口《くち》を閉《し》める手《て》ぶりをして「早《はや》く出《で》たいなら、口《くち》にチャック、チャックだよ」とアドバイス。鹿児島南署《かごしまみなみしょ》へ移《うつ》されても、3日《みっか》に1度《ど》、面会《めんかい》に来《き》ては励《はげ》ましてくれました。
そんなふうに先生《せんせい》に助《たす》けられ、釈放《しゃくほう》から4カ月《げつ》。志布志事件《しぶしじけん》の被告《ひこく》たちは刑事裁判《けいじさいばん》を懸命《けんめい》に闘《たたか》っています。「おいもとにかく訴《うった》えなん（俺《おれ》もとにかく訴《うった》えないと）」――。腹《はら》をくって中原先生《はらせんせい》を訪《たず》ねました。

「（踏《ふ》み字《じ》をさせた）H警部補《けいぶほ》を訴《うった》えたい」と言《い》うと、「本当《ほんとう》にやってないんだね」と念《ねん》を押《お》します。「ジュース1本《ぽん》たりとも配《くば》ってません」と答《こた》えると、「じゃあ、やろう」。そして「僕《ぼく》はパソコンが苦手《にがて》なのでもう1人弁護士《ひとりべんごし》を入《い》れていいかな」と呼《よ》ばれたのが、野平康博弁護士《のひらやすひろべんごし》でした。

志布志《しぶし》で大変《たいへん》な取《と》り調《しら》べの被害《ひがい》が出《で》ていることに気付《きづ》き、いち早《はや》く現地調査《げんちちょうさ》に乗《の》り出《だ》した先生《せんせい》で、私《わたし》とも大《おお》きな接点《せってん》がありました。

33――総勢《そうぜい》14人《にん》もの弁護団《べんごだん》

中原海雄弁護士《なかはらうみおべんごし》の紹介《しょうかい》で私《わたし》の弁護《べんご》に加《くわ》わった野平康博弁護士《のひらやすひろべんごし》は、人権派《じんけんは》の熱心《ねっしん》な先生《せんせい》でした。さらに幸運《こううん》なことに、私《わたし》は逮捕前日《たいほぜんじつ》の２００３年《ねん》7月《がつ》23日《にち》、志布志《しぶし》の国民宿舎《こくみんしゅくしゃ》で、野平先生《のひらせんせい》の聞《き》き取《と》り調査《ちょうさ》を受《う》けていたのです。踏《ふ》み字《じ》から3カ月《げつ》。記憶《きおく》が鮮明《せんめい》なうちに弁護士《べんごし》に記録《きろく》してもらえたことが、その後《ご》の裁判《さいばん》で大《おお》いに役立《やくだ》ちます。

私《わたし》は刑事《けいじ》も民事《みんじ》も一度《いちど》に提訴《ていそ》したかったのですが、両先生《りょうせんせい》は「まずは民事《みんじ》だよ」と言《い》われます。刑事訴追中《けいじそついちゅう》を理由《りゆう》に、相手《あいて》が民事《みんじ》での証言《しょうげん》を拒《こば》む恐《おそ》れもあります。民事《みんじ》で徹底的《てっていてき》に争《あらそ》ってから刑事《けいじ》へ、と2段階作戦《だんかいさくせん》を描《えが》いたのです。

ところで、この聞《き》き書《が》きで私《わたし》は「踏《ふ》み字《じ》」「踏《ふ》み字《じ》」と話《はな》していますが、当時《とうじ》は「踏《ふ》み絵《え》のような行為《こうい》」と表現《ひょうげん》していました。でも、踏《ふ》まされたのは絵《え》じゃなくて字《じ》です。そこで中原先生《なかはらせんせい》が発案《はつあん》しました。「『踏《ふ》み字《じ》』でいいんじゃない。前代未聞《ぜんだいみもん》の踏《ふ》み字事件《じじけん》、これで行《い》こう」。闘《たたか》いの旗印《はたじるし》が決《き》まりました。

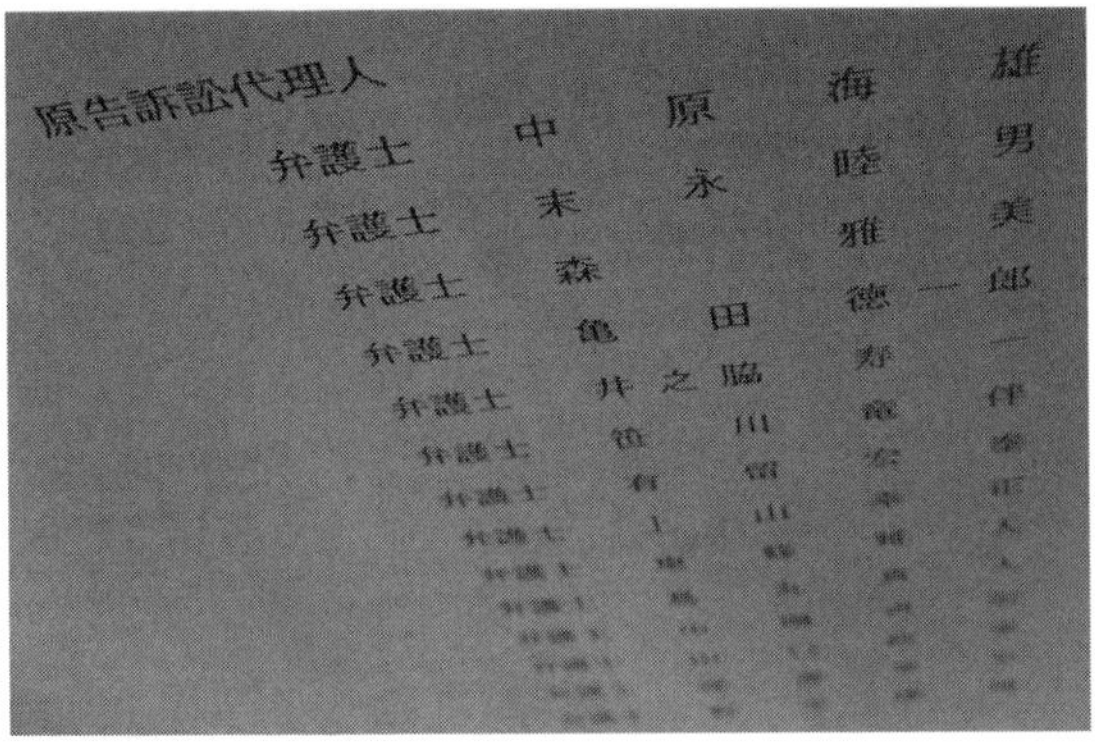

川畑さんの国家賠償請求訴訟の訴状（コピー）には、原告代理人として14人の弁護士が名を連ねた

年《とし》が明《あ》けて04年《ねん》1月6日《がつむいか》の県紙《けんし》に、志布志事件《しぶしじけん》で処分保留《しょぶんほりゅう》だった私《わたし》が不起訴《ふきそ》になったとの記事《きじ》が載《の》りました。寝耳《ねみみ》に水《みず》。何《なん》でいまさらと戸惑《とまど》いました。

新聞《しんぶん》によると、処分《しょぶん》が決《き》まった日付《ひづけ》は03年《ねん》12月《がつ》26日《にち》。こんな大切《たいせつ》なことを当事者《とうじしゃ》に一切知《いっさいし》らせず、新聞発表《しんぶんはっぴょう》で済《す》ませるとは……。野平先生《のひらせんせい》に電話《でんわ》すると、先生《せんせい》も知《し》らなかったとのこと。一《いっ》般社会《ぱんしゃかい》ではあり得《え》ませんよね。これこそ検察《けんさつ》の傲慢《ごうまん》ではありませんか。

とはいえ、これで完全《かんぜん》な自由《じゆう》の身《み》。月《つき》に数回《すうかい》の鹿児島《かごしま》通《がよ》いが始《はじ》まりました。

「川畑《かわばた》さん、どんな格好《かっこう》で紙《かみ》を踏《ふ》まされたの？」

「右《みぎ》が先《さき》？　左《ひだり》が先《さき》？」

両先生《りょうせんせい》が私《わたし》を椅子《いす》に座《すわ》らせては、代《か》わる代《が》わる両足《りょうあし》を握《にぎ》ります。何度《なんど》も踏《ふ》み字《じ》を実演《じつえん》して、提訴《ていそ》に備《そな》えてくれました。

ただ、密室《みっしつ》での人権侵害《じんけんしんがい》を立証《りっしょう》する基《もと》になるのは、私《わたし》の証言《しょうげん》だけ。「この手《て》の国賠訴訟《こくばいそしょう》は簡《かん》単《たん》に勝《か》てないよ。難《むずか》しい案件《あんけん》であることは覚悟《かくご》してほしい」と両先生《りょうせんせい》。「それでもやります」ときっぱり答《こた》えました。

すると、両先生《りょうせんせい》がアクションを起《お》こしました。「いまだに江戸時代《えどじだい》のような取《と》り調《しら》べが横行《おうこう》しているのは看過《かんか》できない」と、弁護団《べんごだん》に加《くわ》わる先生方《せんせいがた》を広《ひろ》く募《つの》ったのです。末永睦男先生《すえながむつおせんせい》、森《もり》雅美先生《まさみせんせい》ら、総勢《そうぜい》14人《にん》もの弁護士《べんごし》が私《わたし》の訴訟代理人《そしょうだいりにん》に名《な》を連《つら》ねてくれました。そうそうたる援《えん》軍《ぐん》を得《え》た私《わたし》。後《あと》はやるだけです。

34――人生初《じんせいはつ》の会見《かいけん》に緊張《きんちょう》

石《いし》にかじりついてでも、人《ひと》の道《みち》に外《はず》れた「踏《ふ》み字《じ》」の責任《せきにん》を問《と》う――。２００４年《ねん》が明《あ》けると、私《わたし》は国家賠償請求《こっかばいしょうせいきゅう》の準備《じゅんび》を着々《ちゃくちゃく》と進《すす》めていました。顧問弁護士《こもんべんごし》は中原海雄先生《なかはらうみおせんせい》と野平康博《のひらやすひろ》先生《せんせい》。公務員《こうむいん》である鹿児島県警《かごしまけんけい》の警官《けいかん》に踏《ふ》み字《じ》や長時間《ちょうじかん》の強制的《きょうせいてき》な取《と》り調《しら》べをされて肉体的《にくたいてき》・精神的損害《せいしんてきそんがい》を受《う》けたとして、国家賠償法《こっかばいしょうほう》1条《じょう》に基《もと》づき、県《けん》を相手《あいて》取《ど》り賠償金《ばいしょうきん》を請求《せいきゅう》するのです。

新聞《しんぶん》やテレビの取材《しゅざい》も入《はい》り始《はじ》めました。1月《がつ》27日付《にちづけ》の「西日本新聞《にしにっぽんしんぶん》」に「不起訴男性《ふきそだんせい》が賠償提訴検討《ばいしょうていそけんとう》」の記事《きじ》が載《の》りました。取材《しゅざい》した東憲昭記者《ひがしのりあききしゃ》が「金目当《かねめあ》てじゃない。卑劣《ひれつ》な捜査《そうさ》を許《ゆる》さない」と私《わたし》の主張《しゅちょう》をはっきり書《か》いてくれました。

提訴間近《ていそまぢか》のある日《ひ》、中原先生《なかはらせんせい》が、改《あらた》まった感《かん》じで尋《たず》ねてきました。こわもての先生《せんせい》と向《む》き合《あ》うと、どこかの組《くみ》に来《き》たようで、威圧感《いあつかん》は半端《はんぱ》ないのです。

「川畑《かわばた》さん。向《む》こうは子《こ》どもが3人《にん》いる家族持《かぞくも》ちだね。裁判《さいばん》でもし謝罪《しゃざい》してきたらどうするかね」

向《む》こうとは、私《わたし》に踏《ふ》み字《じ》を強制《きょうせい》したH警部補《けいぶほ》です。私《わたし》は迷《まよ》わず答《こた》えました。

「踏《ふ》み字《じ》をちゃんと謝《あやま》ってきたら、私《わたし》はいつでも裁判《さいばん》を取《と》り下《さ》げます」

私《わたし》にもかわいい孫《まご》がいるので、裁判《さいばん》で子《こ》どもさんが傷《きず》つくのはふびんです。志布志事件《しぶしじけん》はH警部補《けいぶほ》の単独《たんどく》ではなく、県警《けんけい》の組織的《そしきてき》な企《くわだ》てであることも、よーく分《わ》かっています。この頃《ころ》は実際《じっさい》、経営《けいえい》するホテルのカメラモニターに夜《よる》、車《くるま》が映《うつ》るたび、「お、Hが謝《あやま》りにきたんじゃ」と腰《こし》を浮《う》かしたものです。私《わたし》はH警部補《けいぶほ》が謝罪《しゃざい》に来《く》るのを待《ま》っていたのです。

川畑さんの国家賠償請求訴訟の提訴会見に詰め掛けた報道陣

中原《なかはら》先生《せんせい》は「それを聞《き》いて安心《あんしん》した。裁判《さいばん》、頑張《がんば》ろうな」と言《い》われました。本当《ほんとう》に人情肌《にんじょうはだ》の先生《せんせい》です。賠償金《ばいしょうきん》の請求金額《せいきゅうきんがく》は、穏当《おんとう》なところで、200万円《まんえん》としました。

そして4月9日《がつここのか》の朝《あさ》が来《き》ます。ホテルの朝食《ちょうしょく》を作《つく》り終《お》え、私《わたし》は妻《つま》の順子《じゅんこ》と鹿児島地裁《かごしまちさい》へ。両先生《りょうせんせい》からは「書類《しょるい》を出《だ》すだけだから、わざわざ来《こ》なくていいよ」と言《い》われましたが、私《わたし》は「絶対行《ぜったいい》きます」と答《こた》えていたのです。両先生《りょうせんせい》に付《つ》き添《そ》われて窓口《まどぐち》に訴状《そじょう》を提出《ていしゅつ》すると、提訴《ていそ》が完了《かんりょう》。あっけないものです。すると、野平先生《のひらせんせい》が「じゃあ、記者会見《きしゃかいけん》に行《い》くよ」。

事前《じぜん》に「やるよ」と言《い》われてはいたのですが、記者会見《きしゃかいけん》なんて人生初《じんせいはじ》めての経験《けいけん》。席《せき》に座《すわ》ると目《め》の前《まえ》に記者《きしゃ》さんがずらり。テレビカメラも陣取《じんど》っています。いやー、緊張《きんちょう》してきました。

35——亡父《ぼうふ》のため勝《か》ちたい

会場《かいじょう》は報道陣《ほうどうじん》で埋《う》まっています。2004年《ねん》4月9日《がつここのか》、鹿児島市《かごしまし》の鹿児島県弁護士会館《かごしまけんべんごしかいかん》。着慣《きな》れないスーツにネクタイ姿《すがた》の私《わたし》。踏《ふ》み字国家《じこっか》賠償《ばいしょう》訴訟《そしょう》の記者会見《きしゃかいけん》の始《はじ》まりです。まず、弁護《べんご》団長《だんちょう》の中原海雄弁護士《なかはらうみおべんごし》が宣言《せんげん》しました。

「われわれはこの事件《じけん》をこれから『踏《ふ》み字事件《じじけん》』と呼《よ》びます」

頼《たの》もしいなとほれぼれしていたら、「いいネーミングと思《おも》いませんか」と記者《きしゃ》に相《あい》づちを求《もと》めるので、ちょっとずっこけました。

中原先生《なかはらせんせい》は続《つづ》いて「この訴訟《そしょう》の後《あと》、刑法《けいほう》195条《じょう》（特別公務員暴行陵虐罪《とくべつこうむいんぼうこうりょうぎゃくざい》）に抵触《ていしょく》する行為《こうい》をしたH警部補《けいぶほ》を刑事告訴《けいじこくそ》する予定《よてい》です」ときっぱり。県警《けんけい》に徹底抗戦《てっていこうせん》していく、のろしを上《あ》げました。

野平康博弁護士《のひらやすひろべんごし》は「江戸時代《えどじだい》のキリシタン弾圧《だんあつ》を思《おも》わせる踏《ふ》み字《じ》が行《おこな》われたことは、断《だん》じて許《ゆる》し難《がた》い」と県警批判《けんけいひはん》のトーンを上《あ》げます。「今回《こんかい》の事件《じけん》は物証《ぶっしょう》がない中《なか》で自白《じはく》を取《と》ろうとした警察官《けいさつかん》の功名心《こうみょうしん》が生《う》んだもの。他《ほか》にも被害《ひがい》を受《う》けた人《ひと》を把握《はあく》しており、密室《みっしつ》での暴力的《ぼうりょくてき》な捜査《そうさ》に警鐘《けいしょう》を鳴《な》らす契機《けいき》にしたい」

さすがは両先生《りょうせんせい》。立《た》て板《いた》に水《みず》とはこのことです。「では、川畑《かわばた》さん」と中原先生《なかはらせんせい》が発言《はつげん》を促《うなが》しました。もう出《で》たとこ勝負《しょうぶ》です。

「私《わたし》はずっと警察《けいさつ》を信《しん》じて協力《きょうりょく》してきたのに、踏《ふ》みにじられました。密室《みっしつ》で行《おこな》われた違法《いほう》な出《で》来事《きごと》を明《あき》らかにして、自分《じぶん》のような思《おも》いをする人《ひと》が二度《にど》と出《で》ないようにしたい、と提訴《ていそ》しまし

記者会見で涙があふれ、ハンカチで口を覆う川畑さん。隣は同席した妻の順子さん

た。国民《こくみん》のため、（他《ほか》の大多数《だいたすう》の）良《よ》い警察官《けいさつかん》のためにも、私《わたし》は頑《がん》張《ば》りたいと思《おも》います」。そして、こう付《つ》け加《くわ》えると、突然《とつぜん》、涙《なみだ》があふれたのです。

「亡《な》くなったおやじのためにも勝《か》ちたい……」

会見《かいけん》では、踏《ふ》み字《じ》に書《か》かれた三《みっ》つの言葉《ことば》を報道陣《ほうどうじん》に示《しめ》しましたが、その一《ひと》つが、亡《な》くなった父《ちち》、栄三《えいぞう》をかたった言葉《ことば》でした。H警部補《けいぶほ》は「栄三《えいぞう》　お父《とう》さんはそういう息子《むすこ》に育《そだ》てた覚《おぼ》えはない」と書《か》いた紙《かみ》を、私《わたし》に踏《ふ》ませたのです。

父《ちち》は名《な》もない貧《まず》しい農家《のうか》ですが、厳格《げんかく》な人《ひと》でした。ラムネ瓶《びん》のビー玉《だま》を外《はず》したぬれぎぬで、私《わたし》を骨折《こっせつ》するほどたたいた話《はなし》を前《まえ》にしましたね。人《ひと》の道《みち》に外《はず》れる行《おこな》いを絶対《ぜったい》に許《ゆる》さない人《ひと》でした。それなのに、一人息子《ひとりむすこ》がいわれのない選挙違反《せんきょいはん》の疑《うたが》いを掛《か》けられては、さぞや無念《むねん》でしょう。

天国《てんごく》のおやじのためにも一歩《いっぽ》も退《ひ》かんど——。涙《なみだ》をぬぐって改《あらた》めて誓《ちか》いました。さあ闘《たたか》いの始《はじ》まりです。

第《だい》5章《しょう》 「真実《しんじつ》」求《もと》めて苦闘《くとう》

36——勾留《こうりゅう》395日《にち》の人質司法《ひとじちしほう》

「おりの中《なか》ってどんな感《かん》じ?」と聞《き》かれることがたまにあります。そのたびに修行《しゅぎょう》の足《た》りない私《わたし》はつい、「自分《じぶん》が入《はい》ってみれば」と声《こえ》を荒《あら》らげそうになります。長期間《ちょうきかん》、外《そと》に出《で》られない苦痛《くつう》は体験《たいけん》した者《もの》でないと分《わ》かりません。

志布志事件《しぶしじけん》で、起訴《きそ》を免《まぬが》れた私《わたし》の勾留日数《こうりゅうにっすう》は21日《にち》でした。その間《あいだ》、朝《あさ》から晩《ばん》まで刑事《けいじ》と検察官《けんさつかん》に「やったんだろう」と責《せ》め立《た》てられ、「ここにサインしたら早《はや》く出《で》られるぞ」とささやかれます。多《おお》くの冤罪事件《えんざいじけん》で、容疑者《ようぎしゃ》がやってもいない罪《つみ》を認《みと》めてしまうのは、そういう事情《じじょう》です。

ちょっとややこしいのですが、説明《せつめい》しますね。日本《にっぽん》では、警察官《けいさつかん》は容疑者《ようぎしゃ》を逮捕《たいほ》したら、48時間以内《じかんいない》に送検《そうけん》(検察官《けんさつかん》に身柄《みがら》を送《おく》る)しないといけません。検察官《けんさつかん》はさらに調《しら》べる場合《ばあい》、24時《じ》間以内《かんいない》に裁判所《さいばんしょ》へ勾留請求《こうりゅうせいきゅう》します。請求期間《せいきゅうきかん》は10日間《とおかかん》で、さらに10日間《とおかかん》の延長《えんちょう》が可能《かのう》。なので、逮捕《たいほ》から起訴《きそ》(または釈放《しゃくほう》)までの勾留日数《こうりゅうにっすう》は、2+1+10+10の、最大《さいだい》で23日《にち》です。

本来《ほんらい》ならここで捜査終了《そうさしゅうりょう》となるはずですが、再逮捕《さいたいほ》や再々逮捕《さいさいたいほ》して、似《に》たような容疑《ようぎ》で取《と》り調《しら》べることも警察《けいさつ》はできます。さらには、起訴《きそ》された被告《ひこく》には保釈請求《ほしゃくせいきゅう》の権利《けんり》があるのですが、日本《にっぽん》の裁判所《さいばんしょ》は否認事案《ひにんじあん》ではなかなか保釈《ほしゃく》を認《みと》めません。証拠隠滅《しょうこいんめつ》や逃亡《とうぼう》の恐《おそ》れがあるというのです。そうやって勾留日数《こうりゅうにっすう》を延《の》ばして捜査側《そうさがわ》に都合《つごう》の良《よ》い供述《きょうじゅつ》を得《え》ようとする手法《しゅほう》を何《なん》というか、ご存《ぞん》じですよね。そう「人質司法《ひとじちしほう》」です。前日産会長《ぜんにっさんかいちょう》のカルロス・ゴーン被告《ひこく》を巡《めぐ》る事件《じけん》では、日本《にっぽん》の人質司法《ひとじちしほう》が国際問題《こくさいもんだい》になりました。ゴーン被告《ひこく》の最初《さいしょ》の勾留《こうりゅう》は１０８日《にち》に及《およ》んだそうです。

ところが、志布志事件《しぶしじけん》の勾留日数《こうりゅうにっすう》はゴーン被告《ひこく》も驚《おどろ》くほどの長《なが》さでした。罰金刑《ばっきんけい》で済《す》む程度《ていど》の選挙違反《せんきょいはん》なのに……。人権《じんけん》を無視《むし》しているとは思《おも》いませんか。被告《ひこく》12人《にん》（在宅起訴《ざいたくきそ》の1人《ひとり》を除《のぞ》く）全員《ぜんいん》の勾留日数《こうりゅうにっすう》をこの本《ほん》に刻《きざ》んでおきます。

懐《ふところ》俊裕《としひろ》さん88日《にち》▽山下邦雄《やましたくにお》さん１０２日《にち》▽藤元《ふじもと》いち子《こ》さん１１５日《にち》▽懐《ふところ》智津子《ちづこ》さん、藤山《ふじやま》成美《なるみ》さん、谷田則雄《たにだのりお》さん１４３日《にち》▽藤元安義《ふじもとやすよし》さん１８１日《にち》▽藤山忠《ふじやますなお》さん、山中鶴雄《やまなかつるお》さん、永山《ながやま》トメ子《こ》さん１８６日《にち》▽中山《なかやま》シゲ子《こ》さん２７３日《にち》。

2015年、横浜市で報道陣の質問に答える絶頂期のカルロス・ゴーン氏

皆《みな》さん、自分《じぶん》がそんな長《なが》い間《あいだ》、おりに閉《と》じ込《こ》められたらどうなるか、想像《そうぞう》してみてください。そんな苦《くる》しみに395日《にち》も耐《た》えたのが、妻《つま》のいとこで鹿児島県議《かごしまけんぎ》の中山信一《なかやましんいち》でした。

37――面会《めんかい》ローテで心《こころ》支《ささ》え

志布志事件《しぶしじけん》では鹿児島県警《かごしまけんけい》の最大《さいだい》の標的《ひょうてき》が、妻《つま》のいとこで県議《けんぎ》に初当選《はつとうせん》した中山信一《なかやましんいち》でした。2003年《ねん》6月4日《がつよっか》に逮捕《たいほ》されると、当然《とうぜん》のごとく議員辞職《ぎいんじしょく》を求《もと》める声《こえ》が上《あ》がりました。

ですが「仕組《しく》まれた事件《じけん》」と主張《しゅちょう》する中山《なかやま》は職《しょく》にとどまりました。当選《とうせん》から3カ月以内《げついない》で辞《や》めると、公選法《こうせんほう》の規定《きてい》で次点《じてん》のI候補《こうほ》が繰《く》り上《あ》げ当選《とうせん》するためです。3カ月《げつ》が過《す》ぎた7月20日付《がつはつかづけ》で「勾留中《こうりゅうちゅう》で議員活動《ぎいんかつどう》ができない」ことを理由《りゆう》に辞職《じしょく》し、翌年《よくねん》7月《がつ》に補欠選挙《ほけつせんきょ》が行《おこな》われる運《はこ》びに。私《わたし》たち支援者《しえんしゃ》は、この補選《ほせん》を目指《めざ》して活動《かつどう》していくことになりました。起訴《きそ》された中山《なかやま》は、拘置所《こうちしょ》で接見禁止《せっけんきんし》の身《み》の上《うえ》。冷《つめ》たい独房《どくぼう》で孤独《こどく》と焦燥《しょうそう》にさいなまれます。

年《とし》が明《あ》けてようやく接見禁止《せっけんきんし》が解《と》け、中山《なかやま》の家族《かぞく》と私《わたし》たち親戚《しんせき》は面会《めんかい》のローテーションを組《く》みました。面会《めんかい》できる日《ひ》は毎日《まいにち》、だれかが鹿児島拘置支所《かごしまこうちししょ》へ通《かよ》うのです。そのくらいのことをやらないと、この国《くに》の「人質司法《ひとじちしほう》」の餌食《えじき》になった人《ひと》の心《こころ》は支《ささ》えられません。

時《とき》には中山《なかやま》の長男《ちょうなん》から「おじちゃん、急用《きゅうよう》で行《い》けない」と電話《でんわ》でSOS《エスオーエス》が。私《わたし》がホテルの食事《しょくじ》を作《つく》る白衣姿《はくいすがた》のまま車《くるま》に飛《と》び乗《の》り、鹿児島《かごしま》へ走《はし》ったこともありました。

面会室《めんかいしつ》の会話《かいわ》は大抵《たいてい》、こんな感《かん》じ。「外《そと》の者《もの》も皆《みな》、信《しん》ちゃんを出《だ》すために一生懸命《いっしょうけんめい》やっとる。気《き》を落《お》とすなよ」と私《わたし》。中山《なかやま》は「分《わ》かっちょる」と強《つよ》がりますが、「迷惑掛《めいわくか》けてすまんな」と弱気《よわき》な言葉《ことば》も。私《わたし》は「なーにをそげなこつ」と返《かえ》して、「とにかく頑張《がんば》れ」と繰《く》り返《かえ》すばかりです。

時《とき》にはこんな話《はなし》もしました。独房《どくぼう》で四股《しこ》を踏《ふ》み、体力維持《たいりょくいじ》に努《つと》めていた中山《なかやま》。「隣《となり》の部屋《へや》の組員《くみいん》から、うるさいーって怒《おこ》られた」と、笑《わら》い飛《と》ばしました。その後《あと》は音《おと》をたてないように足踏《あしぶ》みに変《か》えて、運動《うんどう》を続《つづ》けたそうです。

中山信一さんが拘留された鹿児島拘置支所。川畑さんらはローテーションを組んで面会に通った

　散《ち》った桜《さくら》がまた咲《さ》いて、中山《なかやま》は鉄格子《てつごうし》の中《なか》で2度目《どめ》の誕生日《たんじょうび》を迎《むか》えます。そして04年《ねん》7月2日《がつふつか》、9度《ど》にわたる申請《しんせい》の末《すえ》に保釈《ほしゃく》が実現《じつげん》しました。勾留日数《こうりゅうにっすう》は前回話《ぜんかいはな》しましたね。何《なん》と395日《にち》です。否認《ひにん》事案《じあん》とはいえ、これほど保釈《はしゃく》を拒《こば》んだ裁判所《さいばんしょ》の責任《せきにん》は重大《じゅうだい》です。

　さあ、この日《ひ》はちょうど中山《なかやま》が被告《ひこく》の立場《たちば》で立候補《りっこうほ》した県議補選《けんぎほせん》の告示日《こくじび》でした。中山《なかやま》は拘置所《こうちしょ》の中《なか》から家族《かぞく》を通《つう》じ出馬表明《しゅつばひょうめい》をしていたのです。私《わたし》たちは皆《みな》で中山《なかやま》を鹿児島《かごしま》へ迎《むか》えに行《い》きました。出《で》てきた中山《なかやま》をお天道《てんとう》さまの下《した》で見《み》た私《わたし》は「あっ」と驚《おどろ》きます。

38——人質司法《ひとじちしほう》、もうやめて

２００４年《ねん》７月《がつ》２日《ふつか》。志布志事件《しぶしじけん》で妻《つま》のいとこの中山信一《なかやましんいち》が３９５日《にち》もの勾留《こうりゅう》の末《すえ》、保釈《ほしゃく》されます。再会《さいかい》した瞬間《しゅんかん》、驚《おどろ》きました。肌《はだ》がろう人形《にんぎょう》のように真《ま》っ白《しろ》なのです。前年《ぜんねん》４月《がつ》、共《とも》に奔走《ほんそう》した県議選《けんぎせん》で黒々《くろぐろ》と日焼《ひや》けしていた精悍《せいかん》な表情《ひょうじょう》とは別人《べつじん》です。１年以上《ねんいじょう》も屋内《おくない》に閉《と》じ込《こ》められたら、皆《みな》そうなるのですね。

かなりやせたようで、丸《まる》っこかった体《からだ》も引《ひ》き締《し》まった感《かん》じ。「よかった、よかった」と握手《あくしゅ》しました。何《なに》か気《き》の利《き》いたことをと思《おも》いましたが、「大変《たいへん》やったなあ」の一言《ひとこと》しか出《で》ません。それでも、互《たが》いに伝《つた》わるものがありました。

ただ、再会《さいかい》の感激《かんげき》に浸《ひた》っている時間《じかん》はありません。中山《なかやま》は早速《さっそく》、私《わたし》も踏《ふ》み字事件《じじけん》の民事訴訟《みんじそしょう》で体験《たいけん》した鹿児島県弁護士会館《かごしまけんべんごしかいかん》での記者会見《きしゃかいけん》に臨《のぞ》むのです。この日告示《ひこくじ》された県議補選曽於郡《けんぎほせんそおぐん》区《く》（改選数《かいせんすう》１）に、中山《なかやま》は立候補《りっこうほ》していました。

会見《かいけん》で中山《なかやま》は「買収会合《ばいしゅうかいごう》なんてなかった。身《み》に覚《おぼ》えのない、なかった事件《じけん》だ」とでっち上《あ》げを強調《きょうちょう》しました。私《わたし》も含《ふく》め志布志事件《しぶしじけん》の被害者全員《ひがいしゃぜんいん》が発《はっ》している訴《うった》えと、全《まった》く同《おな》じです。「選挙《せんきょ》が始《はじ》まったので、明日《あす》からでも運動《うんどう》したい」と、再選《さいせん》に意欲《いよく》を見《み》せました。

翌日《よくじつ》から私《わたし》も選挙事務所《せんきょじむしょ》の裏方《うらかた》で運動《うんどう》に奔走《ほんそう》しました。何《なに》せ候補者《こうほしゃ》が選挙違反《せんきょいはん》の被告《ひこく》の身《み》とあって、「お酒《さけ》」「お食事《しょくじ》」「お金《かね》」は徹底的《てっていてき》に排除《はいじょ》し、クリーン選挙《せんきょ》を貫《つらぬ》きました。結果《けっか》は落選《らくせん》でした。それでも中山《なかやま》の得票数《とくひょうすう》は2万《まん》3018。準備万端《じゅんびばんたん》で2度目《どめ》の当選《とうせん》をしたI候補《こうほ》に、5804票差《ひょうさ》まで迫《せま》りました。かなりの割合《わりあい》の有権者《ゆうけんしゃ》が、この時点《じてん》で既《すで》に、志布志《しぶし》事件《じけん》を「冤罪《えんざい》」と思《おも》っていたことの証《あか》しではないでしょうか。後《のち》に無罪判決《むざいはんけつ》を得《え》た中山《なかやま》は、次《つぎ》の07年県議選《ねんけんぎせん》で復活《ふっかつ》を果《は》たしますが、その話《はなし》はいずれまた。

395日の拘留の末に保釈された中山信一さん。川畑さんは「色が白くなったなあ」と驚いたという

しつこいようですが、再《ふたた》びカルロス・ゴーン被告《ひこく》を巡《めぐ》る事件《じけん》の話《はなし》を。ゴーンさんの国外逃亡《こくがいとうぼう》には驚《おどろ》きましたが、日本《にっぽん》の「人《ひと》質司法《じちしほう》」が国際問題《こくさいもんだい》になったことは事実《じじつ》です。その根《ね》っこは志布志事件《しぶしじけん》と全《まった》く一緒《いっしょ》です。長《なが》い間《あいだ》、閉《と》じ込《こ》められて、「やっただろう」と朝昼晩責《あさひるばんせ》め続《つづ》けられたら、大抵《たいてい》の人《ひと》は根負《こんま》けしてうその自白《じはく》をします。そうした捜査《そうさ》の違法性《いほうせい》は、志布志事《しぶしじ》件《けん》で厳《きび》しく糾弾《きゅうだん》されていたはずなのに……。

日本《にっぽん》の捜査当局《そうさとうきょく》はなぜこれほど身柄拘束《みがらこうそく》にこだわるのでしょうか。正々堂々《せいせいどうどう》と捜査《そうさ》して法廷《ほうてい》で真実《しんじつ》を争《あらそ》えばいいのでは。日本《にっぽん》は本当《ほんとう》に遅《おく》れています。人質司法《ひとじちしほう》はもうやめましょうよ。

39――「可視化《かしか》」しかない

東京《とうきょう》で開《ひら》くシンポジウムで「踏《ふ》み字《じ》」被害《ひがい》を再現《さいげん》してほしい――。こんな話《はなし》が私《わたし》に舞《ま》い込《こ》んだのは、2004年秋《ねんあき》のこと。依頼主《いらいぬし》は何《なん》と日弁連《にちべんれん》。驚《おどろ》きました。

この頃《ころ》、日弁連《にちべんれん》は取《と》り調《しら》べの状況《じょうきょう》を録音《ろくおん》、録画《ろくが》する「可視化《かしか》」を国《くに》に求《もと》めていました。志布《しぶ》志事件《しじけん》の違法捜査《いほうそうさ》の実態《じったい》を被害者《ひがいしゃ》に訴《うった》えてもらい、可視化《かしか》を推進《すいしん》したいという狙《ねら》い。「本当《ほんとう》に私《わたし》でいいんですか?」と、恐《おそ》る恐《おそ》るOKしました。

ただ、踏《ふ》み字《じ》を再現《さいげん》するには相方《あいかた》が必要《ひつよう》です。志布志事件《しぶしじけん》の被害者《ひがいしゃ》を支援《しえん》する「住民《じゅうみん》の人権《じんけん》を考《かんが》える会《かい》」から、中学《ちゅうがく》の後輩《こうはい》で新聞販売店主《しんぶんはんばいてんしゅ》の山畑正文君《やまはたまさふみくん》が重責《じゅうせき》を買《か》って出《で》てくれました。

上京前《じょうきょうまえ》の数日《すうじつ》は山畑君《やまはたくん》が毎夕《まいゆう》、私《わたし》の家《いえ》に来《き》て予行演習《よこうえんしゅう》です。山畑君《やまはたくん》が私役《わたしやく》で、私《わたし》はH警部補《けいぶほ》役《やく》。彼《かれ》の両足《りょうあし》をつかんで「血《ち》も涙《なみだ》もないやつだ」と実演《じつえん》すると、まるで幼稚園《ようちえん》の学芸会《がくげいかい》のよう。妻《つま》の順子《じゅんこ》が笑《わら》うこと、笑《わら》うこと。おまけに山畑君《やまはたくん》からは「幸夫《さちお》さん。そんな言《い》い方《かた》じゃ伝《つた》わらんど」と何度《なんど》も駄目《だめ》出《だ》しされ、私《わたし》は思《おも》わず「ん、どっちが先輩《せんぱい》け?」と熱《あつ》くなりました。

そしてシンポは11月2日《がつふつか》、霞《かすみ》が関《せき》の弁護士会館《べんごしかいかん》で開催《かいさい》。タイトルは「可視化《かしか》でなくそう!違法《いほう》な取《と》り調《しら》べ」。私《わたし》たちが真剣《しんけん》に踏《ふ》み字《じ》の一部始終《いちぶしじゅう》を再現《さいげん》すると、約《やく》500人《にん》の聴衆《ちょうしゅう》から「うわー、こんなことするのか」とどよめきが。私《わたし》は「心《こころ》の傷《きず》は一生消《いっしょうき》えません。警察《けいさつ》は二度《にど》とこんな事件《じけん》を起《お》こさないでほしい」と訴《うった》えました。

この後《あと》のパネルディスカッションを、私《わたし》は食《く》い入《い》るように聴《き》きました。作家《さっか》や大学教授《だいがくきょうじゅ》の4人《にん》の先生《せんせい》が、なぜ可視化《かしか》が必要《ひつよう》か、どう導入《どうにゅう》するかを、いろんな視点《してん》から説《と》いたのです。結論《けつろん》は、冤罪《えんざい》の最大《さいだい》の温床《おんしょう》は密室《みっしつ》であり、それをなくすには取《と》り調《しら》べの録音《ろくおん》、録画《ろくが》が不可欠《ふかけつ》である――。それこそが「可視化《かしか》」なのです。

私《わたし》は「これだーっ」と思《おも》いました。志布志《しぶし》に戻《もど》るとすぐ、ホテルの敷地《しきち》に看板《かんばん》を立《た》てました。その文言《もんごん》は「密室《みっしつ》の中《なか》には可視化《かしか》が必要《ひつよう》」。冤罪《えんざい》をなくす道《みち》はこれしかないのです。

国会議事堂の前で川畑さんと記念写真に納まる山畑正文さん（左）。川畑さんが東京で活動する際はよく案内役を務めた

年《とし》が明《あ》け、全国《ぜんこく》ネットの報道番組《ほうどうばんぐみ》から取材《しゅざい》が。鳥越俊太郎《とりごえしゅんたろう》さんがキャスターを務《つと》める「ザ・スクープ」です。ようやく全国《ぜんこく》に踏《ふ》み字《じ》の問題《もんだい》が知《し》れ渡《わた》る、と取材《しゅざい》に全面協力《ぜんめんきょうりょく》しました。番組《ばんぐみ》を多《おお》くの人《ひと》に観《み》てほしくて、放映日《ほうえいび》を記《しる》したステッカーを車《くるま》に貼《は》り、市内《しない》を走《はし》り回《まわ》りました。これが志布志事件《しぶしじけん》の名物《めいぶつ》となる「川畑《かわばた》の街宣車《がいせんしゃ》」のきっかけです。

40――「名物街宣車《めいぶつがいせんしゃ》」の誕生《たんじょう》

この聞《き》き書《が》きを読《よ》む時《とき》に写真《しゃしん》から眺《なが》める習慣《しゅうかん》がある読者《どくしゃ》の方《かた》に、まずお断《ことわ》りをしておきますね。

私《わたし》は決《けっ》して右翼関係者ではありません。誤解《ごかい》のないようお願《ねが》いします。

2005年春《ねんはる》。踏《ふ》み字事件《じじけん》の民事訴訟《みんじそしょう》を闘《たたか》う中《なか》で、捜査現場《そうさげんば》の「可視化《かしか》」の必要性《ひつようせい》に目覚《めざ》めた私《わたし》は、たった1人《ひとり》でできるキャンペーンを思《おも》いつきました。街宣車《がいせんしゃ》で各地《かくち》を回《まわ》り、取調室《とりしらべしつ》の録音《ろくおん》・録画《ろくが》と冤罪《えんざい》の撲滅《ぼくめつ》を訴《うった》えるのです。元《もと》トラック運転手《うんてんしゅ》。左目《ひだりめ》は見《み》えませんが運転《うんてん》の腕《うで》は確《たし》かです。

中古《ちゅうこ》のワゴン車《しゃ》に拡声器《かくせいき》を搭載《とうさい》して、「可視化《かしか》でなくそう　違法《いほう》な取《と》り調《しら》べを！」などと書《か》かれたシールを貼《は》ってみると、なかなかインパクトがある車体《しゃたい》が出来《でき》上《あ》がりました。

ですが、一番大切《いちばんたいせつ》なのはどんな音声《おんせい》を流《なが》すか。私《わたし》でもいいのですが、できれば清《きよ》らかな女性《じょせい》の声《こえ》が……。するといつものように、妻《つま》の順子《じゅんこ》が思《おも》いつきました。

「Aで流《なが》れる館内放送《かんないほうそう》の女性《じょせい》の声《こえ》は？」

Aとは、鹿児島県志布志市《かごしまけんしぶしし》で人気《にんき》のショッピングモール。この女性《じょせい》の声《こえ》は親《した》しみやすく心地《ここち》よい響《ひび》きがあるのです。妻《つま》は早速《さっそく》、Aに出向《でむ》き女性《じょせい》と直談判《じかだんぱん》。最高《さいこう》のウグイス嬢《じょう》と契約《けいやく》できました。知《し》り合《あ》いの音楽好《おんがくず》きのお医者《いしゃ》さんに依頼《いらい》し、テーマ曲《きょく》も完成《かんせい》しました。

出来上《できあ》がったテープは、まず志布志弁《しぶしべん》で「でーなこっじゃー（大変《たいへん》なことだ）」と歌《うた》う軽快《けいかい》なテーマ曲《きょく》が流《なが》れます。続《つづ》いて女性《じょせい》の声《こえ》で「取《と》り調《しら》べの録画《ろくが》があれば志布志《しぶし》のような16人《にん》もの不《ふ》当《とう》な逮捕《たいほ》・起訴《きそ》はなかったと思《おも》います。これは志布志《しぶし》だけの問題《もんだい》ではありません。取《と》り調《しら》べの可視化《かしか》を実現《じつげん》しましょう」と訴《うった》えるのです。

川畑さんが生み出した可視化を訴える街宣車

これが志布志事件《しぶしじけん》の名物《めいぶつ》となる「川畑《かわばた》の街宣車《がいせんしゃ》」の誕生《たんじょう》です。初日《しょにち》は鹿児島市《かごしまし》へ。まず因縁《いんねん》がある鹿児島南署《かごしまみなみしょ》に着《つ》くと、副署長《ふくしょちょう》と留置場《りゅうちじょう》の担当官《たんとうかん》が出《で》てきました。「ここに勾留《こうりゅう》されていた川畑《かわばた》です。可視化《かしか》を訴《うった》え鹿児島市内《かごしましない》を街宣《がいせん》します」と宣言《せんげん》すると、「気《き》を付《つ》けて回《まわ》ってください」。ちょっとずっこけました。

南九州《みなみきゅうしゅう》　随一《ずいいち》の繁華街《はんかがい》・天文館《てんもんかん》を回《まわ》ると、道行《みちゆ》く人《ひと》の多《おお》くが何事《なにごと》かと注目《ちゅうもく》し、反応《はんのう》は上々《じょうじょう》。県警本部《けんけいほんぶ》と志布志署《しぶししょ》のK署長《しょちょう》の鹿児島市《かごしまし》の自宅《じたく》前《まえ》で、拡声器《かくせいき》のボリュームを目《め》いっぱい上《あ》げて、マイクを握《にぎ》りました。

「ごあいさつに来《き》ました。私《わたし》は踏《ふ》み字《じ》をされた川畑本人《かわばたほんにん》です。皆《みな》さん、気《き》を付《つ》けてください。明日《あす》はあなたが逮捕《たいほ》されるかもしれませんよ」

41——一念岩《いちねんいわ》をも通《とお》す街宣《がいせん》

可視化《かしか》を唱《とな》える「川畑《かわばた》の街宣車《がいせんしゃ》」を走《はし》らせ始《はじ》めて1週間《しゅうかん》。鹿児島市《かごしまし》の観光名所《かんこうめいしょ》・城山《しろやま》で街宣《がいせん》を終《お》え、昼食《ちゅうしょく》を取《と》っていた私《わたし》に、見《み》るからに右翼関係《うよくかんけい》のいかつい男性《だんせい》が近《ちか》づいてきました。

「川畑《かわばた》さんですね。気《き》になることがありまして」

「わ、私《わたし》は右翼《うよく》と何《なん》の関係《かんけい》もありませんけど……」と身構《みがま》えると、貴重《きちょう》な情報《じょうほう》を教《おし》えてくれました。

「公道《こうどう》で拡声器《かくせいき》の付《つ》いた車《くるま》を走《はし》らせるには、警察署《けいさつしょ》から道路使用許可《どうろしようきょか》を取《と》らないといけませんよ。ご存《ぞん》じでしたか」

いやー、全《まった》く知《し》りませんでした。道交法《どうこうほう》77条《じょう》にそういう規定《きてい》があるのです。直《ただ》ちに志布志署《しぶししょ》へ申請《しんせい》に行《い》きました。街宣《がいせん》の内容《ないよう》が警察批判《けいさつひはん》なので、許可《きょか》は下《お》りないかもと心配《しんぱい》していたら、すんなりK署長名義《しょちょうめいぎ》の許可書《きょかしょ》が交付《こうふ》されました。

それからいろんな場所《ばしょ》へ街宣車《がいせんしゃ》を走《はし》らせました。宮崎《みやざき》の都城《みやこのじょう》へホテルの食材《しょくざい》の買《か》い出《だ》しに行《い》く時《とき》も、志布志事件《しぶしじけん》の公判《こうはん》を鹿児島《かごしま》へ傍聴《ぼうちょう》に行《い》く時《とき》もこの車《くるま》です。温泉旅行《おんせんりょこう》にも街宣車《がいせんしゃ》で行《い》くと、さすがに湯治客《とうじきゃく》が目《め》を丸《まる》くしていましたね。

そして2005年秋《ねんあき》、私《わたし》はこの車《くるま》で九州一周《きゅうしゅういっしゅう》の旅《たび》に出《で》ます。毎朝《まいあさ》、宿泊先《しゅくはくさき》の最寄《もよ》りの警察署《けいさつしょ》前《まえ》に車《くるま》を止《と》め、「私《わたし》は取調室《とりしらべしつ》で鹿児島県警《かごしまけんけい》に踏《ふ》み字《じ》をされました。明日《あす》はあなたかも」と訴《うった》えました。車《くるま》が病院《びょういん》の前《まえ》に差《さ》し掛《か》かれば拡声器《かくせいき》の音量《おんりょう》を落《お》とし、人《ひと》が集《あつ》まる広場《ひろば》ではがんがん鳴《な》らし、街《まち》を巡《めぐ》りました。鹿児島《かごしま》から熊本《くまもと》、佐賀《さが》、長崎《ながさき》、福岡《ふくおか》へ。九州一《きゅうしゅういち》の繁華街《はんかがい》・天神《てんじん》でも街宣《がいせん》しました。

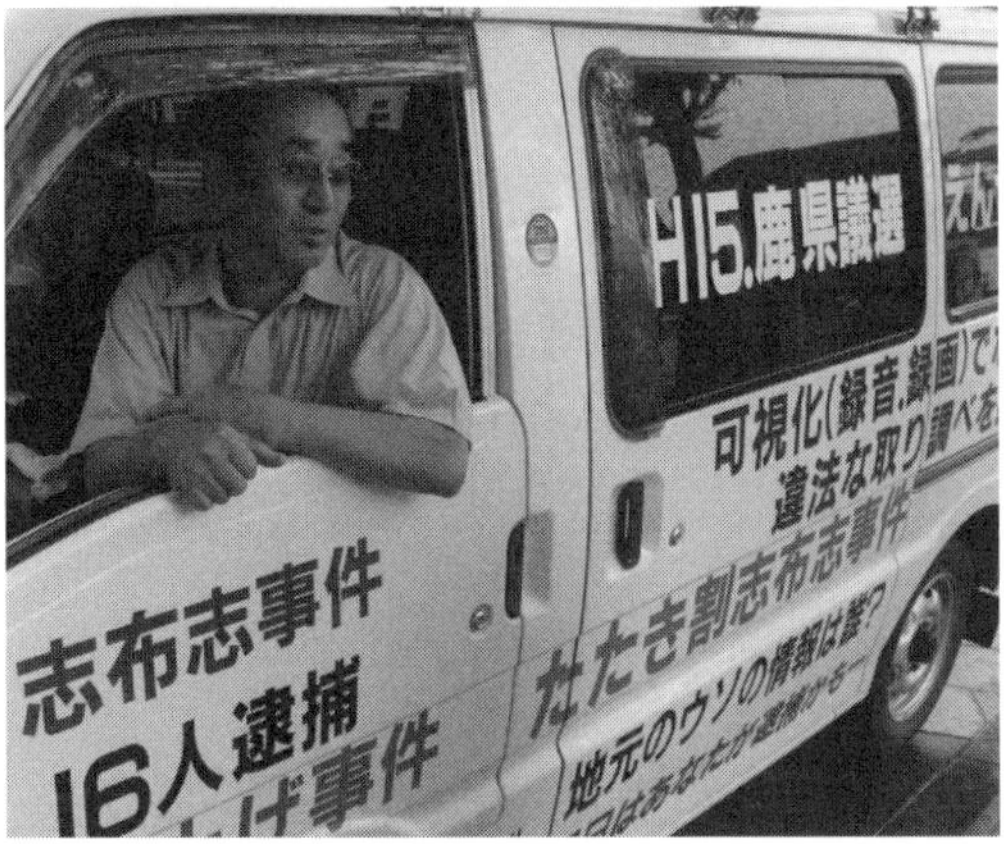

2006年9月14日に鹿児島市内を街宣する川畑さん。この活動は足かけ10年続いた

そんな私《わたし》の活動《かつどう》が徐々《じょじょ》に人々《ひとびと》に知《し》られ始《はじ》めました。ある日《ひ》、街宣車《がいせんしゃ》で鹿児島《かごしま》へ裁判《さいばん》の傍聴《ぼうちょう》に向《む》かう途中《とちゅう》、国道《こくどう》10号《ごう》でトレーラーの横転事故《おうてんじこ》が発生《はっせい》して渋滞《じゅうたい》に巻《ま》き込《こ》まれました。すると、見知《みし》らぬ男性《だんせい》がドアの窓《まど》をたたきます。

「川畑《かわばた》さんでしょう。ニュースで見《み》ています。少《すこ》し戻《もど》ると抜《ぬ》け道《みち》があるので、私《わたし》の車《くるま》に付《つ》いてきて」

私《わたし》は先導《せんどう》してもらいながら「えー、この先《さき》、渋滞《じゅうたい》が発生《はっせい》しています。渋滞《じゅうたい》が発生《はっせい》しています。ご注意《ちゅうい》ください」とアナウンスしつつ抜《ぬ》け道《みち》へ。何《なん》とこの男性《だんせい》は鹿児島地裁《かごしまちさい》まで車《くるま》を走《はし》らせ、「裁判《さいばん》、頑張《がんば》って」と励《はげ》ましてくれました。

不当捜査《ふとうそうさ》を許《ゆる》さない、可視化《かしか》を広《ひろ》げたい――。その一心《いっしん》で始《はじ》めた私《わたし》の街宣活動《がいせんかつどう》は2014年、車《くるま》にがたがきて終《お》わりになりました。走行距離《そうこうきょり》は測《はか》っていませんが、地球《ちきゅう》を軽《かる》く1周《しゅう》したのでは。それが川畑《かわばた》の街宣車《がいせんしゃ》でした。一念岩《いちねんいわ》をも通《とお》す――。

42――「無罪《むざい》」聞《き》けずに逝《い》く

この回《かい》は悲《かな》しいお話《はなし》になります。もし志布志事件《しぶしじけん》がなかったら、この人《ひと》はもう少《すこ》し長生《ながい》きできたのではと、悔《くや》しくてなりません。志布志事件《しぶしじけん》の被告《ひこく》の1人《ひとり》、山中鶴雄《やまなかつるお》さんが公判中《こうはんちゅう》の2005年《ねん》5月《がつ》24日《か》、亡《な》くなりました。享年《きょうねん》77でした。

鶴雄《つるお》さんとの出会《であ》いは、私《わたし》が菓子店《かしてん》を営《いとな》んでいた頃《ころ》。懐集落《ふところしゅうらく》から幼《おさな》い孫娘《まごむすめ》を軽《けい》トラックに乗《の》せて、よくケーキを買《か》いに来《き》てくれました。照《て》れ隠《かく》しで「もう、こいがケーキ、ケーキち言《い》うもんでな」と言《い》いますが、表情《ひょうじょう》はでれでれ。「どれがよかとか？　買《か》わんか、買《か》わんか」。元消防団長《もとしょうぼうだんちょう》で一本筋《いっぽんすじ》の通《とお》った方《かた》でしたが、孫《まご》の前《まえ》ではただの優《やさ》しいおじいちゃんでした。

この本《ほん》の第《だい》1章《しょう》で、私《わたし》がH警部補《けいぶほ》から「山中鶴雄《やまなかつるお》に焼酎《しょうちゅう》を配《くば》ったろうが」と追及《ついきゅう》されたことを話《はな》しましたね。菓子店《かしてん》を閉《と》じてから何年《なんねん》も会《あ》っていない鶴雄《つるお》さんの名前《なまえ》がいきなり出《で》てきて、びっくりしました。

鶴雄《つるお》さんもH警部補《けいぶほ》らにひどい取《と》り調《しら》べを受《う》けました。精神的疲労《せいしんてきひろう》から自損事故《じそんじこ》を起《お》こし入院《にゅういん》しても、病院《びょういん》まで押《お》し掛《か》けた刑事《けいじ》に取調室《とりしらべしつ》へ連《つ》れて行《い》かれ、うその自白《じはく》を迫《せま》られました。でも裁判《さいばん》では最初《さいしょ》にきっぱり否認《ひにん》し、「10年《ねん》かけても無実《むじつ》を証明《しょうめい》する」と意気込《いきご》んでいました。

そんな鶴雄《つるお》さんが入院《にゅういん》したと聞《き》き、私《わたし》と妻《つま》の順子《じゅんこ》は病院《びょういん》へお見舞《みま》いに。病名《びょうめい》は肺《はい》がんでした。枕元《まくらもと》に立《た》つと、かすれる声《こえ》を懸命《けんめい》に絞《しぼ》り出《だ》し、「川畑君《かわばたくん》、おいはおまえから焼酎《しょうちゅう》をもらったとは言《い》うとらんど。それはねかったことだもんな」。

私《わたし》は「分《わ》かってるから、分《わ》かってるから」と、細《ほそ》くなった手《て》を握《にぎ》りしめると、もう言葉《ことば》が詰《つ》まって出《で》てきません。互《たが》いの目《め》には涙《なみだ》がにじんでいました。

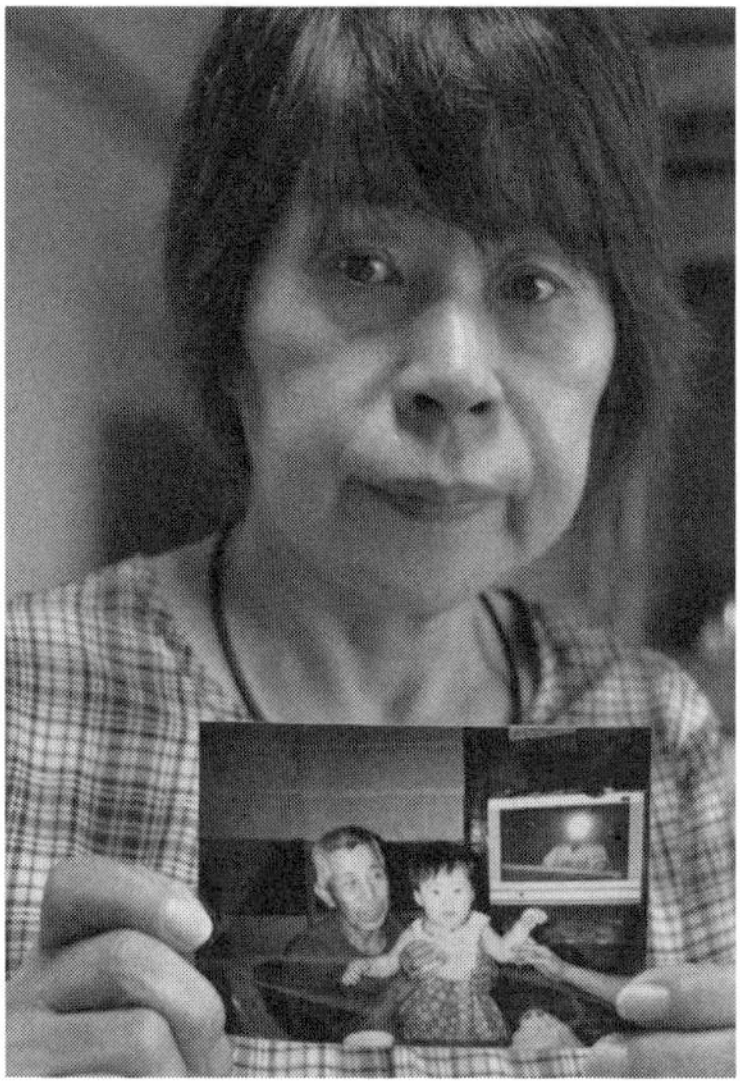

孫娘を抱いた山中鶴男さんの写真を手にする四女の寺園智江さん＝2015年５月

鶴雄《つるお》さんが亡《な》くなる前日《ぜんじつ》、病室《びょうしつ》で裁判長《さいばんちょう》による臨床尋問《りんしょうじんもん》が実現《じつげん》しました。仕事《しごと》を終《お》えた娘《むすめ》さんが駆《か》け付《つ》けると、鶴雄《つるお》さんはこうひと言《こと》、漏《も》らしたそうです。

「言《い》えた」

金《かね》も焼酎《しょうちゅう》ももらっていないことを、自分《じぶん》の言《こと》葉《ば》で裁判長《さいばんちょう》に伝《つた》えられて、心底《しんそこ》ほっとしたことでしょう。鶴雄《つるお》さんの胸中《きょうちゅう》を思《おも》うと、今《いま》も涙《なみだ》が出《で》ます。

ご存《ぞん》じのように、志布志事件《しぶしじけん》の刑事裁判《けいじさいばん》は後《のち》に被告《ひこく》12人《にん》に無罪《むざい》が言《い》い渡《わた》されます。ですが、鶴《つる》雄《お》さんは死亡《しぼう》したため公訴棄却《こうそききゃく》となり、1人《ひとり》だけ名誉回復《めいよかいふく》がなされませんでした。その無念《むねん》を晴《は》らすため、子《こ》どもたちが国家賠償請求訴訟《こっかばいしょうせいきゅうそしょう》に加《くわ》わり、志布志事件《しぶしじけん》の被害者《ひがいしゃ》と共《とも》に闘《たたか》っていくのです。

43——今《いま》でも謎《なぞ》の林部長《はやしぶちょう》

訳《わけ》が分《わ》からぬことに遭遇《そうぐう》した時《とき》、人《ひと》はよく「キツネにつまれた」と言《い》いますね。今回《こんかい》はそんな話《はなし》です。

私《わたし》が2004年《ねん》4月9日《がつここのか》に鹿児島県《かごしまけん》を相手《あいて》に起《お》こした踏《ふ》み字国家賠償訴訟《じこっかばいしょうそしょう》。最初《さいしょ》の方《ほう》は口頭弁論《こうとうべんろん》での書類《しょるい》のやりとりが坦々《たんたん》と続《つづ》きます。県側《けんがわ》の文書《ぶんしょ》の中《なか》に、頭《あたま》にくる主張《しゅちょう》がありました。私《わたし》が警官《けいかん》の名前《なまえ》でうそをついており、供述自体《きょうじゅつじたい》が信用《しんよう》できないというのです。

踏《ふ》み字《じ》があった取調室《とりしらべしつ》。H警部補《けいぶほ》は私《わたし》をなじるたびに、同席《どうせき》する補助官《ほじょかん》に相《あい》づちを求《もと》めるように何度《なんど》もこう呼《よ》び掛《か》けたのです。

「なあ、林部長《はやしぶちょう》」

「血《ち》も涙《なみだ》もないやつと思《おも》わんか、林部長《はやしぶちょう》」

それで私《わたし》はずっと、この警官《けいかん》は林《はやし》さんと思《おも》っていました。ところが、県側《けんがわ》は「県警《けんけい》には林《はやし》という名前《なまえ》の警察官《けいさつかん》は存在《そんざい》しない」と否定《ひてい》したのです。私《わたし》は中卒《ちゅうそつ》ですが、現役《げんえき》のホテル経営者《けいえいしゃ》です。耳《みみ》にたこができるほど聞《き》かされた名前《なまえ》を間違《まちが》うはずがありません。

では、同席《どうせき》した男《おとこ》は誰《だれ》なのか。県側《けんがわ》は「補助官《ほじょかん》はF巡査部長《じゅんさぶちょう》」とし、後日《ごじつ》、本人《ほんにん》が法廷《ほうてい》に姿《すがた》を見《み》せました。でも私《わたし》には、林部長《はやしぶちょう》とは別人《べつじん》に見《み》えたのです。

もやもやを抱《かか》えたままでいると、志布志《しぶし》事件《じけん》の関係者《かんけいしゃ》から「ひょっとしたらこの警官《けいかん》じゃ」と情報《じょうほう》が。県内《けんない》のある署《しょ》に志布志署《しぶししょ》から異動《いどう》してきた男性《だんせい》でした。ランニングする姿《すがた》を関係者《かんけいしゃ》が隠《かく》し撮《と》りして、ビデオを持《も》ってきてくれました。映像《えいぞう》を見《み》る限《かぎ》り、林部長《はやしぶちょう》に似《に》ているようですが確信《かくしん》が持《も》てません。「この目《め》で確《たし》かめよう」。妻《つま》の順子《じゅんこ》と勤務先《きんむさき》の署《しょ》へ向《む》かいました。

06年《ねん》1月《がつ》18日《にち》、4回目《かいめ》の訪問《ほうもん》でようやく「A」と名乗《なの》る警官《けいかん》に会《あ》えました。雑談中《ざつだんちゅう》、妻《つま》に「Fさんと私《わたし》で日記《にっき》（ホテルの予約台帳《よやくだいちょう》）を持《も》って行《い》ったもんな」とぽろり。それで「やっ

川畑さんが踏み字被害を受けた志布志署。
「林部長」なる警官は誰だったのか

ぱりこのAさんが林部長《はやしぶちょう》では……」と思《おも》ったのですが、証明《しょうめい》するすべはありません。

また、仮《かり》にF巡査部長《じゅんさぶちょう》が林部長《はやしぶちょう》だったとしても、H警部補《けいぶほ》はなぜ偽名《ぎめい》で呼《よ》んだのでしょう。前《まえ》も話《はな》しましたが、藤元《ふじもと》いち子《こ》さんに取調室《とりしらべしつ》から携帯電話《けいたいでんわ》をかけさせ、ブラジャーにしのばせたICレコーダーで会話《かいわ》をこっそり録音《ろくおん》した女性巡査長《じょせいじゅんさちょう》がいましたね。その警官《けいかん》は本当《ほんとう》はKという名《な》ですが、偽名《ぎめい》を使《つか》っていました。あくまで私《わたし》の推測《すいそく》ですが、あまりに強引《ごういん》な捜査《そうさ》に加担《かたん》させるので、部下《ぶか》には偽名《ぎめい》を名乗《なの》らせたのではないでしょうか……。

いずれにせよ、林部長《はやしぶちょう》の謎《なぞ》は今《いま》も解《と》けません。

44——裁判官《さいばんかん》が取調室《とりしらべしつ》を視察《しさつ》

私《わたし》が起《お》こした踏《ふ》み字国家賠償訴訟《じこっかばいしょうそしょう》は予想通《よそうどお》り、鹿児島県側《かごしまけんがわ》と全面対決《ぜんめんたいけつ》の構図《こうず》になりました。

2004年《ねん》5月《がつ》の第《だい》1回口頭弁論《かいこうとうべんろん》で、県側《けんがわ》が請求棄却《せいきゅうききゃく》を求《もと》める答弁書《とうべんしょ》を提出《ていしゅつ》してきました。思《おも》わぬ展開《てんかい》があったのが7月《がつ》の第《だい》2回弁論《かいべんろん》。県側《けんがわ》は書面《しょめん》で「原告《げんこく》の足首《あしくび》を軽《かる》く持《も》ち上《あ》げて1枚《まい》の紙《かみ》の上《うえ》に置《お》いた」と、踏《ふ》み字《じ》を少《すこ》しだけ認《みと》めてきたのです。ただ「原告《げんこく》に反省《はんせい》を促《うなが》し、事実《じつ》を正直《しょうじき》に話《はな》してほしいという取調官《とりしらべかん》の熱心《ねっしん》さから出《で》た行為《こうい》」と、拷問《ごうもん》は否定《ひてい》しました。年上《としうえ》のおじさんをあれだけ罵倒《ばとう》した上《うえ》、無理《むり》やり踏《ふ》み字《じ》までさせておいて何事《なにごと》か、と不満《ふまん》は残《のこ》りますが、一歩前進《いっぽぜんしん》です。

そして翌《よく》05年《ねん》1月《がつ》、私《わたし》たちは志布志署《しぶししょ》取調室《とりしらべしつ》の現場検証《げんばけんしょう》を申請《しんせい》します。実際《じっさい》に踏《ふ》み字《じ》が起《お》こった現場《げんば》を裁判官《さいばんかん》に検証《けんしょう》してもらい、どちらの主張《しゅちょう》が真実《しんじつ》か判断《はんだん》してもらおうと考《かんが》えたのです。県側《けんがわ》は「今後《こんご》の取《と》り調《しら》べに支障《ししょう》が出《で》る」などと猛反対《もうはんたい》してきました。

しかし、高野裕《たかのゆたか》裁判官《さいばんかん》はあっぱれな決断《けつだん》をします。「原告《げんこく》の記憶《きおく》を喚起《かんき》させるためにも現場《げんば》を見《み》る必要《ひつよう》がある」というのです。県側《けんがわ》が「警備《けいび》が大変《たいへん》」と渋《しぶ》ると、「ああ、それは大丈夫《だいじょうぶ》です」と一蹴《いっしゅう》。ただし、裁判《さいばん》の証拠《しょうこ》にしないという前提《ぜんてい》で、「検証《けんしょう》」ではなく単《たん》なる「視察《しさつ》」になりました。

の応援で最後まで頑張れた。個人より団体戦が大切。決勝リーグで敗れた昨年の雪辱を果たしたい。

ムを盛り上げたかった。気持ちで負けなかったことが勝因。団体戦も優勝して全国制覇を目指したい。

ている。

今村氏は「農林水産業と観光の調和の取れた町づくりを目指す」などと訴え、福岡氏は「各種事業の効率化と住民サービスの向上に努めたい」などと主張、それぞれ支持を求めている。

同町は指宿市、山川町と合併し、来年一月に新市を発足させる予定で、新町長の任期は約半年。

投票は午前七時から午後六時まで、町内五カ所で行われ、午後七時半から同町総合体育館で開票される。

有権者数は五千八百七十一人（六日現在、同町選管調べ）。

県議選「踏み字」訴訟

志布志署の取調室視察

鹿児島地裁「記憶喚起に必要」

二〇〇三年の県議選曽於郡区の公職選挙法違反事件に絡み、不当な取り調べを受けたとして、志布志町志布志のホテル経営川畑幸夫さん([illegible])が県に対し二百万円の損害賠償を求めている訴訟で、鹿児島地裁の高野裕裁判官は十日、取り調べが行われた志布志署の取調室などを視察した。

「密室での不当な取り調べの立証のため裁判官による検証が必要」として原告側が求めた。被告側は「保安上の問題もあり、見取り図で十分」として反対したが、高野裁判官が「原告の記憶の喚起に必要」と判断し、裁判の証拠や調書にしない「進行協議」として異例の視察を決めた。

視察は午後一時すぎから、川畑さんや原告、被告双方の弁護士が立ち会い実施。川畑さんの弁護士らによると、裁判官は川畑さんが任意同行を受けた際に通った同署裏口から二階取調室やトイレまでの経路、取調室内部の机やいすの位置を写真撮影するなどした。川畑さんは取り調べ中に親族の名前が書かれた紙を踏まされたとしており、その位置についての質問もあったという。

川畑さんは「裁判官に現地を見てもらったことで真実を強く主張できる」と述べた。

訴状によると、川畑さんは〇三年四月、同署で任意の取り調べを受けた際、担当の警部補が川畑さんの亡父や孫ら親族の名前と「お父さんはそういう息子に育てた覚えはない」などと書いた紙三枚を、川畑さんの足首を持って踏ませるなどしてうその自白を強要したとしている。

取調室などを視察するため志布志署に入る高野裕裁判官（右）

「東雲の
アジサイ

高野裕裁判官の志布志署視察を報じた2005年の「西日本新聞」鹿児島版

6月《がつ》10日《か》。志布志署《しぶししょ》で待《ま》ち受《う》けていると、裁判官《さいばんかん》が到着《とうちゃく》しました。私《わたし》が通《とお》されたのと同《おな》じ裏口《うらぐち》から入《はい》り2階《かい》へ。三《みっ》つの取調室《とりしらべしつ》のうち真《ま》ん中《なか》の窓《まど》のない部屋《へや》に案内《あんない》しました。扉《とびら》を開《あ》けると、裁判官《さいばんかん》が「暗《くら》いなあ」。私《わたし》がすかさず「ここにスイッチがありますよ」と点灯《てんとう》すると、「そこまで知《し》ってるの」。どっと笑《わら》いが起《お》こりました。

県警《けんけい》は文書《ぶんしょ》で、隣《となり》の廊下側《ろうかがわ》の取調室《とりしらべしつ》を使《つか》ったと主張《しゅちょう》していましたが、私《わたし》は「この部屋《へや》でした」と断言《だんげん》しました。同行《どうこう》した職員《しょくいん》が天井《てんじょう》の高《たか》さ、机《つくえ》や入《い》り口《ぐち》のサイズを丹念《たんねん》に計測《けいそく》。裁判官《さいばんかん》から踏《ふ》み字《じ》の状況《じょうきょう》の質問《しつもん》があり、私《わたし》は「この椅子《いす》に座《すわ》らされ、足《あし》をこうされました」と実演《じつえん》しました。

さらには「刑事《けいじ》がトイレまで付《つ》いてきました」と訴《うった》えると、裁判官《さいばんかん》は「じゃあ、そのようにしてください」。で、一同《いちどう》ぞろぞろとトイレへ。ドアをたたかれたことなどを訴《うった》えたら、熱心《ねっしん》にメモしていました。

裁判官《さいばんかん》を見送《みおく》った後《あと》、私《わたし》は大《おお》きな手応《てごた》えを感《かん》じました。狭《せま》い密室《みっしつ》で一方的《いっぽうてき》に責《せ》められ、肉親《にくしん》まで侮辱《ぶじょく》された痛《いた》みを、裁判官《さいばんかん》はきっと分《わ》かってくれたのでは。

45――おいの武器《ぶき》は「真実《しんじつ》」

2005年《ねん》9月《がつ》22日《にち》。踏《ふ》み字国家賠償訴訟《じこっかばいしょうそしょう》は提訴《ていそ》から1年《ねん》5カ月《げつ》を経《へ》て、ようやく本人尋問《ほんにんじんもん》にこぎつけました。途中《とちゅう》で異例《いれい》の裁判官《さいばんかん》による取調室視察《とりしらべしつしさつ》もありましたが、これまで計《けい》11回《かい》の口頭弁論《こうとうべんろん》は書面《しょめん》のやりとりばかり。ようやく言《い》いたいことを法廷《ほうてい》で訴《うった》えられる日《ひ》が来《き》たのです。

私《わたし》はあの3日間《みっかかん》をつぶさに証言《しょうげん》しました。毎日身体検査《まいにちしんたいけんさ》され、黙秘権《もくひけん》の告知《こくち》もなかったこと。H警部補《けいぶほ》がこちらの話《はなし》を聞《き》こうとせず、机《つくえ》をたたいて「おまえはばかか」と怒鳴《どな》り続《つづ》けたこと。私《わたし》が「自分《じぶん》より年下《としした》と思《おも》うが何歳《なんさい》か」と言《い》うと、「あーん」と殴《なぐ》られそうになったこと。病院《びょういん》から取調室《とりしらべしつ》に連《つ》れ戻《もど》されたこと。そして最後《さいご》は、両足《りょうあし》をつかまれ肉親《にくしん》の言葉《ことば》を書《か》いた3枚《まい》の紙《かみ》を右《みぎ》から順《じゅん》に10回《かい》ほど踏《ふ》まされたこと……。全《すべ》ては本当《ほんとう》にあった話《はなし》です。

これに対《たい》して県側《けんがわ》の弁護士《べんごし》は「踏《ふ》ませたのは1回《かい》じゃないですか」。私《わたし》は思《おも》わず「冗談《じょうだん》じゃない」と声《こえ》を荒《あら》らげました。さらには「自分《じぶん》で紙《かみ》に足《あし》を乗《の》せたのじゃないですか」とまで言《い》います。また、踏《ふ》み字《じ》の言葉《ことば》を書《か》くのに使《つか》ったのが私《わたし》が主張《しゅちょう》する黒《くろ》のマジックではなく桃色《ももいろ》の蛍光《けいこう》ペンだったとか、紙《かみ》に書《か》いた言葉《ことば》が一部違《いちぶちが》うとか……。小《ちい》さなうその積《つ》み重《かさ》ねです。

そんなやりとりの途中《とちゅう》で高野裕裁判官《たかのゆたかさいばんかん》から「窓《まど》のない取調室《とりしらべしつ》でどうして時間《じかん》が分《わ》かったのですか」と鋭《するど》い質問《しつもん》が。私《わたし》が「前《まえ》に座《すわ》っているH警部補《けいぶほ》の時計《とけい》を見《み》ていました」と答《こた》えると、「あ、そう」と笑《わら》いました。

この日《ひ》は私《わたし》に続《つづ》き、妻順子《つまじゅんこ》の尋問《じんもん》も。妻《つま》は「夫《おっと》がいくら体調不良《たいちょうふりょう》を訴《うった》えても取《と》り調《しら》べを続《つづ》けたことが許《ゆる》せない」と、私《わたし》の怒《いか》りを代弁《だいべん》してくれました。

翌月《よくげつ》、わが「ビジネスホテル枇榔《びろう》」の敷地《しきち》に記念碑《きねんひ》が建立《こんりゅう》されます。本来《ほんらい》はホテルで使用《しよう》する水《みず》をボーリングで掘《ほ》り当《あ》てた地下水《ちかすい》に切《き》り替《か》えた記念《きねん》でしたが、私《わたし》はその碑《ひ》に大切《たいせつ》な言葉《ことば》を

2005年に建立した「真実の碑」。川畑さんは今もこの碑を見て冤罪撲滅への気持ちを奮い立たせるという

刻《きざ》むことにしました。

「真実《しんじつ》」です。

志布志事件《しぶしじけん》の刑事裁判《けいじさいばん》の公判《こうはん》では決《き》まって「中山信一《なかやましんいち》と川畑幸夫《かわばたさちお》が共謀《きょうぼう》して……」と、私《わたし》の名《な》が中山《なかやま》とセットで出《で》てきます。傍聴《ぼうちょう》が終《お》わるたび「幸夫《さちお》さん、今日《きょう》も何回《なんかい》も呼《よ》ばれたな」と冷《ひ》やかされるほど。起訴《きそ》されてもいない人間《にんげん》を公判《こうはん》で平然《へいぜん》と犯罪者扱《はんざいしゃあつか》いできる公権力《こうけんりょく》と、どう闘《たたか》えばよいのでしょう。

おいの武器《ぶき》は「真実《しんじつ》」だけ——。その一念《いちねん》で建《た》てたのが真実《しんじつ》の碑《ひ》です。二度《にど》と冤罪被害《えんざいひがい》を出《だ》させないという固《かた》い決意《けつい》も込《こ》めました。

第《だい》6章《しょう》　真実《しんじつ》は勝《か》つ

46──「あんたも人《ひと》の親《おや》やろ」

いよいよ対決《たいけつ》の日《ひ》が来《き》ました。2005年《ねん》11月《がつ》24日《か》。私《わたし》に踏《ふ》み字《じ》をさせたあのH警部補《けいぶほ》が、私《わたし》が起《お》こした国家《こっか》賠償訴訟《ばいしょうそしょう》に証人《しょうにん》として出廷《しゅってい》するのです。

踏《ふ》み字事件《じじけん》の後《あと》、私《わたし》がH警部補《けいぶほ》と顔《かお》を合《あ》わせるのは2度目《どめ》。前回《ぜんかい》は04年《ねん》4月《がつ》23日《にち》の志布志事《しぶしじ》件《けん》の公判《こうはん》で、私《わたし》は傍聴席《ぼうちょうせき》にいました。証人尋問《しょうにんじんもん》に現《あらわ》れたH警部補《けいぶほ》は傍聴人《ぼうちょうにん》をにらみつけて威《い》嚇《かく》しました。

そこで私《わたし》は立《た》ち上《あ》がり、「Hーっ。元気《げんき》か」。続《つづ》いて自分《じぶん》の顔《かお》を指《ゆび》さして「おまえからやられた川畑《かわばた》やが。気張《きば》れよーっ」と大声《おおごえ》で皮肉《ひにく》を言《い》ったのです。もちろん退廷《たいてい》になりましたが、志《し》布志事件《ぶしじけん》の仲間《なかま》たちに「Hは相当動揺《そうとうどうよう》しちょったど」と聞《き》かされ、少《すこ》しだけ留飲《りゅういん》を下《さ》げました。

それから1年半《ねんはん》ぶりの再会《さいかい》──。証人席《しょうにんせき》に座《すわ》るH警部補《けいぶほ》の横顔《よこがお》を見《み》つめると、この男《おとこ》が踏《ふ》み字《じ》までさせたのかと、怒《いか》りが湧《わ》きます。でも、H警部補《けいぶほ》はずっと前《まえ》の裁判官《さいばんかん》の方《ほう》を見《み》て、左側《ひだりがわ》の原告席《げんこくせき》にいる私《わたし》の方《ほう》に視線《しせん》を向《む》けようとしません。

私《わたし》は何《なん》とか目《め》を合《あ》わせてやろうと、原告席《げんこくせき》の一番上座《いちばんかみざ》に移動《いどう》するなどして、H警部補《けいぶほ》をにらみましたが、最後《さいご》までH警部補《けいぶほ》が視線《しせん》を合《あ》わせることはありませんでした。やましいところがあるからですよね。

さて、証人尋問《しょうにんじんもん》では中原海雄先生《なかはらうみおせんせい》、野平康博先生《のひらやすひろせんせい》ら、そうそうたる顧問弁護士陣《こもんべんごしじん》がH警部補《けいぶほ》へ追及《ついきゅう》を始《はじ》めました。ところがH警部補《けいぶほ》はのっけから「川畑《かわばた》さんの家《いえ》への任意同行《にんいどうこう》に私《わたし》は行《い》っていない。なぜ川畑《かわばた》さんがそう言《い》うのか、不思議《ふしぎ》です」としらを切《き》ります。

例《れい》の林部長問題《はやしぶちょうもんだい》では「私《わたし》は補助官《ほじょかん》を林部長《はやしぶちょう》とは一度《いちど》も呼《よ》んでいません」。さらには「川畑《かわばた》さんに供述拒否権《きょうじゅつきょひけん》を告《つ》げました」「ビール供与《きょうよ》の話《はなし》は、川畑《かわばた》さんの方《ほう》から切《き》り出《だ》しました」と、うそばっかりです。

極《きわ》め付《つ》きは「川畑《かわばた》さんに『あなたの話《はなし》に筋《すじ》が通《とお》っていないから黙《だま》るんでしょう』と指摘《してき》すると、『刑事《けいじ》さんの言《い》う通《とお》りです。すいません』と謝《あやま》りました」。

もう我慢《がまん》の限界《げんかい》です。私《わたし》が原告席《げんこくせき》から発言《はつげん》の

法廷の見取り図を示しながら、H警部補の証人尋問の様子を振り返る川畑さん

挙手《きょしゅ》をしようとすると、中原先生《なかはらせんせい》が右手《みぎて》を押《お》さえ、野平先生《のひらせんせい》が左手《ひだりて》をつかみます。そこで私《わたし》はエイヤッと立《た》ち上《あ》がり、大声《おおごえ》で言《い》いました。

「Hさん！　あんたも人《ひと》の子《こ》であって、人《ひと》の親《おや》やろが。正直《しょうじき》にここで語《かた》ろうや」。それでも収《おさ》まらず「正直《しょうじき》に語《かた》らんか、おまえ」と怒鳴《どな》ってしまいました。

これはまずい。私《わたし》はまた退廷《たいてい》になるのでしょうか。

47——踏《ふ》み字《じ》「5センチ」に、ガクッ

「Hさん！　あんたも人《ひと》の親《おや》やろが。正直《しょうじき》に語《かた》らんか」

やってしまいました。踏《ふ》み字《じ》国家賠償訴訟《こっかばいしょうそしょう》の証人尋問《しょうにんじんもん》。H警部補《けいぶほ》がうそばかりつくもので、原《げん》告席《こくせき》から怒鳴《どな》ってしまいました。恐《おそ》る恐《おそ》る高野《たかの》裕《ゆたか》裁判官《さいばんかん》を見《み》ると、「大声《おおごえ》を上《あ》げての尋問《じんもん》はやめてください」。注意《ちゅうい》されましたが、退廷《たいてい》にはならずに済《す》みました。

虚偽《きょぎ》の証言《しょうげん》はその後《あと》も続《つづ》きます。強引《ごういん》な身体検査《しんたいけんさ》については「川畑《かわばた》さんがさっきのように感情的《かんじょうてき》に大声《おおごえ》を出《だ》すので、自傷行為《じしょうこうい》の恐《おそ》れもあると思《おも》い、承諾《しょうだく》をもらってやりました」。私《わたし》を病院《びょういん》から取調室《とりしらべしつ》に連《つ》れ戻《もど》したことについては「川畑《かわばた》さんが了承《りょうしょう》しました」。おまけに「山中鶴雄《やまなかつるお》さんの名前《なまえ》を出《だ》した途端《とたん》、川畑《かわばた》さんの顔《かお》が青《あお》ざめました」。あきれて物《もの》が言《い》えません。

川畑さんが起こした踏み字国賠訴訟の舞台となった鹿児島地裁

いよいよ尋問《じんもん》は踏《ふ》み字《じ》の場面《ばめん》へ。H警部補《けいぶほ》は、3枚《まい》の紙《かみ》のうち、孫《まご》の立場《たちば》で書《か》いた文言《もんごん》が私《わたし》の記憶違《きおくちが》いだと言《い》うのです。私《わたし》の記憶《きおく》は「早《はや》く優《やさ》しいじいちゃんになってね」でしたが、H警《けい》部補《ぶほ》は「正直《しょうじき》なじいちゃんになってね、でした」と主張《しゅちょう》します。「優《やさ》しい」か「正直《しょうじき》か」。私《わたし》が正直者《しょうじきもの》ではないと印象付《いんしょうづ》けるのが狙《ねら》いなのでしょうか。

すると中原海雄弁護士《なかはらうみおべんごし》が「いずれにせよ、あなたが書《か》いたことに間違《まちが》いないんだろう。それでいいんだよっ」と一喝《いっかつ》。H警部補《けいぶほ》は文言《もんごん》に固執《こしつ》するあまり、墓穴《ぼけつ》を掘《ほ》ったようです。

続《つづ》いて、野平康博弁護士《のひらやすひろべんごし》が踏《ふ》み字《じ》の瞬間《しゅんかん》を追及《ついきゅう》します。私《わたし》は「10回《かい》ほど」と証言《しょうげん》しましたが、H警部補《けいぶほ》は「1回《かい》だけ」と繰《く》り返《かえ》します。ただ、私《わたし》の足《あし》をどう紙《かみ》に乗《の》せたか質問《しつもん》され、「端《はし》から5センチくらいの所《ところ》に置《お》きました」。その瞬間《しゅんかん》、高野裁判官《たかのさいばんかん》がガクッと頭《あたま》を動《うご》かしたのを、私《わたし》は見逃《みのが》しませんでした。紙《かみ》は踏《ふ》ませたが字《じ》は踏《ふ》ませていない。そんな踏《ふ》み字《じ》がありますか。

私《わたし》の弁護団《べんごだん》はその後《ご》も、H警部補《けいぶほ》が「巻《ま》いた（取《と》った）」と主張《しゅちょう》する私《わたし》の調書《ちょうしょ》3通《つう》が、証拠提出《しょうこていしゅつ》されていない不合理《ふごうり》を徹底的《てっていてき》に追及《ついきゅう》。さらにはH警部補《けいぶほ》が志布志事件《しぶしじけん》の刑事法廷《けいじほうてい》で一《いち》時偽証《じぎしょう》した点《てん》を突《つ》くと、渋々《しぶしぶ》と「記憶《きおく》と違《ちが》う証言《しょうげん》をしました」と認《みと》めました。

そして証人尋問《しょうにんじんもん》が終了《しゅうりょう》。退廷《たいてい》する高野裁判官《たかのさいばんかん》が話《はな》し掛《か》けてきました。

「川畑《かわばた》さん、急《きゅう》に大声《おおごえ》を出《だ》すからびっくりしたよ。次《つぎ》からは冷静《れいせい》に頼《たの》むね」

私《わたし》は「はい。すみませんでした」と一礼《いちれい》し、黒《くろ》い法服《ほうふく》の背中《せなか》を見送《みおく》りました。

48――交番《こうばん》で〝おらばせ事件《じけん》〟

2005年《ねん》11月《がつ》24日《か》。H警部補《けいぶほ》の証人尋問《しょうにんじんもん》が終《お》わりました。私《わたし》は法廷《ほうてい》で怒鳴《どな》ったことが気《き》になって気《き》になって。野平康博弁護士《のひらやすひろべんごし》に「これは裁判《さいばん》にマイナスになりますか」と尋《たず》ねると、「暴言《ぼうげん》ではないから大丈夫《だいじょうぶ》ですよ」。ほっとしました。記者団《きしゃだん》に囲《かこ》まれて、「H警部補《けいぶほ》が全《まった》く真実《しんじつ》を語《かた》らなかったことは、怒《いか》りを通《とお》り越《こ》して残念《ざんねん》です」と率直《そっちょく》な思《おも》いを述《の》べました。

翌日《よくじつ》の新聞各紙《しんぶんかくし》には「取調官踏《とりしらべかんふ》み字認《じみと》める」の見出《みだ》しが。わずか1回《かい》の5センチだけとはいえ、警察官《けいさつかん》が自分《じぶん》の口《くち》で踏《ふ》み字《じ》を認《みと》めたことは大《おお》きなニュースでした。私《わたし》たち志布志事件《しぶしじけん》の被《ひ》害者《がいしゃ》に少《すこ》しずつ追《お》い風《かぜ》が吹《ふ》き始《はじ》めた――。そう感《かん》じながら、新年《しんねん》を迎《むか》えました。

そして06年《ねん》、私《わたし》に続《つづ》いて国家賠償訴訟《こっかばいしょうそしょう》に立《た》ち上《あ》がる人《ひと》が現《あらわ》れました。鹿児島県志布志市《かごしまけんしぶしし》の消防団長《しょうぼうだんちょう》、浜野博《はまのひろし》さんと妻《つま》の栄子《えいこ》さん。逮捕《たいほ》はされませんでしたが、県警《けんけい》の非道《ひどう》な取《と》り調《しら》べで壮絶《そうぜつ》な苦《くる》しみを受《う》けました。

ここで皆《みな》さんに「たたき割《わ》り」という言葉《ことば》を覚《おぼ》えてほしいと思《おも》います。大声《おおごえ》を出《だ》したり机《つくえ》をたたいたり、取《と》り調《しら》べで相手《あいて》をたたき割《わ》るようにして自白《じはく》を取《と》ることで、鹿児島県警独特《かごしまけんけいどくとく》の捜《そう》査手法《さしゅほう》の呼《よ》び名《な》です。人《ひと》の心《こころ》と人格《じんかく》を粉々《こなごな》にして言《い》いなりにさせるのです。

まず餌食《えじき》になったのは、栄子《えいこ》さんでした。私《わたし》が踏《ふ》み字《じ》被害《ひがい》で入院《にゅういん》した翌々日《よくよくじつ》の03年《ねん》4月《がつ》19日《にち》から志布志署《しぶししょ》で取《と》り調《しら》べられ、藤元《ふじもと》いち子《こ》さんから現金《げんきん》と焼酎《しょうちゅう》をもらっただろうと責《せ》められました。食事《しょくじ》も喉《のど》を通《とお》らず、ついには自力《じりき》で歩《ある》けない状態《じょうたい》に。家族会議《かぞくかいぎ》で「命《いのち》には代《か》えられない」と、ありもしない罪《つみ》を認《みと》めることにします。「いち子《こ》さんから現金《げんきん》2万円《まんえん》と焼酎《しょうちゅう》2本《ほん》をもらった」と自白《じはく》すると、取調官《とりしらべかん》から「どんなことがあっても供述《きょうじゅつ》を変《か》えるな」と指示《しじ》されました。

ですが、いち子《こ》さんの供述《きょうじゅつ》が変遷《へんせん》して2万円《まんえん》では整合性《せいごうせい》が取《と》れなくなります。それでも栄子《えいこ》さんは供述《きょうじゅつ》を変《か》えないので、新《あたら》しい取調官《とりしらべかん》が激高《げっこう》。5月《がつ》12日《にち》、志布志署関屋口交番《しぶししょせきやぐちこうばん》で「おれが今《いま》言《い》ったことをおらばんか（叫《さけ》ばないか）」と強要《きょうよう》します。開《あ》け放《はな》った窓《まど》から

おらばせ事件の舞台となった志布志署関屋口交番

栄子《えいこ》さんはこう叫《さけ》びました。

「私《わたし》は選挙《せんきょ》で焼酎《しょうちゅう》2本《ほん》とお金《かね》2万円《まんえん》をもらいましたーっ！」

これが志布志事件《しぶしじけん》の中《なか》でも特徴的《とくちょうてき》な「おらばせ事件《じけん》」です。踏《ふ》み字《じ》もおらばせも、尊厳《そんげん》を踏《ふ》みにじる典型的《てんけいてき》なたたき割《わ》りでした。そして、次《つぎ》のたたき割《わ》りの標的《ひょうてき》になるのが、浜野《はまの》さんでした。

49――たたき割《わ》り国賠提訴《こくばいていそ》

「たたき割《わ》り」。それは人《ひと》の心《こころ》を打《う》ち砕《くだ》く鹿児島県警《かごしまけんけい》の取《と》り調《しら》べの手法《しゅほう》。犠牲《ぎせい》になったのが鹿《か》児島県志布志市《ごしまけんしぶしし》の消防団長《しょうぼうだんちょう》、浜野博《はまのひろし》さんと妻《つま》の栄子《えいこ》さんでした。

まず栄子《えいこ》さんがありもしない罪《つみ》を交番《こうばん》の窓《まど》からおらばせ（叫《さけ》ばせ）られました。続《つづ》いて県警《けんけい》は2004年《ねん》5月《がつ》18日《にち》、志布志署《しぶししょ》で浜野《はまの》さんの取《と》り調《しら》べを開始《かいし》。浜野《はまの》さんも現金《げんきん》をもらっただろう、と責《せ》めたのです。

浜野《はまの》さんは県議選《けんぎせん》を前《まえ》にしたその年《とし》の2月《がつ》、消防団《しょうぼうだん》の会合《かいごう》で団員《だんいん》に「われわれは準公務員《じゅんこうむいん》だから選挙運動《せんきょうんどう》は慎《つつし》むように」と訓示《くんじ》していました。ですが、取調官《とりしらべかん》は、浜野《はまの》さんの無実《むじつ》の訴《うった》えなど聞《き》き入《い》れません。両手《りょうて》をそろえて机《つくえ》の上《うえ》に載《の》せておく姿勢《しせい》を10時間《じかん》も強制《きょうせい》。姿勢《しせい》を崩《くず》すとノートで両手《りょうて》をたたいたそうです。

その後《のち》、取調官《とりしらべかん》が私《わたし》を調《しら》べたT警部補《けいぶほ》に代《か》わり、取《と》り調《しら》べの場所《ばしょ》がなぜか県外《けんがい》の宮崎県警串間署《みやざきけんけいくしましょ》に。こっそり「陰《かげ》の協力者《きょうりょくしゃ》になってくれ」と持《も》ちかけてきたのです。志布志事件《しぶしじけん》ではビールと焼酎供与事件《しょうちゅうきょうよじけん》の立件《りっけん》が頓挫《とんざ》していました。このため、現金供与事件《げんきんきょうよじけん》の容疑《ようぎ》を補強《ほきょう》するのが県警《けんけい》の狙《ねら》いだったと思《おも》います。

T警部補《けいぶほ》は「どうしても認《みと》めないなら、家族《かぞく》を一《いち》から調《しら》べる」と脅《おど》します。栄子《えいこ》さんは既《すで》に心的外傷後《しんてきがいしょうご》ストレス障害《しょうがい》（PTSD）に近《ちか》い状態《じょうたい》。浜野《はまの》さんは観念《かんねん》します。「20万円《まんえん》を受《う》け取《と》り、消防団員《しょうぼうだんいん》8人《にん》に1万円《まんえん》ずつ配《くば》り、残《のこ》りは自分《じぶん》で使《つか》った」と、でっち上《あ》げの自白《じはく》をしたのです。後日《ごじつ》、私《わたし》にこう打《う》ち明《あ》けました。

たたき割り国賠訴訟を闘った浜野博さん。裁判は苦悩の連続だった

「これじゃ嫁《よめ》さんが殺《ころ》されると思《おも》って、言《い》いなりになろうと……。泣《な》きながら調書《ちょうしょ》にサインした」

06年《ねん》1月《がつ》、「朝日新聞《あさひしんぶん》」がこの事実《じじつ》をスクープし、志布志《しぶし》の不当捜査《ふとうそうさ》に全国《ぜんこく》の注目《ちゅうもく》が集《あつ》まりました。私《わたし》は浜野《はまの》さん宅《たく》を訪《おとず》れ、「今《いま》こそ訴《うった》えないかんど。そうせんと金《かね》をもらった話《はなし》は消《き》えん」と説得《せっとく》しました。最初《さいしょ》は提訴《ていそ》を渋《しぶ》った浜野《はまの》さんですが、消防団《しょうぼうだん》の仲間《なかま》に思《おも》わぬ励《はげ》ましを受《う》けます。

消防団《しょうぼうだん》の飲《の》み会《かい》があり、浜野《はまの》さんは勇気《ゆうき》を振《ふ》り絞《しぼ》って団員《だんいん》たちに事実《じじつ》を打《う》ち明《あ》け、謝《あやま》りました。「警察《けいさつ》でおまえたちの名前《なまえ》を出《だ》した。すまなかった」。すると、団員《だんいん》たちは「何《なん》のー、よかよか」「団長《だんちょう》、訴《うった》えーい！」。浜野《はまの》さんは感激《かんげき》でまた泣《な》いたそうです。

浜野《はまの》さんは4月《がつ》18日《にち》に記者会見《きしゃかいけん》を開《ひら》き、不当《ふとう》な取《と》り調《しら》べを告発《こくはつ》。10月《がつ》27日《にち》に志布志事件《しぶしじけん》の取《と》り調《しら》べで被害《ひがい》を受《う》けた計《けい》8人《にん》で「たたき割《わ》り国家賠償訴訟《こっかばいしょうそしょう》」を起《お》こします。

そしていよいよ、私《わたし》の踏《ふ》み字国賠訴訟《じこくばいそしょう》の判決《はんけつ》も近《ちか》づいていました。

50——勝利《しょうり》の花火《はなび》「ドーン」

「川畑《かわばた》さん、裁判《さいばん》というものはねえ。最後《さいご》の最後《さいご》まで分《わ》からんものだよ」

「先生《せんせい》、私《わたし》はずっと真実《しんじつ》を語《かた》ってきたので、100パーセント勝《か》つと信《しん》じていますけど」

「それでも、警察《けいさつ》も100パーセントのうそをついてきたからね。裁判官《さいばんかん》がその辺《へん》をどのくらいしっかり見《み》てくれるかだ」

私《わたし》が起《お》こした踏《ふ》み字国家賠償訴訟《じこっかばいしょうそしょう》の判決《はんけつ》がいよいよ近《ちか》づきました。どうしても不安《ふあん》になって

ホテル前で、大切に保管している「勝訴」の垂れ幕を披露する川畑さん（右）と妻順子さん

じっとしていても胸《むね》がどきどきするというか、変《へん》な緊張感《きんちょうかん》を感《かん》じてしまって……。長《なが》い人生《じんせい》でこんな気分《きぶん》は初《はじ》めてです。実際《じっさい》、周囲《しゅうい》からは「どうせ警察《けいさつ》に勝《か》てるわけがない」「枇榔《びろう》（私《わたし》のこと）はまた逮捕《たいほ》される」といった噂話《うわさばなし》がよく聞《き》こえていたのです。

そして2007年《ねん》1月《がつ》18日《にち》。判決《はんけつ》の朝《あさ》が来《き》ました。さすがに前夜《ぜんや》は、なかなか寝付《ねつ》けませんでした。朝食《ちょうしょく》を取《と》りながら妻《つま》の順子《じゅんこ》に話《はな》し掛《か》けました。

「おいが勝《か》つのが当《あ》たり前《まえ》やな」「こんなことをしでかした警察《けいさつ》が勝《か》ったら、世《よ》の中大変《なかたいへん》なことになるよね」。順子《じゅんこ》は「うんうん、その通《とお》り。お父《とう》さんが負《ま》けるわけない」と励《はげ》ましてくれました。本当《ほんとう》に優《やさ》しい妻《つま》です。

志布志事件《しぶしじけん》ではすっかり有名《ゆうめい》になった「川畑《かわばた》の街宣車《がいせんしゃ》」のハンドルを握《にぎ》り、順子《じゅんこ》と鹿児島地裁《かごしまちさい》へ到着《とうちゃく》。志布志《しぶし》から約《やく》90人《にん》の支援者《しえんしゃ》が詰《つ》めかけてくれました。

午後《ごご》1時《じ》10分《ぷん》、206号廷《ごうてい》は緊張《きんちょう》で静《しず》まり返《かえ》ります。高野裕裁判官《たかのゆたかさいばんかん》が着席《ちゃくせき》しました。

「主文《しゅぶん》」

そう言《い》った瞬間《しゅんかん》、裁判官《さいばんかん》が私《わたし》たち原告席《げんこくせき》の方《ほう》に顔《かお》を向《む》けるではありませんか。えっ、これは勝《か》ったんじゃ……と私《わたし》は感《かん》じました。

続《つづ》いて「60万円支払《まんえんしはら》え」という一節《いっせつ》がはっきり聞《き》き取《と》れました。後方《こうほう》で記者《きしゃ》たちがガタガタと動《うご》きだし、デスクへの連絡《れんらく》に飛《と》び出《だ》していきます。「住民《じゅうみん》の人権《じんけん》を考《かんが》える会《かい》」の武田佐俊《たけださとし》事務局長《じむきょくちょう》も走《はし》り出《で》て、準備《じゅんび》していた「勝訴《しょうそ》」の幕《まく》を掲《かか》げてくれました。

机《つくえ》の下《した》から中原先生《なかはらせんせい》と野平康博先生《のひらやすひろせんせい》が手《て》を差《さ》し伸《の》べてきて、がっちり握手《あくしゅ》。すると、順子《じゅんこ》も法廷《ほうてい》を飛《と》び出《だ》し、「ビジネスホテル枇榔《びろう》」に待機《たいき》していた妹《いもうと》に電話《でんわ》をかけます。

「上《あ》げて、上《あ》げて」

志布志中《しぶしじゅう》に、私《わたし》と順子《じゅんこ》が準備《じゅんび》していた勝利《しょうり》の打《う》ち上《あ》げ花火《はなび》がとどろきました。

「ドーン、ドーン、ドーン」

51―― 涙《なみだ》の出《で》るような怒《いか》り

「密室《みっしつ》での取《と》り調《しら》べにもかかわらず、少《すく》ない証拠《しょうこ》で的確《てきかく》な事実認定《じじつにんてい》をされた裁判所《さいばんしょ》に敬意《けいい》を表《ひょう》します」「こちらの言《い》い分《ぶん》が可能《かのう》な限《かぎ》り認《みと》められ、完全勝訴《かんぜんしょうそ》に近《ちか》い判決《はんけつ》です」――。

2007年《ねん》1月《がつ》18日《にち》、中原海雄弁護士《なかはらうみおべんごし》、野平康博弁護士《のひらやすひろべんごし》らが笑《え》みを浮《う》かべて記者会見《きしゃかいけん》をしています。私《わたし》が起《お》こした踏《ふ》み字国家賠償訴訟《じこっかばいしょうそしょう》の第一審《だいいっしん》は、私《わたし》の勝訴《しょうそ》、鹿児島県《かごしまけん》の敗訴《はいそ》で決着《けっちゃく》しました。認《みと》められた賠償金《ばいしょうきん》は請求《せいきゅう》の200万円《まんえん》に対《たい》し60万円《まんえん》でしたが、金額《きんがく》は問題《もんだい》ではありません。

まず、踏《ふ》み字《じ》の回数《かいすう》について、判決《はんけつ》は「少《すく》なくとも3回《かい》」と認定《にんてい》し、「1枚《まい》の紙《かみ》に足先《あしさき》を置《お》いた」とのH警部補《けいぶほ》の主張《しゅちょう》を完全《かんぜん》に退《しりぞ》けました。そして「踏《ふ》み字《じ》が違法《いほう》な有形力《ゆうけいりょく》の行使《こうし》（暴行《ぼうこう》のこと）であることは明《あき》らか。こうした取《と》り調《しら》べ手法《しゅほう》はたった1回《かい》でも違法《いほう》」と断罪《だんざい》。さらに「その手法《しゅほう》は常軌《じょうき》を逸《いっ》しており、公権力《こうけんりょく》をかさに着《き》て原告《げんこく》と原告《げんこく》の関係者《かんけいしゃ》を侮辱《ぶじょく》した。原告《げんこく》の精神《せいしん》的苦痛《てきくつう》は甚大《じんだい》」と一刀両断《いっとうりょうだん》したのです。

踏み字国賠訴訟の判決直後、報道陣に心境を聞かれ涙をぬぐう川畑さん＝2007年1月18日

さらには、①トイレに監視《かんし》を付《つ》けたことは退去《たいきょ》の自由《じゆう》の侵害《しんがい》②「弁護士《べんごし》を呼《よ》んでください」との原告《げんこく》の要請《ようせい》を無視《むし》して取《と》り調《しら》べを続《つづ》けたのは弁護人選任権《べんごにんせんにんけん》の侵害《しんがい》③所持品検査《しょじひんけんさ》は令状《れいじょう》に基《もと》づかず違法《いほう》④入院《にゅういん》を要《よう》する健康状態《けんこうじょうたい》の被告《ひこく》を夜《よる》まで取《と》り調《しら》べたことは違法《いほう》――と、判決文《はんけつぶん》は「違《い》法《ほう》」と「侵害《しんがい》」のオンパレードでした。

ですが、私《わたし》の心《こころ》に湧《わ》いたのは、喜《よろこ》びよりも悔《くや》しさでした。私《わたし》には、もしH警部補《けいぶほ》が「川畑《かわばた》さん、すみません」と頭《あたま》を下《さ》げてきたら、裁判《さいばん》を取《と》り下《さ》げていいという気持《きも》ちがありました。でもH警部補《けいぶほ》は法廷《ほうてい》で一言《ひとこと》も真実《しんじつ》を述《の》べませんでした。それが残念《ざんねん》で残念《ざんねん》で……。

記者団《きしゃだん》にコメントを求《もと》められると、涙《なみだ》がこぼれてきました。こう言葉《ことば》を絞《しぼ》り出《だ》しました。

「うれしさよりも、警察《けいさつ》に対《たい》する涙《なみだ》の出《で》るような怒《いか》りでいっぱいです」

10年以上《ねんいじょう》たった今《いま》も、私《わたし》は判決当日《はんけつとうじつ》のことを思《おも》い出《だ》すと、涙《なみだ》が出《で》ます。判決直後《はんけつちょくご》に勝訴《しょうそ》の花《はな》火《び》を志布志《しぶし》のホテルで打《う》ち上《あ》げた話《はなし》をしましたね。いくら自分《じぶん》は冤罪《えんざい》の被害者《ひがいしゃ》だと訴《うった》えても、周囲《しゅうい》には犯罪者《はんざいしゃ》を見《み》るような目《め》が多《おお》いのです。「おいはやってないどー、勝《か》ったどー」と、志《し》布志中《ぶしじゅう》の人《ひと》たちに知《し》らしめたかった。妻《つま》の順子《じゅんこ》と相談《そうだん》して注文《ちゅうもん》した花火《はなび》には、そんな思《おも》いがこもっていたのです。

何《なに》はともあれ、最初《さいしょ》の闘《たたか》いには勝《か》ちました。さあ、これから攻《せ》めますよ。

52――告訴状《こくそじょう》すんなり受理《じゅり》

2007年《ねん》1月《がつ》、踏《ふ》み字国家賠償訴訟《じこっかばいしょうそしょう》の一審《いっしん》で勝訴《しょうそ》した私《わたし》は、鹿児島市《かごしまし》の中原海雄弁護士《なかはらうみおべんごし》と野平康博弁護士《のひらやすひろべんごし》を訪《たず》ねました。もちろん刑事裁判《けいじさいばん》の相談《そうだん》です。罪《つみ》を犯《おか》したH警部補《けいぶほ》には相応《そうおう》の罰《ばつ》を受《う》けてもらわないといけません。民事《みんじ》でのこれだけの完勝《かんしょう》は、願《ねが》ってもない追《お》い風《かぜ》になりました。善《ぜん》は急《いそ》げと、直《ただ》ちにH警部補《けいぶほ》を特別公務員暴行陵虐容疑《とくべつこうむいんぼうこうりょうぎゃくようぎ》で鹿児島地検《かごしまちけん》に刑事告訴《けいじこくそ》することにしました。

特別公務員暴行陵虐《とくべつこうむいんぼうこうりょうぎゃく》なんて、舌《した》をかみそうな罪名《ざいめい》ですが、聞《き》き慣《な》れないでしょうから説明《せつめい》しますね。

特別公務員《とくべつこうむいん》とは、裁判官《さいばんかん》や検察官《けんさつかん》、警察官《けいさつかん》とそれを補佐《ほさ》する職員《しょくいん》のこと。彼《かれ》らは国家権力《こっかけんりょく》を遂行《すいこう》する役割《やくわり》を担《にな》い、逮捕《たいほ》、起訴《きそ》など特別《とくべつ》な権限《けんげん》を与《あた》えられています。そうした人《ひと》が職務《しょくむ》を行《おこな》う上《うえ》で、容疑者《ようぎしゃ》や参考人《さんこうにん》に暴行《ぼうこう》を加《くわ》えたり、虐待《ぎゃくたい》して辱《はずかし》めたりしたら、刑法《けいほう》195条《じょう》の罪《つみ》になるのです。

踏み字強要 警官告訴
勝訴男性

二〇〇三年の鹿児島県議選の選挙違反事件をめぐる任意の取り調べで親族の名前などが書かれた紙を無理やり踏まされた行為（踏み字）は暴行に当たるとして、同県志布志市のホテル経営川畑幸夫さんは二十四日、特別公務員暴行陵虐容疑で、同県警の男性警部補を鹿児島地検に告訴した。同地検は受理した。

告訴状などによると、警部補は〇三年四月、川畑さんの父や孫の名前と、メッセージに見立て「早く正直なじいちゃんになって」などと書いた紙三枚を床に置き、川畑さんの足首をつかんで踏ませたとしている。

川畑さんは公選法違反容疑で逮捕されたが、起訴猶予処分となった。川畑さんが提訴した国家賠償請求訴訟で、鹿児島地

踏み字事件でのH警部補の告訴を報じた2007年1月25日付の「西日本新聞」

H警部補《けいぶほ》が取調室《とりしらべしつ》で少《すく》なくとも3回《かい》、無理《むり》やり踏《ふ》み字《じ》をさせたことは、国賠訴訟《こくばいそしょう》で認定《にんてい》されました。これは暴行陵虐《ぼうこうりょうぎゃく》に当《あ》たるので、刑罰《けいばつ》を与《あた》えるためH警部補《けいぶほ》を起訴《きそ》してください、と検察《けんさつ》に申《もう》し立《た》てるのです。

告訴状《こくそじょう》が受理《じゅり》されるかは正直《しょうじき》、五分五分《ごぶごぶ》でした。志布志事件《しぶしじけん》には地検《ちけん》も大《おお》きく関《かか》わっていますからね。1月《がつ》24日《か》、野平先生《のひらせんせい》らに付《つ》き添《そ》われ、

地検《ちけん》の担当者《たんとうしゃ》に手渡《てわた》すと、何《なん》とすんなり受《う》け取《と》るではありませんか。地検《ちけん》を出《で》ると、野平先生《のひらせんせい》が驚《おどろ》いた表情《ひょうじょう》で「受《う》け取《と》ったよー」と漏《も》らしました。地検《ちけん》は「事件《じけん》として告訴状《こくそじょう》を受理《じゅり》した」と発表《はっぴょう》しました。

続《つづ》いて私《わたし》は告訴《こくそ》の記者会見《きしゃかいけん》に臨《のぞ》みますが、もう慣《な》れたものです。「告訴《こくそ》したくありませんでしたが、H警部補《けいぶほ》は裁判《さいばん》で何一《なにひと》つ真実《しんじつ》を語《かた》らず、許《ゆる》せません。真相究明《しんそうきゅうめい》には刑事告訴《けいじこくそ》しかないと決断《けつだん》しました」と説明《せつめい》。そして「H警部補《けいぶほ》も組織《そしき》を守《まも》るための被害者《ひがいしゃ》かもしれません。県警《けんけい》は体質《たいしつ》を変《か》えて、県民《けんみん》に信頼《しんらい》され愛《あい》されるようになってほしい」と率直《そっちょく》な思《おも》いも述《の》べました。

ただ、日本《にっぽん》の裁判《さいばん》は三審制《さんしんせい》なので、踏《ふ》み字国賠訴訟《じこくばいそしょう》の一審《いっしん》で敗訴《はいそ》した県側《けんがわ》は判決《はんけつ》に不服《ふふく》なら控訴《こうそ》ができます。私《わたし》は内心《ないしん》、あの県警《けんけい》のことだからやるかもしれない、と心配《しんぱい》していました。「住民《じゅうみん》の人権《じんけん》を考《かんが》える会《かい》」の一木法明会長《いちきのりあきかいちょう》が私《わたし》の不安《ふあん》を察《さっ》して、「川畑《かわばた》さん。もし控訴《こうそ》されたらバスを貸《か》し切《き》って、宮崎《みやざき》でも福岡《ふくおか》でも行《い》こうな」と励《はげ》ましてくれました。さて、県《けん》はどう出《で》るでしょうか。

53――正直《しょうじき》じいちゃん大好《だいす》き

踏《ふ》み字国家賠償訴訟《じこっかばいしょうそしょう》の一審《いっしん》で敗《やぶ》れた鹿児島県《かごしまけん》は、控訴《こうそ》するのかしないのか――。２００７年《ねん》

1月下旬《がつげじゅん》。訴訟《そしょう》の代表者《だいひょうしゃ》である伊藤祐一郎知事《いとうゆういちろうちじ》は「1回《かい》であろうと3回《かい》であろうと踏《ふ》み字《じ》は許《ゆる》されない。ただ、判決《はんけつ》には容認《ようにん》できない部分《ぶぶん》もある」と、どちらとも取《と》れる発言《はつげん》をしていました。

何《なに》より2月《がつ》23日《にち》には、私《わたし》の仲間《なかま》の被告《ひこく》12人《にん》が闘《たたか》う志布志事件刑事裁判《しぶしじけんけいじさいばん》の判決《はんけつ》が控《ひか》えていました。県警《けんけい》にとってはそちらへの影響《えいきょう》も懸念《けねん》され、今回《こんかい》の判決《はんけつ》は認《みと》めがたいことでしょう。

じりじりしながら行方《ゆくえ》を見守《みまも》っていると、1月《がつ》31日《にち》午後《ごご》2時《じ》すぎ、自宅《じたく》に一本《いっぽん》の電話《でんわ》が。

西日本新聞社《にしにっぽんしんぶんしゃ》の湯之前八州記者《ゆのまえやしまきしゃ》でした。

「川畑《かわばた》さん。控訴断念《こうそだんねん》です。県警本部長《けんけいほんぶちょう》が発表《はっぴょう》しました」

湯之前《ゆのまえ》さんには今《いま》も東京《とうきょう》のシンポジウムなどで会《あ》いますが、冤罪報道《えんざいほうどう》に熱心《ねっしん》な方《かた》です。その湯之前《ゆのまえ》さんによると、この日《ひ》に県警本部《けんけいほんぶ》の記者会見《きしゃかいけん》があり、久我英一本部長《くがえいいちほんぶちょう》がこんなコメントを読《よ》み上《あ》げました。

「（踏《ふ》み字《じ》は）県警《けんけい》としても妥当性《だとうせい》に疑《うたが》いを生《しょう》じさせかねない手法《しゅほう》と認識《にんしき》しており、判決《はんけつ》を重《おも》く受《う》け止《と》め、控訴《こうそ》しないこととしました」

これで私《わたし》の勝訴確定《しょうそかくてい》です。支援者《しえんしゃ》から次々《つぎつぎ》と祝福《しゅくふく》の電話《でんわ》がかかり始《はじ》め、支援《しえん》してくれた「住民《じゅうみん》の人権《じんけん》を考《かんが》える会《かい》」の一木法明会長《いちきのりあきかいちょう》が訪《たず》ねてきました。

「よかったなあ、川畑《かわばた》さん。本当《ほんとう》によかった」

勝利集会で踏み字をもじったプレゼントを受け取り、感謝の言葉を述べる川畑さん（左）

そう言《い》われて一木《いちき》さんと握手《あくしゅ》すると、もう涙《なみだ》が止《と》まりません。取材《しゅざい》に来《き》た記者《きしゃ》に涙《なみだ》ながらで応対《おうたい》し、「3年《ねん》9カ月《げつ》は長《なが》かったけど頑張《がんば》ったかいがありました。判決《はんけつ》の日《ひ》は真実《しんじつ》を語《かた》らなかったH警部補《けいぶほ》への悔《くや》し涙《なみだ》でしたが、きょうはうれし涙《なみだ》です」と述《の》べました。

翌《よく》2月《がつ》1日《ついたち》、考《かんが》える会《かい》が急遽《きゅうきょ》地元《じもと》の公民館《こうみんかん》で「川畑幸夫《かわばたさちお》、順子《じゅんこ》さん　勝利《しょうり》おめでとう」と題《だい》し、勝利集会《しょうりしゅうかい》を開《ひら》いてくれました。花束贈呈《はなたばぞうてい》やあいさつの後《あと》、会《かい》から私《わたし》に何《なに》やら特別《とくべつ》なプレゼントがあるそうです。

出《で》てきたのは3枚《まい》の紙《かみ》。そう、踏《ふ》み字《じ》をもじった言葉《ことば》が書《か》いてあるのです。H警部補《けいぶほ》は「早《はや》く正直《しょうじき》なじいちゃんになってください」と孫《まご》の言葉《ことば》を書《か》いた紙《かみ》を踏《ふ》ませました。それをもじった言葉《ことば》がこう。

「じいちゃん、正直《しょうじき》なじいちゃんが大好《だいす》き」

真実《しんじつ》は勝《か》つ。もう最高《さいこう》のプレゼントです。さあ、次《つぎ》の闘《たたか》いへやり抜《ぬ》くだけです。

第《だい》7章《しょう》　志《し》布《ぶ》志《し》事《じ》件《けん》全《ぜん》員《いん》無《む》罪《ざい》

54——懲戒《ちょうかい》を求《もと》め6109人《にん》署名《しょめい》

この聞《き》き書《が》きが「西日本新聞《にしにっぽんしんぶん》」に連載《れんさい》されたのは、2019年《ねん》10月《がつ》から20年《ねん》2月《がつ》にかけてのことでした。私《わたし》が住《す》む鹿児島県《かごしまけん》では残念《ざんねん》ながら「西日本新聞《にしにっぽんしんぶん》」が発行《はっこう》されなくなりましたが、北《ほく》部九州《ぶきゅうしゅう》に住《す》む知人《ちじん》から「『聞《き》き書《が》き』読《よ》んでるよ」と反響《はんきょう》の電話《でんわ》が入《はい》ったものです。福岡県内《ふくおかけんない》の読者《どくしゃ》の方《かた》からありがたい激励《げきれい》のお便《たよ》りも頂《いただ》きました。「鹿児島県志布志市《かごしまけんしぶしし》、ビジネスホテル枇《び》榔《ろう》」と書《か》くだけで、うちには郵便《ゆうびん》が届《とど》くのですよ。私《わたし》の闘《たたか》いを多《おお》くの方《かた》に知《し》っていただけるのは本当《ほんとう》にありがたいことです。

前回《ぜんかい》は、踏《ふ》み字国家賠償訴訟《じこっかばいしょうそしょう》で鹿児島県《かごしまけん》が控訴断念《こうそだんねん》を発表《はっぴょう》し、私《わたし》の勝訴《しょうそ》が決《き》まったところまでをお話《はな》ししましたね。2007年《ねん》1月《がつ》31日《にち》のことで、翌日《よくじつ》に感激《かんげき》の勝利集会《しょうりしゅうかい》がありました。

この頃《ころ》、私《わたし》は署名活動《しょめいかつどう》に奔走《ほんそう》していました。志布志事件《しぶしじけん》の強引《ごういん》な捜査《そうさ》を指揮《しき》した当時《とうじ》の志布《しぶ》志署《ししょ》のK署長《しょちょう》と県警本部《けんけいほんぶ》のI警部《けいぶ》、そして私《わたし》に踏《ふ》み字《じ》をさせたH警部補《けいぶほ》への、懲戒処分《ちょうかいしょぶん》を県警《けんけい》

ホテルに掲げた可視化を訴える看板の前で「冤罪撲滅に頑張ります」と語る川畑さん

に求《もと》めるのです。

　おなじみになった「川畑《かわばた》の街宣車《がいせんしゃ》」で地元《じもと》の志布志市内《しぶししない》や鹿児島市《かごしまし》、宮崎県都城市《みやざきけんみやこのじょうし》などを巡《めぐ》り、街頭《がいとう》でこう呼《よ》び掛《か》けました。「踏《ふ》み字《じ》のような違法《いほう》な取《と》り調《しら》べを二度《にど》と許《ゆる》さないために、市《し》民《みん》の皆《みな》さんのご協力《きょうりょく》をお願《ねが》いします」

　反応《はんのう》はまずまず。1カ月余《げつあま》りで集《あつ》まった署名《しょめい》は6109人分《にんぶん》。旧志布志町《きゅうしぶしちょう》の人口《じんこう》の半分近《はんぶんちか》くになります。満《まん》を持《じ》して、懲戒処分《ちょうかいしょぶん》を求《もと》める要請書《ようせいしょ》と分厚《ぶあつ》い署名簿《しょめいぼ》を、県警本部《けんけいほんぶ》に持《も》って行《い》くことにしました。

　2月20日午後《がつはつかごご》1時《じ》、県警本部《けんけいほんぶ》に到着《とうちゃく》。私《わたし》は署名簿《しょめいぼ》を当時本部付《とうじほんぶづけ》になっていたK署長《しょちょう》に直接《ちょくせつ》手渡《てわた》したかったのですが、かないませんでした。対応《たいおう》した県警《けんけい》の相談広報課長《そうだんこうほうかちょう》らに手渡《てわた》して、「県警《けんけい》が生《う》まれ変《か》わろうというのなら、3人《にん》は県警《けんけい》にいてはいけない人物《じんぶつ》だ」と本気《ほんき》で訴《うった》えました。

　すると、K署長《しょちょう》は2月26日付《がつにちづけ》で依願退職《いがんたいしょく》するとか。許《ゆる》せません。それなら退職金《たいしょくきん》も丸々《まるまる》もらえるでしょう。「懲戒処分《ちょうかいしょぶん》が先《さき》じゃないか。身内《みうち》をかばうにもほどがある」と強《つよ》く批判《ひはん》しましたが、課長《かちょう》らは「本部長《ほんぶちょう》に伝《つた》えます」と繰《く》り返《かえ》すだけ。てんで話《はなし》になりません。6千人《せんにん》を超《こ》すこの要請《ようせい》も、実行《じっこう》に移《うつ》されるかは怪《あや》しいものです。

署名簿《しょめいぼ》の提出《ていしゅつ》が終《お》わった頃《ころ》、ホテルで留守番《るすばん》をする妻《つま》の順子《じゅんこ》から「変《へん》な手紙《てがみ》が届《とど》いてるよ」と電話《でんわ》が入《はい》ります。急《いそ》いで帰宅《きたく》すると、手紙《てがみ》の差出人《さしだしにん》は、思《おも》いもよらぬ人物《じんぶつ》でした。何《なん》と、私《わたし》に踏《ふ》み字《じ》をさせたH警部補《けいぶほ》です。

55――留守中《るすちゅう》に卑劣《ひれつ》な手紙《てがみ》

鹿児島県警《かごしまけんけい》は踏《ふ》み字事件《じじけん》を引《ひ》き起《お》こした3人《にん》を懲戒処分《ちょうかいしょぶん》にせよ――。そんな6109人分《にんぶん》の署名《しょめい》を県警本部《けんけいほんぶ》に提出《ていしゅつ》した日《ひ》。私《わたし》の留守《るす》を見計《みはか》らったかのように、私《わたし》に踏《ふ》み字《じ》をさせたH警部《けいぶ》補《ほ》の手紙《てがみ》が届《とど》きました。ずるいというか、卑劣《ひれつ》というか、そのやり口《くち》には今《いま》も怒《いか》りがこみ上《あ》げます。

妻《つま》の順子《じゅんこ》によると、2007年《ねん》2月《がつ》20日《はつか》午前《ごぜん》11時半《じはん》ごろ、その手紙《てがみ》はなぜか速達《そくたつ》で、「ビジネスホテル枇榔《びろう》」のフロントに届《とど》きました。差出人《さしだしにん》が県《けん》の顧問弁護士《こもんべんごし》だったため、順子《じゅんこ》は「勝訴《しょうそ》した国家賠償訴訟《こっかばいしょうそしょう》の賠償金《ばいしょうきん》の明細書《めいさいしょ》かな」と思《おも》い、封《ふう》を開《あ》けたそうです。中《なか》にはまた、封《ふう》をしていない封筒《ふうとう》が。中身《なかみ》を取《と》り出《だ》すと、H警部補《けいぶほ》の謝罪《しゃざい》の手紙《てがみ》でした。

連絡《れんらく》を受《う》けた私《わたし》は急《いそ》いで帰宅《きたく》すると、マスコミから電話《でんわ》が。その直前《ちょくぜん》、県警本部《けんけいほんぶ》が記者会見《きしゃかいけん》で「H警部補《けいぶほ》が川畑《かわばた》さんに謝罪《しゃざい》の意思《いし》を伝《つた》えた」と公表《こうひょう》したのです。念入《ねんい》りに「個人《こじん》の意思《いし》で、組織《そしき》としての謝罪《しゃざい》ではない」と付《つ》け加《くわ》えて……。新聞記者《しんぶんきしゃ》も自宅《じたく》に来《き》ました。「川畑《かわばた》さん、手紙《てがみ》を撮影《さつえい》していいですか」と言《い》うので、「どうぞ」と答《こた》えました。神《かみ》に誓《ちか》って言《い》いますが、私自身《わたしじしん》はその手紙《てがみ》を見《み》ていません。こんな不誠実《ふせいじつ》な手紙《てがみ》を読《よ》めますか。

H警部補の謝罪の手紙入りの速達が届けられた「ビジネスホテル枇榔」のフロント

そういうことでこの目《め》で確認《かくにん》していませんが、翌日《よくじつ》の新聞《しんぶん》によると「不快《ふかい》な思《おも》いをさせたことを反省《はんせい》しおわびします」とあったそうです。23日《にち》に志布志事件《しぶしじけん》の判決《はんけつ》が控《ひか》える中《なか》、幕引《まくひ》きを図《はか》ったのでしょうか。
それにしてもH警部補《けいぶほ》はこんな手紙《てがみ》を送《おく》るくらいなら、なぜもっと早《はや》く謝罪《しゃざい》しなかったのでしょうか。裁判《さいばん》で発言《はつげん》の機会《きかい》もあったのに。踏《ふ》み字《じ》の刑事告訴《けいじこくそ》が受理《じゅり》され、自分《じぶん》の身《み》が危《あや》うくなったからですよね。改悛《かいしゅん》の情《じょう》を見《み》せて私《わたし》に告訴《こくそ》を取《と》り下《さ》げさせるか、地検《ちけん》に逮捕《たいほ》や起訴《きそ》を見送《みおく》ってもらおうとの魂胆《こんたん》が見《み》え見《み》えです。

順子《じゅんこ》によると、手紙《てがみ》が書《か》かれた日付《ひづけ》はちょうど1週間前《しゅうかんまえ》の13日《にち》とのこと。私《わたし》が鹿児島市《かごしまし》の県《けん》警本部《けいほんぶ》に行《い》く時刻《じこく》を県警《けんけい》はもちろん把握《はあく》していました。そうした事実《じじつ》をよーく付《つ》き合《あ》わせると、「これは計略《けいりゃく》では」との考《かんが》えが浮《う》かびました。

まず、手紙《てがみ》を書《か》く。私《わたし》が確実《かくじつ》に不在《ふざい》の時《とき》に届《とど》くよう見計《みはか》らって速達《そくたつ》で出《だ》す。差出人《さしだしにん》を弁護士《べんごし》にして順子《じゅんこ》に封《ふう》を開《あ》けさせる。中《なか》には封《ふう》をしていない手紙《てがみ》が入《はい》っている。つまり、私《わたし》が封《ふう》を開《あ》けて謝罪《しゃざい》の手紙《てがみ》を読《よ》んだという既成事実《きせいじじつ》を作《つく》ろうとしたのではないでしょうか。ため息《いき》が出《で》ます。

56――処分《しょぶん》も謝罪《しゃざい》も響《ひび》かず

何《なん》で今更《いまさら》。人《ひと》をばかにするのもいいかげんにしろ！

言葉遣《ことばづか》いが悪《わる》くてすみませんが、私《わたし》はそれほど怒《いか》りに震《ふる》えていました。２００７年《ねん》2月20日《がつはつか》、踏《ふ》み字《じ》をさせたH警部補《けいぶほ》から届《とど》いた謝罪《しゃざい》の手紙《てがみ》。野平康博弁護士《のひらやすひろべんごし》に電話《でんわ》すると、先生《せんせい》も憤慨《ふんがい》し、「私《わたし》が先方《せんぽう》に突《つ》っ返《かえ》すから、持《も》ってきて」。

翌《よく》21日《にち》、手紙《てがみ》を野平先生《のひらせんせい》の事務所《じむしょ》に持参《じさん》すると、野平先生《のひらせんせい》がただちに鹿児島県側《かごしまけんがわ》の弁護士《べんごし》に電話《でんわ》で抗議《こうぎ》しました。「当人同士《とうにんどうし》の直接《ちょくせつ》のやりとりは控《ひか》え、弁護士同士《べんごしどうし》で仲介《ちゅうかい》しようと申《もう》し合《あ》わせていたはずだ。二度《にど》としないように」と、ものすごいけんまくでした。

こんなふうに志布志事件《しぶしじけん》の判決《はんけつ》を前《まえ》にした3日間《みっかかん》は、いろんなことが起《お》こります。私《わたし》がH警《けい》部補《ぶほ》ら3人《にん》の懲戒処分《ちょうかいしょぶん》を求《もと》める署名《しょめい》を県警《けんけい》に提出《ていしゅつ》したのも20日《はつか》でしたね。県警本部《けんけいほんぶ》は21日午後《にちごご》4時半《じはん》、3人《にん》の処分《しょぶん》を発表《はっぴょう》しました。びっくりするほど素早《すばや》い対応《たいおう》です。

内容《ないよう》は、H警部補《けいぶほ》が減給《げんきゅう》10分《ぶん》の1（3カ月《げつ》）の懲戒処分《ちょうかいしょぶん》、当時《とうじ》の志布志署《しぶししょ》のK署長《しょちょう》は本部長注意《ほんぶちょうちゅうい》、捜査《そうさ》を指揮《しき》した県警本部《けんけいほんぶ》のI警部《けいぶ》は所属長訓戒《しょぞくちょうくんかい》でした。記者会見《きしゃかいけん》した竹之内義次首席監察官《たけのうちよしつぐしゅせきかんさつかん》は「関係者《かんけいしゃ》（私《わたし》のこと）の心情《しんじょう》に配意《はいい》を欠《か》く取《と》り調《しら》べを行《おこな》ったことは遺憾《いかん》で、申《もう》し訳《わけ》なく思《おも》う」「関係者《かんけいしゃ》と県民《けんみん》に謝罪《しゃざい》したい」と、神妙《しんみょう》な面持《おもも》ちでコメントしたそうです。

踏み字国家賠償訴訟をめぐるいろいろな出来事を振り返る野平康博弁護士（左）と川畑さん

ですが、処分《しょぶん》があまりにも軽《かる》すぎます。いくら人権《じんけん》を無視《むし》した取《と》り調《しら》べをしてもこの程度《ていど》の処分《しょぶん》で済《す》むのなら、同《おな》じような違法《いほう》捜査《そうさ》が必《かなら》ず繰《く》り返《かえ》されます。身内《みうち》に甘《あま》い県警《けんけい》の体質《たいしつ》がこれではっきりしました。

そして翌《よく》22日《にち》には県議会本会議《けんぎかいほんかいぎ》で県警《けんけい》の久我英一本部長《くがえいいちほんぶちょう》が、踏《ふ》み字事件《じじけん》について謝《あやま》りました。「警察《けいさつ》の取《と》り調《しら》べに対《たい》する県民《けんみん》の信頼《しんらい》を損《そこ》ねたことは誠《まこと》に遺憾《いかん》で、申《もう》し訳《わけ》ないと思《おも》う」

県警《けんけい》トップの謝罪《しゃざい》はこれが初《はじ》めてですが、私《わたし》の胸《むね》には響《ひび》きません。2階《かい》の傍聴席《ぼうちょうせき》から冷《ひ》ややかな目《め》で見《み》ていました。だって、悪《わる》いことをしたら、加害者《かがいしゃ》やその監督責任者《かんとくせきにんしゃ》が被害者《ひがいしゃ》の前《まえ》にやってきて「すみませんでした」と頭《あたま》を下《さ》げる――。これが一般社会《いっぱんしゃかい》で言《い》う謝罪《しゃざい》ですよね。県警本部長《けんけいほんぶちょう》とK元署長《もとしょちょう》が志布志《しぶし》に来《き》て、志布志事件《しぶしじけん》の被害者全《ひがいしゃぜん》員《いん》に直接謝《ちょくせつあやま》るのが筋《すじ》です。でも、それはいまだ実現《じつげん》していません。残念至極《ざんねんしごく》です。

この3日間《みっかかん》、ドタバタ劇《げき》を繰《く》り広《ひろ》げた県警《けんけい》。いよいよあす23日《にち》に迫《せま》った志布志事件《しぶしじけん》の判決《はんけつ》を前《まえ》に、最後《さいご》の悪《わる》あがきでしょうか。

57――全員無罪《ぜんいんむざい》、バンザーイ

2007年《ねん》2月《がつ》23日《にち》。いよいよ志布志事件《しぶしじけん》の判決《はんけつ》が言《い》い渡《わた》されます。私《わたし》の踏《ふ》み字国家賠償訴訟《じこっかばいしょうそしょう》の勝訴《しょうそ》が追《お》い風《かぜ》になり、無罪《むざい》になると信《しん》じてはいますが、裁判《さいばん》は最後《さいご》まで分《わ》かりません。

中山信一さん

中山シゲ子さん

藤山成美さん

実際《じっさい》、懸念材料《けねんざいりょう》が一《ひと》つありました。前年《ぜんねん》7月《がつ》の公判《こうはん》で、捜査段階《そうさだんかい》でいったん容疑《ようぎ》を認《みと》めた被告《ひこく》6人《にん》の自白調書《じはくちょうしょ》が証拠採用《しょうこさいよう》されていたので

永利忠義さん

永山トメ子さん

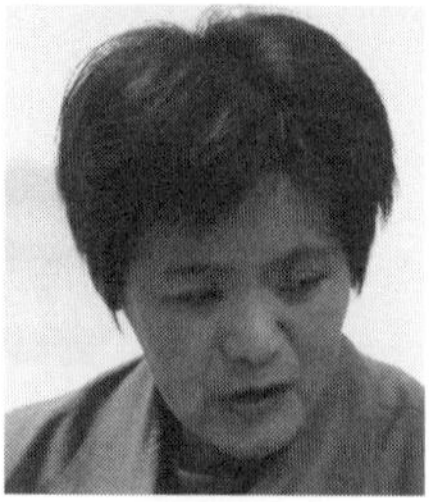
懐智津子さん

谷田則雄さん

藤元安義さん

懐　俊裕さん

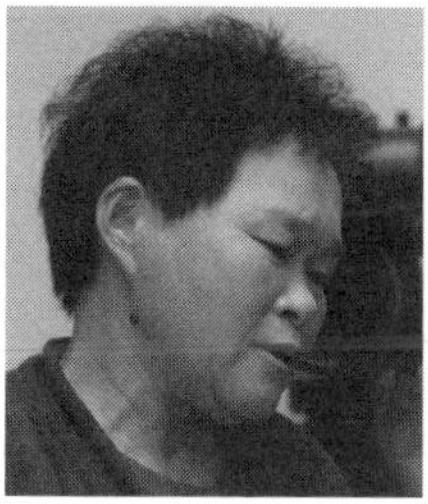
藤元いち子さん

山下邦雄さん

藤山　忠さん

す。他《ほか》に有力《ゆうりょく》な物証《ぶっしょう》に乏《とぼ》しい検察側《けんさつがわ》にとって、調書《ちょうしょ》が不《ふ》採用《さいよう》となれば、そこで敗北《はいぼく》が決定的《けっていてき》になったのですが……。

そんなことを思《おも》い返《かえ》しつつ、私《わたし》は「川畑《かわばた》の街宣車《がいせんしゃ》」で鹿児島地裁《かごしまちさい》へ。202号廷《ごうてい》の傍聴席《ぼうちょうせき》は志布志《しぶし》から駆《か》けつけた家族《かぞく》や支援者《しえんしゃ》で埋《う》まっています。被告《ひこく》12人《にん》は緊張《きんちょう》の面持《おもも》ち。私《わたし》も経験《けいけん》したのでよく分《わ》かります。判決《はんけつ》の直前《ちょくぜん》は自分《じぶん》が自分《じぶん》じゃないというか、何《なん》とも言《い》えない気《き》分《ぶん》なのです。谷敏行裁判長《たにとしゆきさいばんちょう》が着席《ちゃくせき》しました。

「主文《しゅぶん》。被告人《ひこくにん》12名《めい》はいずれも無罪《むざい》」

その瞬間《しゅんかん》、私《わたし》は傍聴席《ぼうちょうせき》で立《た》ち上《あ》がり、両手《りょうて》を上《あ》げて叫《さけ》びました。「バンザーイ」

判決《はんけつ》の詳《くわ》しい話《はなし》は次回《じかい》に回《まわ》します。苦《くる》しみに耐《た》え抜《ぬ》いて無罪《むざい》を勝《か》ち取《と》った私《わたし》の仲間《なかま》12人《にん》の顔《かお》を、とくとご覧《らん》ください。

58――買収会合《ばいしゅうかいごう》、「甚《はなは》だ疑問《ぎもん》」

法廷《ほうてい》でまたも大声《おおごえ》を出《だ》してしまった私《わたし》。志布志事件《しぶしじけん》の被告《ひこく》12人全員《にんぜんいん》の無罪《むざい》がまるで自分《じぶん》のことのようで、喜《よろこ》びを抑《おさ》えきれなかったのです。すぐに着席《ちゃくせき》したので、今回《こんかい》は裁判長《さいばんちょう》のおとがめもありませんでした。

前回《ぜんかい》の12人《にん》の記者会見《きしゃかいけん》の写真《しゃしん》を見《み》て、あれっと思《おも》われた読者《どくしゃ》もいたのでは。全員《ぜんいん》が満面《まんめん》の笑《え》みではなく、うなだれた人《ひと》が2人《ふたり》いました。藤元《ふじもと》いち子《こ》さんと懐智津子《ふところちづこ》さん。2人《ふたり》は早《はや》い段階《だんかい》でうその自白《じはく》をして他《ほか》の被告《ひこく》に迷惑《めいわく》を掛《か》けたのを心苦《こころぐる》しく思《おも》っていたのです。

ですが、悪《わる》いのは「たたき割《わ》り」と称《しょう》するひどい取《と》り調《しら》べをした鹿児島県警《かごしまけんけい》ですよね。彼女《かのじょ》たち2人《ふたり》は強引《ごういん》な捜査《そうさ》の犠牲者《ぎせいしゃ》です。何《なん》ら恥《は》じることはない、胸《むね》を張《は》って、と念《ねん》じながら会見《かいけん》を見守《みまも》った私《わたし》です。

では、判決《はんけつ》の中身《なかみ》を紹介《しょうかい》します。検察側《けんさつがわ》の起訴内容《きそないよう》は、2003年《ねん》2月《がつ》8日《ようか》から3月《がつ》24日《か》までに計《けい》4回《かい》、志布志《しぶし》の山間部《さんかんぶ》の懐集落《ふところしゅうらく》にあるいち子《こ》さん宅《たく》で、私《わたし》の妻《つま》のいとこで県議選《けんぎせん》に出馬《しゅつば》する中山信一《なかやましんいち》への投票《とうひょう》を依頼《いらい》する買収会合《ばいしゅうかいごう》が開《ひら》かれ、有権者《ゆうけんしゃ》に計《けい》191万円《まんえん》が渡《わた》された、というものでした。

無罪判決を受け、旗を手に支援者たちと喜び合う中山信一さん（中央）

まず、会合《かいごう》の信憑性《しんぴょうせい》について、判決《はんけつ》はこんな見方《みかた》を示《しめ》します。懐《ふところ》はわずか7世帯《せたい》の極《きわ》めて小規模《しょうきぼ》な集落《しゅうらく》で、計《けい》4回《かい》の買収会合《ばいしゅうかいごう》の出席者《しゅっせきしゃ》は毎回《まいかい》ほぼ同《おな》じ顔《かお》ぶれ。こうした会合《かいごう》を開《ひら》くことに、選挙運動《せんきょうんどう》として果《は》たしてどれほどの実効性《じっこうせい》があるのか。また、本当《ほんとう》にそんな多額《たがく》のお金《かね》を供与《きょうよ》したのか、甚《はなは》だ疑問《ぎもん》である。全《まった》くもってその通《とお》りと思《おも》います。

続《つづ》いて、自白《じはく》の信用性《しんようせい》について。自白《じはく》した6人《にん》の中《なか》でも、いち子《こ》さんは否認《ひにん》に転《てん》じては自白《じはく》に戻《もど》ることを何《なん》と9回《かい》も繰《く》り返《かえ》していました。こうした自白《じはく》の不自然《ふしぜん》な変遷《へんせん》の原因《げんいん》を考察《こうさつ》すると、私《わたし》の取《と》り調《しら》べも担当《たんとう》したあのH警部補《けいぶほ》による強圧的《きょうあつてき》な取《と》り調《しら》べがあったことがうかがえ、自白《じはく》の信用性《しんようせい》に重大《じゅうだい》な疑問《ぎもん》が生《しょう》じると結論《けつろん》づけたのです。

他《ほか》の5人《にん》の自白《じはく》についても判決《はんけつ》はほぼ同様《どうよう》の判断《はんだん》でした。最初《さいしょ》は食《く》い違《ちが》っていたそれぞれの供述内容《きょうじゅつないよう》が、変遷《へんせん》の末《すえ》に次第《しだい》に収斂《しゅうれん》され、最終的《さいしゅうてき》に一《ひと》つの自白内容《じはくないよう》にまとまったと指摘《してき》。早《はや》く釈放《しゃくほう》されたい一心《いっしん》で、誘導《ゆうどう》されて虚偽《きょぎ》の自白《じはく》をした可能性《かのうせい》が否定《ひてい》できない、としました。

そして何《なに》より、最大《さいだい》の決《き》め手《て》となったのが中山《なかやま》のアリバイでした。そう、私《わたし》の妻順子《つまじゅんこ》が記《しる》したあの「日記《にっき》」が、物《もの》を言《い》ったのです。

59——妻《つま》の日記《にっき》でアリバイ

この聞《き》き書《が》きの18回目《かいめ》でも少《すこ》し触《ふ》れましたが、私《わたし》の妻順子《つまじゅんこ》の「日記《にっき》」が、志布志事件《しぶしじけん》の無罪《むざい》判決《はんけつ》の基《もと》になった中山信一《なかやましんいち》のアリバイ立証《りっしょう》に一役買《ひとやくか》いました。日記《にっき》とは私《わたし》たちが営《いとな》む「ビジネスホテル枇榔《びろう》」の予約台帳《よやくだいちょう》。きちょうめんな順子《じゅんこ》は台帳《だいちょう》の余白《よはく》に、その日《ひ》の出来事《できごと》を細《こま》かくメモしていたのです。

鹿児島県警《かごしまけんけい》が日記《にっき》を入手《にゅうしゅ》したのは、私《わたし》がH警部補《けいぶほ》に踏《ふ》み字《じ》を強制《きょうせい》された末《すえ》に入院《にゅういん》した2003年《ねん》4月《がつ》17日《にち》。前日《ぜんじつ》の取《と》り調《しら》べで「そんなにおいの言《い》うことが信用《しんよう》できんのなら、順子《じゅんこ》の日記《にっき》を見《み》ればいい」とH警部補《けいぶほ》に告《つ》げていたら、部下《ぶか》たちが取《と》りに来《き》たのです。

多くの報道陣が詰め掛けた会見場で、1人ずつ思いを吐露する志布志事件の被告たち
=2007年2月23日、鹿児島県弁護士会館

検察側《けんさつがわ》が1回目《かいめ》の買収会合《ばいしゅうかいごう》があったとした同年《どうねん》2月8日夜《がつようかよる》。順子《じゅんこ》の日記《にっき》には「重《しげ》ちゃん（中山《なかやま》の妻《つま》シゲ子《こ》さんのこと）同窓会《どうそうかい》。また信《しん》ちゃん（中山《なかやま》のこと）も」の文字《もじ》が。中山《なかやま》が午後《ごご》7時《じ》から志布志《しぶし》の中心部《ちゅうしんぶ》のホテルで開《ひら》かれた中学校《ちゅうがっこう》の同窓会《どうそうかい》に出席《しゅっせき》したことを記録《きろく》したものでした。

それでも検察側《けんさつがわ》は、同窓会《どうそうかい》であいさつした後《あと》、車《くるま》で買収会合《ばいしゅうかいごう》があった懐集落《ふところしゅうらく》の藤元《ふじもと》いち子《こ》さん宅《たく》に向《む》かった、と無理筋《むりすじ》の主張《しゅちょう》をしました。そこで、鹿児《かご》島地裁《しまちさい》は実際《じっさい》にホテルからいち子《こ》さん宅《たく》まで車《くるま》を走《はし》らせる夜間検証《やかんけんしょう》を実施《じっし》し、所要時間《しょようじかん》を測定《そくてい》したのです。

その結果《けっか》、ホテルといち子《こ》さん宅《たく》の間《あいだ》の所要時間《しょようじかん》は行《い》きが37分《ふん》26秒《びょう》。往復《おうふく》で1時間《じかん》15分《ふん》かかり、午後《ごご》7時半《じはん》ごろ始《はじ》まったとされる買収会合《ばいしゅうかいごう》に出席《しゅっせき》することは物理的《ぶつりてき》に不可能《ふかのう》、とされました。4回目《かいめ》の買収会合《ばいしゅうかいごう》も同様《どうよう》で、これで中山《なかやま》のアリバイが成立《せいりつ》。この事件《じけん》は「犯罪《はんざい》の証明《しょうめい》がない」と結論《けつろん》づけられたのです。

これが07年《ねん》2月《がつ》23日《にち》のこと。判決終了後《はんけつしゅうりょうご》、私《わたし》は記者団《きしゃだん》に感想《かんそう》を聞《き》かれると思《おも》わず涙《なみだ》がこみ上《あ》げました。「（志布志事件《しぶしじけん》の被害者《ひがいしゃ》たちが）後《うし》ろ指《ゆび》をさされたこの4年間《ねんかん》は何《なん》だったのか」と、率直《そっちょく》に述《の》べました。

12人《にん》の被告《ひこく》も記者会見《きしゃかいけん》で思《おも》いを吐露《とろ》しました。中山《なかやま》は「真実《しんじつ》が通《とお》った。でもこの4年間《ねんかん》は戻《もど》らない」。永山《ながやま》トメ子《こ》さんは「悲《かな》しく、無駄《むだ》な日々《ひび》だった。私《わたし》たちの苦《くる》しみが役《やく》に立《た》ち、警察《けいさつ》が変《か》わることにつながれば」。谷田則雄《たにだのりお》さんは「何《なん》の罰《ばつ》かよ、と独房《どくぼう》で独《ひと》り言《ごと》を言《い》っていた。でも裁判長《さいばんちょう》は正《ただ》しく裁《さば》いてくれた」。いち子《こ》さんは「うその自白《じはく》をして、裁判官《さいばんかん》の顔《かお》を見《み》るのもつらかった」――。

喜《よろこ》びながらも複雑《ふくざつ》な勝利《しょうり》の声《こえ》。事件《じけん》のでっち上《あ》げに関与《かんよ》した県警《けんけい》、検察関係者《けんさつかんけいしゃ》はどう聞《き》いたのでしょう。

60――うその友《とも》と真実《しんじつ》の友《とも》

志布志事件《しぶしじけん》の全員無罪判決《ぜんいんむざいはんけつ》から一夜明《いちやあ》けた2007年《ねん》2月《がつ》24日《か》、私《わたし》たち志布志事件《しぶしじけん》の仲間《なかま》が、お墓《はか》に集《あつ》まりました。公判《こうはん》の途中《とちゅう》で亡《な》くなり、被告《ひこく》で1人《ひとり》だけ無罪判決《むざいはんけつ》を聞《き》けなかった山中鶴雄《やまなかつるお》さんの墓前《ぼぜん》に、勝訴報告《しょうそほうこく》に来《き》たのです。

前日《ぜんじつ》には鹿児島地裁《かごしまちさい》で、男性被告最高齢《だんせいひこくさいこうれい》の永利忠義《ながとしただよし》さんが、山中《やまなか》さんの遺影《いえい》を高々《たかだか》と掲《かか》げました。永利《ながとし》さんは闘病中《とうびょうちゅう》の山中《やまなか》さんに「しっかり休《やす》め。絶対《ぜったい》に無罪《むざい》を勝《か》ち取《と》る」と約束《やくそく》していたそうで、墓前《ぼぜん》では人一倍感慨深《ひといちばいかんがいぶか》げでした。私《わたし》も墓《はか》に手《て》を合《あ》わせ「勝《か》ったど。鶴雄《つるお》さん」と呼《よ》び掛《か》けました。孫《まご》にケーキを買《か》ってあげるあの優《やさ》しい笑顔《えがお》が、まぶたによみがえりました。

その翌日《よくじつ》、被告《ひこく》の1人《ひとり》で私《わたし》の妻《つま》のいとこ、中山信一《なかやましんいち》のもとに額《がく》に入《はい》った2枚《まい》の書《しょ》が届《とど》けられました。持参《じさん》したのは妻《つま》の弟《おとうと》の加世田真《かせだまこと》。志布志市松山町《しぶししまつやまちょう》で飲食店《いんしょくてん》を営《いとな》んでいます。そのいきさつをお話《はな》ししますね。

川畑さんが今も飾っている書のコピー

それは中山《なかやま》の逮捕《たいほ》から間《ま》もない2003年《ねん》6月《がつ》28日《にち》の昼下《ひるさ》がり。義弟《ぎてい》の店《みせ》に2人《ふたり》の刑事《けいじ》が来《き》ました。懐集落《ふところしゅうらく》の買収会合《ばいしゅうかいごう》で出《だ》されたというオードブルの出所《しゅっしょ》を洗《あら》う聞《き》き込《こ》み捜査《そうさ》です。

もちろんオードブルなんてでっち上《あ》げ。義弟《ぎてい》は怒《おこ》ります。「そんなもの出《だ》していない。あんたらは何《なん》のために警察官《けいさつかん》になったのか」

すると、刑事《けいじ》の1人《ひとり》は「私《わたし》たちは真実《しんじつ》を探《さが》している。分《わ》かってほしい」。義弟《ぎてい》は「自分《じぶん》の身内《みうち》をこれほど苦《くる》しませて、何《なに》が正義《せいぎ》の味方《みかた》だ」と反発《はんぱつ》。口論《こうろん》の末《すえ》、2人《ふたり》は去《さ》りました。

その日《ひ》の夕方《ゆうがた》、2人《ふたり》がまた店《みせ》へ。「私《わたし》たちの気持《きも》ちはこうです。事件《じけん》が解決《かいけつ》したら中山《なかやま》さんに渡《わた》してください」と、新聞紙《しんぶんし》にくるんで差《さ》し出《だ》したのがこの書《しょ》。別《べつ》の聞《き》き込《こ》み先《さき》で販売《はんばい》していたのを買《か》ってきたとか。そこにはこんな言葉《ことば》が。

〈うそで固《かた》めた意志《いし》は崩《くず》れ落《お》ちて行《い》くが、真実《しんじつ》で固《かた》めた意志《いし》はなお固《かた》い石《いし》になり崩《くず》れない〉

〈うそはうその友《とも》を呼《よ》び真実《しんじつ》は真実《しんじつ》の友《とも》を呼《よ》ぶ〉

この言葉《ことば》の通《とお》り、うそつきには真《しん》の友《とも》はできません。真心《まごころ》で付《つ》き合《あ》い、真実《しんじつ》を語《かた》るからこそ、真《しん》の友《とも》ができます。真実《しんじつ》を貫《つらぬ》くことこそが人《ひと》の道《みち》なのです。

義弟《ぎてい》から話《はなし》を聞《き》いた私《わたし》たち夫婦《ふうふ》は、この書《しょ》をコピーして今《いま》も応接間《おうせつま》に飾《かざ》り、読《よ》み返《かえ》していま す。鹿児島県警《かごしまけんけい》にはこんな正直《しょうじき》な警察官《けいさつかん》もたくさんいたことをぜひ覚《おぼ》えておいてください。

さて、真実《しんじつ》の友《とも》——。あなたには何人《なんにん》いますか。

61——むなしい本部長謝罪《ほんぶちょうしゃざい》

志布志事件《しぶしじけん》の12人全員無罪判決《にんぜんいんむざいはんけつ》は、国《くに》を揺《ゆ》るがす大《だい》ニュースとなりました。鹿児島県警《かごしまけんけい》には全国《ぜんこく》から批判《ひはん》が集中《しゅうちゅう》。鹿児島地検《かごしまちけん》は2007年《ねん》3月《がつ》8日《か》、控訴断念《こうそだんねん》を表明《ひょうめい》しましたが、当《あ》たり前《まえ》です。一審《いっしん》であれだけ明確《めいかく》に被告《ひこく》のアリバイが認《みと》められ、自白調書《じはくちょうしょ》の信用性《しんようせい》が葬《ほうむ》り去《さ》られたのに、公費《こうひ》を新《あら》たに使《つか》う控訴《こうそ》など許《ゆる》されるはずがありません。

この日《ひ》、警察庁《けいさつちょう》は当時《とうじ》の県警本部長《けんけいほんぶちょう》だった稲葉《いなば》一次関東管区警察局総務部長《かつじかんとうかんくけいさつきょくそうむぶちょう》を本庁《ほんちょう》に呼《よ》び、

2007年3月8日の鹿児島県議会で、志布志事件を巡る質問に答える久我英一県警本部長。謝罪したのはこの11日後だった

長官《ちょうかん》が直接《ちょくせつ》、厳重注意《げんじゅうちゅうい》しました。全国《ぜんこく》の警察本部《けいさつほんぶ》に緊急通達《きんきゅうつうたつ》も出《だ》し、「極《きわ》めて社会的反響《しゃかいてきはんきょう》の大《おお》きい判決《はんけつ》が下《くだ》された」と適正捜査《てきせいそうさ》を求《もと》めました。

その内容《ないよう》は①供述内容《きょうじゅつないよう》を吟味《ぎんみ》せよ②裏付《うらづ》け捜査《そうさ》を尽《つ》くせ——など。裏《うら》を返《かえ》せば志布志事件《しぶしじけん》は、私《わたし》たちの真実《しんじつ》の証言《しょうげん》に一切耳《いっさいみみ》を貸《か》さず、裏付《うらづ》け捜査《そうさ》で得《え》られた都合《つごう》の悪《わる》い事実《じじつ》には全《すべ》て目《め》をつぶったから起《お》こったということ。県警《けんけい》の捜査《そうさ》はまさに「暴走列車《ぼうそうれっしゃ》」でした。

その県警《けんけい》もこの日《ひ》、志布志事件《しぶしじけん》での処分《しょぶん》を発表《はっぴょう》しますが、開《あ》いた口《くち》がふさがりませんでした。当時《とうじ》の県警本部捜査《けんけいほんぶそうさ》2課班長《かはんちょう》（Ｉ警部《けいぶ》）と志布志署生活安全刑事課長《しぶししょせいかつあんぜんけいじかちょう》を本部長厳重注意処分《ほんぶちょうげんじゅうちゅういしょぶん》にしただけ。指揮官《しきかん》だった志布志署《しぶししょ》のK元署長《もとしょちょう》は既《すで》に2月《がつ》26日付《にちづけ》で退職《たいしょく》しており、「責任《せきにん》はあるが、身分《みぶん》がない」という訳《わけ》の分《わ》からない理由《りゆう》で、不問《ふもん》とされたのです。退職金《たいしょくきん》も丸々《まるまる》受《う》け取《と》ったはず。全《すべ》て私《わたし》たちの税金《ぜいきん》ですよ。腹《はら》に据《す》えかねます。

そして、県警《けんけい》トップである久我英一本部長《くがえいいちほんぶちょう》は19日《にち》の記者会見《きしゃかいけん》で、ようやく志布志事件《しぶしじけん》での謝罪《しゃざい》の言葉《ことば》を述《の》べました。

「被疑者《ひぎしゃ》、被告人《ひこくにん》であった皆《みな》さんと、そのご家族《かぞく》には、結果《けっか》としてご負担《ふたん》をおかけし、申《もう》し訳《わけ》なく思《おも》っています。本部長《ほんぶちょう》として改《あらた》めておわび申《もう》し上《あ》げます」

「結果《けっか》として」とは「そんなつもりはなかったけれど」という意味《いみ》ですかね。ありもしない事《じ》件《けん》で無理《むり》やり私《わたし》たちを犯人《はんにん》に仕立《した》て上《あ》げようとしておいて、虫《むし》がよすぎはしませんか。

さらに、私《わたし》たちに直接謝罪《ちょくせつしゃざい》する考《かんが》えがないことも明《あ》かしました。なぜ偉《えら》い人《ひと》は「うちの者《もの》が悪《わる》いことをしました」と素直《すなお》に頭《あたま》を下《さ》げられないのでしょう。組織《そしき》を守《まも》るため？　メンツが大切《たいせつ》だから？　謝罪《しゃざい》もむなしく響《ひび》きました。

この頃《ころ》、志布志事件《しぶしじけん》の発端《ほったん》となった4年《ねん》に1度《ど》の統一地方選《とういつちほうせん》が近《ちか》づいていました。妻《つま》のいとこで無罪《むざい》を勝《か》ち取《と》った中山信一《なかやましんいち》が雪辱《せつじょく》を期《き》し県議選《けんぎせん》に挑《いど》むのです。

62——万感《ばんかん》の県議《けんぎ》返《かえ》り咲《ざ》き

「身《み》に覚《おぼ》えのない事件《じけん》に巻《ま》き込《こ》まれ、（初当選《はつとうせん》した4年前《ねんまえ》は）やむを得《え》ず辞職《じしょく》した。あの時《とき》、私《わたし》を支持《しじ》してくれた人《ひと》たちの期待《きたい》に応《こた》えたい」

私《わたし》の妻《つま》のいとこで、志布志事件《しぶしじけん》で無罪《むざい》を勝《か》ち取《と》った中山信一《なかやましんいち》が、2007年《ねん》3月《がつ》12日《にち》、鹿児《かご》島県議選志布志市《しまけんぎせんしぶしし》・曽於郡区《そおぐんく》への立候補《りっこうほ》を表明《ひょうめい》しました。3年前《ねんまえ》の補選《ほせん》に被告《ひこく》の立場《たちば》で立候補《りっこうほ》して敗《やぶ》れた時《とき》から、本人《ほんにん》の胸《むね》には「必《かなら》ず県議《けんぎ》に返《かえ》り咲《ざ》く」という強《つよ》い思《おも》いがあったようです。

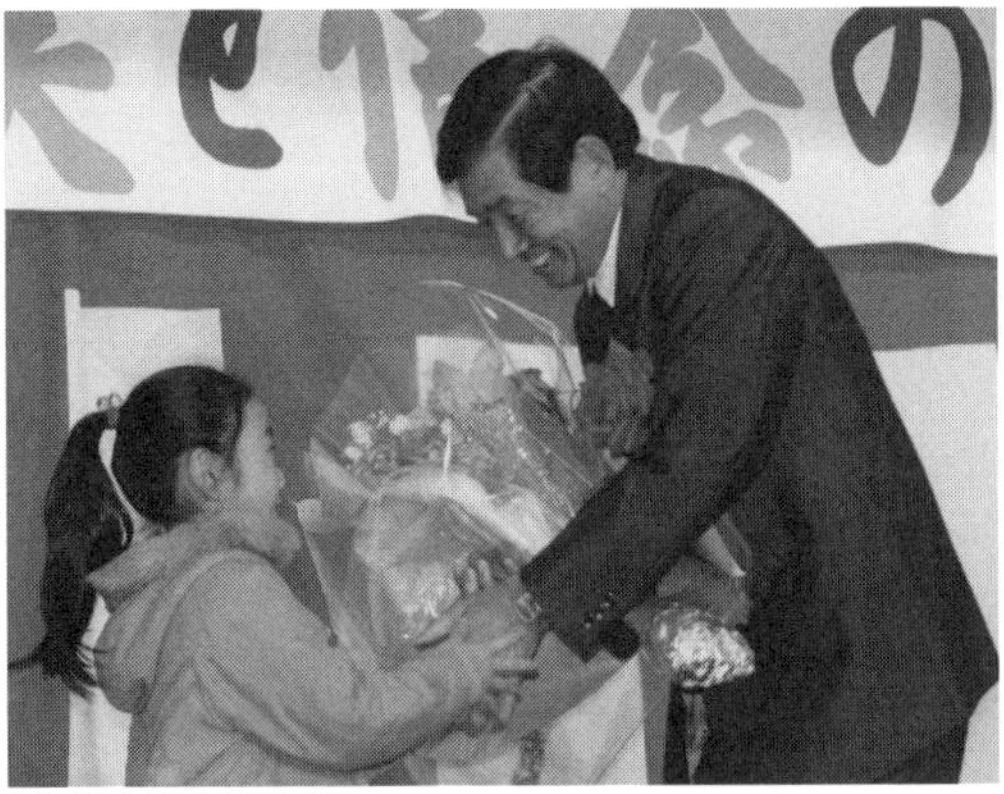

鹿児島県議に再選を果たし、孫から花束を受ける
中山信一さん（右）=2007年4月8日

前《まえ》の2回《かい》の選挙《せんきょ》では選挙事務所《せんきょじむしょ》の裏方役《うらかたやく》として奔走《ほんそう》した私《わたし》ですが、今回《こんかい》は参加《さんか》を見合《みあ》わせました。実《じつ》は、複数《ふくすう》の県警関係者《けんけいかんけいしゃ》から「幸夫《さちお》さん、今回《こんかい》の選挙《せんきょ》は手《て》を出《だ》すな。派手《はで》に動《うご》くと（県警《けんけい》の捜査《そうさ》の）標的《ひょうてき》にさるっど」とくぎを刺《さ》されていたのです。志布志事件《しぶしじけん》を巡《めぐ》る一連《いちれん》の裁判《さいばん》で、野《の》平康博弁護士《ひらやすひろべんごし》から「県警《けんけい》と闘《たたか》う切《き》り込《こ》み隊長《たいちょう》」と評《ひょう》された私《わたし》ですが、どうやら県警《けんけい》に相当恨《そうとううら》まれていたようですね。

でも、私《わたし》が手伝《てつだ》わずとも、今回《こんかい》の選挙《せんきょ》は無罪判決《むざいはんけつ》の追《お》い風《かぜ》が吹《ふ》いていました。不当《ふとう》な逮捕《たいほ》で辛酸《しんさん》をなめた中山《なかやま》への判官《ほうがん》びいきです。運動員《うんどういん》によると、選挙《せんきょ》カーで回《まわ》ると家々《いえいえ》から人《ひと》が出《で》てきて、「頑張《がんば》って」と握手《あくしゅ》を求《もと》めてきたそうです。演説《えんぜつ》には人垣《ひとがき》ができ、涙《なみだ》ぐむ女性《じょせい》もいました。

投開票日《とうかいひょうび》は4月8日《がつようか》。中山《なかやま》は1万《まん》2034票《ひょう》を獲得《かくとく》し、次《じ》点《てん》に3千票以上《ぜんびょういじょう》の差《さ》をつけ圧勝《あっしょう》します。前回《ぜんかい》の補選《ほせん》で中山《なかやま》を破《やぶ》った自民現職《じみんげんしょく》は最下位《さいかい》の3位《い》に沈《しず》みました。中山《なかやま》のあいさつには万感《ばんかん》がこもっていました。

「初当選《はっとうせん》した4年前《ねんまえ》（の状態《じょうたい》）に、やっと戻《もど》してもらえました。有権者《ゆうけんしゃ》の皆《みな》さんから無罪《むざい》を頂《いただ》きました」

そう、この選挙《せんきょ》には、地元《じもと》の有権者《ゆうけんしゃ》が志布志事件《しぶしじけん》にどんな審判《しんぱん》を下《くだ》すかという側面《そくめん》もありました。中山《なかやま》が圧勝《あっしょう》したのは、不当《ふとう》な捜査《そうさ》で冤罪《えんざい》を生《う》みだした県警《けんけい》はけしからん、という民意《みんい》の表《あらわ》れです。

「これからの4年間《ねんかん》で8年分《ねんぶん》の仕事《しごと》をします」と表明《ひょうめい》した中山《なかやま》は、その後《ご》、県議会《けんぎかい》での志布志《しぶし》事件責任追及《じけんせきにんついきゅう》や講演活動《こうえんかつどう》に力《ちから》を入《い》れていきます。

それにしても、この男《おとこ》は1年以上《ねんいじょう》の勾留《こうりゅう》にもめげず、よく否認《ひにん》を貫《つらぬ》いたものですね。県警《けんけい》も手《て》を焼《や》きました。捜査《そうさ》を主導《しゅどう》した県警本部《けんけいほんぶ》のI警部《けいぶ》が取調室《とりしらべしつ》で中山《なかやま》に土下座《どげざ》し、「一度《いちど》でいいから容疑《ようぎ》を認《みと》めてくれ」と懇願《こんがん》したこともあったそうです。間違《まちが》ったことは頑《がん》としてはねつけ、耐《た》えに耐《た》えたからこそ味《あじ》わえる再選《さいせん》の喜《よろこ》びでした。

63——米紙《べいし》1面《めん》に「シブシ」

2007年《ねん》5月《がつ》11日《にち》、ある新聞《しんぶん》の1面《めん》に、私《わたし》の顔写真《かおじゃしん》が載《の》りました。残念《ざんねん》ながら、「西日本新聞《にしにっぽんしんぶん》」ではありませんよ。世界《せかい》に知《し》られた米国有数《べいこくゆうすう》の新聞《しんぶん》「ニューヨーク・タイムズ」です。後日《ごじつ》、紙面《しめん》が送《おく》られてきて、腰《こし》を抜《ぬ》かしそうになりました。だって、私《わたし》と、志布志事件《しぶしじけん》の仲間《なかま》の写真《しゃしん》がそれぞれ、英国《えいこく》のブレア首相《しゅしょう》の写真《しゃしん》に次《つ》ぐ大《おお》きさなのです。妻《つま》の順子《じゅんこ》には「残念《ざんねん》ながら、ちょっと写真写《しゃしんうつ》りが悪《わる》かったね」と言《い》われましたが……。

同紙《どうし》が掲載《けいさい》したのは、志布志事件《しぶしじけん》のルポ。見出《みだ》しはずばり「日本《にっぽん》では警察《けいさつ》の圧力《あつりょく》で無実《むじつ》の人《ひと》でも自白《じはく》」でした。鹿児島県警《かごしまけんけい》が引《ひ》き起《お》こしたまれにみる冤罪事件《えんざいじけん》は、ついに世界的《せかいてき》ニュースになったのです。

私《わたし》のほか、志布志事件《しぶしじけん》で無罪《むざい》が確定《かくてい》した山下邦雄《やましたくにお》さん、たたき割《わ》り国家賠償訴訟《こっかばいしょうそしょう》を闘《たたか》う浜野《はまの》栄子《えいこ》さんの写真《しゃしん》も掲載《けいさい》されました。

en him his best chance yet to make progress. He received generally positive reviews in the first Republican debate last week. He has shown he can raise substantial sums of money to finance his bid. He has put togeth-

largest he has had, and interviews with several social conservative leaders suggested he is making some inroads. But there were also indica-

Continued on Page A25

in treating serious pain or in recognizing signs of drug abuse.

But experienced drug abusers and novices, including teenagers, soon

Continued on Page C4

Photographs by Ko Sasaki for The New York Times

Among those forced into false confessions, from left: Kunio Yamashita, Eiko Hamano and Sachio Kawabata.

Pressed by Police, Even Innocent Confess in Japan

By NORIMITSU ONISHI

SHIBUSHI, Japan — The suspects in a vote-buying case in this small town in western Japan were subjected to repeated interrogations and, in several instances, months of pretrial detention. The police ordered one woman to shout her confession out a window and forced one man to stomp on the names of his loved ones.

In all, 13 men and women, ranging in age from their early 50s to mid-70s, were arrested and indicted. Six buckled and confessed to an elaborate scheme of buying votes with liquor, cash and catered parties. One man died during the trial — from the stress, the others said — and another tried to kill himself.

through marathon questioning."

The Japanese authorities have long relied on confessions to take suspects to court, instead of building cases based on solid evidence. Human rights groups have criticized the practice for leading to abuses of due process and convictions of innocent people.

But in recent months developments in this case and two others have shown just how far the authorities will go in securing confessions. Calls for reforms in the criminal justice system have increased, even as Japan is to adopt a jury-style system in 2009 and is considering allowing victims and their relatives to question defendants in court.

In Saga Prefecture in March, a high court upheld the acquittal of a man who said he had been coerced

went on more than 16 hours a day.

In Toyama Prefecture the police acknowledged early this year that a taxi driver who had served almost three years in prison for rape and attempted rape in 2002 was innocent, after they found the real culprit. The driver said he had been browbeaten into affixing his fingerprint to a confession drawn up by the police after three days of interrogation.

"I Just Didn't Do It," a new documentary by Masayuki Suo, the director of "Shall We Dance?" has also raised popular awareness of coerced confessions. The documentary is based on the real-life story of a young man who was falsely accused of groping a teenage girl on the Tokyo subway and imprisoned for 14 months. It portrays how the authorities extract confessions, whether the

志布志事件のルポが掲載された2007年5月11日付「ニューヨーク・タイムズ」1面のコピー。川畑さんの顔写真（右）も掲載された

執筆者《しっぴつしゃ》は同紙《どうし》の東京支局長《とうきょうしきょくちょう》、大西哲光《おおにしのりみつ》さん。この頃《ころ》はメディアの取材《しゅざい》が相次《あいつ》いでいたもので、失礼《しつれい》ながら何月何日《なんがつなんにち》に取材《しゅざい》を受《う》けたのか覚《おぼ》えていないのですが、踏《ふ》み字《じ》の模様《もよう》を熱心《ねっしん》に聞《き》かれました。「警察《けいさつ》はここまでやるかと思《おも》った」と証言《しょうげん》したのを覚《おぼ》えています。

記事《きじ》の書《か》き出《だ》しを紹介《しょうかい》しますね。「シブシ――この西日本《にしにっぽん》の小《ちい》さな町《まち》で起《お》きた選挙買収事件《せんきょばいしゅうじけん》の被疑者《ひぎしゃ》たちはしつこい取《と》り

調《しら》べにさらされ、起訴前《きそまえ》に何《なん》カ月《げつ》も拘束《こうそく》された人《ひと》もいた。警察《けいさつ》はある女性《じょせい》に窓《まど》から自白内容《じはくないよう》を叫《さけ》ぶように命令《めいれい》し、ある男性《だんせい》には愛《あい》する家族《かぞく》の名前《なまえ》を無理《むり》やり踏《ふ》ませた」

そう、前者《ぜんしゃ》が交番《こうばん》から叫《さけ》ばせた「おらばせ事件《じけん》」。そして後者《こうしゃ》は私《わたし》の「踏《ふ》み字事件《じじけん》」です。

大西《おおにし》さんは、事件《じけん》の舞台《ぶたい》になった懐集落《ふところしゅうらく》にも足《あし》を運《はこ》びました。関係者《かんけいしゃ》を綿密《めんみつ》に取材《しゅざい》して「警察《けいさつ》は何《なに》を言《い》っても聞《き》いてくれなかった」などの証言《しょうげん》を丹念《たんねん》に紹介《しょうかい》。日本《にっぽん》では伝統的《でんとうてき》に自白《じはく》が「証拠《しょうこ》の王《おう》」とされていることを批判《ひはん》し、起訴前《きそまえ》に23日間《にちかん》も被疑者《ひぎしゃ》を勾留《こうりゅう》できる制度《せいど》が国際的非《こくさいてきひ》難《なん》を浴《あ》びていることも指摘《してき》しました。

この後《あと》、英国《えいこく》の公共放送局《こうきょうほうそうきょく》「ＢＢＣ」も志布志事件《しぶしじけん》を取材《しゅざい》しています。これほど海外《かいがい》メディアの注目《ちゅうもく》が集《あつ》まったのは、志布志事件《しぶしじけん》がいかに異様《いよう》だったかということ。ニューヨークっ子《こ》も、日本《にっぽん》じゃまだこんな取《と》り調《しら》べが横行《おうこう》しているのか、と驚《おどろ》いたことでしょう。

そして5月《がつ》17日《にち》、私《わたし》がＨ警部補《けいぶほ》を特別公務員暴行陵虐容疑《とくべつこうむいんぼうこうりょうぎゃくようぎ》で告訴《こくそ》した件《けん》で動《うご》きがありました。この後《あと》、踏《ふ》み字事件《じじけん》は私《わたし》が予期《よき》せぬ展開《てんかい》をたどっていきます。

第《だい》8章《しょう》　ジキルとハイド

64——検事《けんじ》の前《まえ》で録音開始《ろくおんかいし》

踏《ふ》み字事件《じじけん》を引《ひ》き起《お》こしたH警部補《けいぶほ》の刑事裁判《けいじさいばん》を巡《めぐ》り、検察《けんさつ》が動《うご》き始《はじ》めました。私《わたし》はH警部《けいぶ》補《ほ》を鹿児島地検《かごしまちけん》に告訴《こくそ》したのですが、2007年《ねん》5月《がつ》17日《にち》、福岡高検《ふくおかこうけん》への捜査《そうさ》の移送《いそう》が発表《はっぴょう》されたのです。

こちらとしては大歓迎《だいかんげい》。志布志事件《しぶしじけん》に深《ふか》く関《かか》わった鹿児島地検《かごしまちけん》は鹿児島県警《かごしまけんけい》と身内《みうち》も同然《どうぜん》で、起訴《きそ》するかどうかすら疑《うたが》わしいと案《あん》じていました。上級機関《じょうきゅうきかん》の高検《こうけん》なら、しっかり調《しら》べ直《なお》し厳正《げんせい》に起訴《きそ》してくれるのでは、と期待《きたい》したのです。

早速《さっそく》、6月《がつ》11日《にち》に高検《こうけん》の室井和弘刑事部長《むろいかずひろけいじぶちょう》による事情聴取《じじょうちょうしゅ》を、鹿児島地検鹿屋支部《かごしまちけんかのやしぶ》（鹿屋市《かのやし》）で受《う》けることになりました。到着《とうちゃく》すると、記者《きしゃ》たちが「川畑《かわばた》さん、その紙袋《かみぶくろ》の中身《なかみ》は何《なん》ですか」と尋《たず》ねてきます。「可視化《かしか》ですよ。か・し・か」。にんまりして取《と》り出《だ》したのはテープレコーダー。妻《つま》の順子《じゅんこ》に持《も》たされました。これで聴取《ちょうしゅ》の一部始終《いちぶしじゅう》を録音《ろくおん》するのです。検察《けんさつ》には取《と》り調《しら》べで散々《さんざん》やられましたから、念《ねん》のためですね。
初《はじ》めて会《あ》った室井部長《むろいぶちょう》はすらっとした紳士《しんし》。「私《わたし》は可視化運動《かしかうんどう》をやってるので、録音取《ろくおんと》っていいですか」と尋《たず》ねると、苦笑《くしょう》して「いいですよ」。で、室井部長《むろいぶちょう》の目《め》の前《まえ》で、赤《あか》の録音《ろくおん》ボタンを押《お》しました。

その効果《こうか》でしょうか。室井部長《むろいぶちょう》はパソコンに私《わたし》の証言《しょうげん》を打《う》ち込《こ》みながら、「そうですか、そうですか」と相《あい》づちを打《う》ち、終始《しゅうし》、優《やさ》しい応対《おうたい》。踏《ふ》み字《じ》の模様《もよう》も実際《じっさい》に私《わたし》の足首《あしくび》をつかみ、再現《さいげん》を交《まじ》えて聞《き》いてくれました。私《わたし》は「10回《かい》くらいされました」と証言《しょうげん》しました。

特《とく》に強調《きょうちょう》したのは、H警部補《けいぶほ》を逮捕《たいほ》してみっちり取《と》り調《しら》べた上《うえ》で起訴《きそ》してほしいということ。逮捕《たいほ》から23日間《にちかん》の勾留《こうりゅう》という、自由《じゆう》を長期間奪《ちょうきかんうば》われる苦痛《くつう》は体験《たいけん》した者《もの》にしか分《わ》かりません。これをH警部補《けいぶほ》に味《あじ》わわせないと、自分《じぶん》がどんなに非道《ひどう》な罪《つみ》を犯《おか》したかは理解《りかい》できないでしょう。

2010年に長崎地検のトップ着任会見に臨む室井和弘検事正。踏み字事件では、最初は優しく川畑さんの話を聞いたが……

「H警部補《けいぶほ》の行為《こうい》は絶対《ぜったい》に許《ゆる》せません。再発防止《さいはつぼうし》のためにも絶対《ぜったい》に逮捕《たいほ》してください」と私《わたし》は訴《うった》えました。室井部長《むろいぶちょう》は「私《わたし》の一存《いちぞん》では決《き》められないので、持《も》ち帰《かえ》ってよく検討《けんとう》します」と答《こた》えました。

聴取《ちょうしゅ》は3時間半《じかんはん》に及《およ》びましたが、私《わたし》の言葉《ことば》に親切《しんせつ》に耳《みみ》を傾《かたむ》けてくれたので、長《なが》さを感《かん》じませんでした。こんな検事《けんじ》ばかりなら冤罪《えんざい》なんて起《お》こらないのに、と思《おも》ったほどです。ところが、室《むろ》井部長《いぶちょう》の態度《たいど》は次《つぎ》の打《う》ち合《あ》わせで一変《いっぺん》します。まるでジキルとハイドのように――。その話《はなし》はまたいずれ。

65――住所教《じゅうしょおし》えるファクス

福岡高検刑事部長《ふくおかこうけんけいじぶちょう》の懇切丁寧《こんせつていねい》な事情聴取《じじょうちょうしゅ》を終《お》えた6日後《むいかご》、2007年《ねん》6月《がつ》17日《にち》のこと。私《わたし》のホテルに落《お》ち着《つ》いた男性《だんせい》の声《こえ》で電話《でんわ》が。

「川畑幸夫《かわばたさちお》さんですか」。「はい」と答《こた》えると、「私《わたくし》は鹿児島県警《かごしまけんけい》の警察官《けいさつかん》です。あの3人《にん》の住所《じゅうしょ》を知《し》っていますか」。志布志事件《しぶしじけん》を指揮《しき》した志布志署《しぶししょ》のK元署長《もとしょちょう》と県警本部《けんけいほんぶ》のI警部《けいぶ》、そして私《わたし》に踏《ふ》み字《じ》をさせたH警部補《けいぶほ》のことです。

「知《し》りません」と答《こた》えると、「今《いま》からファクスを流《なが》すので、機械《きかい》の前《まえ》に立《た》っていてください」。そう言《い》い残《のこ》し電話《でんわ》は切《き》れました。すると、ホテルの複合機《ふくごうき》に3人《にん》の住所《じゅうしょ》を記載《きさい》したA4の紙《かみ》が流《なが》れてきました。

匿名の警察官からファクスが流れてきた
様子を実演する川畑さん

送《おく》り主《ぬし》はわざわざ調査《ちょうさ》して住所《じゅうしょ》を特定《とくてい》してくれたようで、その経緯《けいい》も詳《くわ》しく書《か》いてあります。私《わたし》は早速《さっそく》、「川畑《かわばた》の街宣車《がいせんしゃ》」で、鹿児島市《かごしまし》へ繰《く》り出《だ》しました。

おことわりですが、この街宣車《がいせんしゃ》が誕生《たんじょう》したとき、私《わたし》はK元署長《もとしょちょう》の家《いえ》に真《ま》っ先《さき》に街宣《がいせん》をかけたと話《はな》しましたね。一戸建《いっこだ》ての住宅《じゅうたく》でしたが、この後《あと》にK元署長《もとしょちょう》はマンションに引《ひ》っ越《こ》して、住所《じゅうしょ》が分《わ》からなくなっていたのです。

文書《ぶんしょ》の通《とお》り、3人《にん》の住《す》まいはいずれも鹿児島市内《かごしましない》にありました。まずH警部補宅《けいぶほたく》へ。私《わたし》は家《いえ》の近《ちか》くでマイクを握《にぎ》り「H警部補《けいぶほ》に踏《ふ》み字《じ》をさせられた川畑《かわばた》です」。住宅街《じゅうたくがい》なので住民《じゅうみん》が出《で》てきてじろじろ見《み》ますが、「うるさい」とは言《い》われませんでした。近所《きんじょ》の方々《かたがた》も踏《ふ》み字事件《じじけん》のことを知《し》っていたのでしょうね。

続《つづ》いてI警部宅《けいぶたく》に向《む》かう途中《とちゅう》に交番《こうばん》があったので、車《くるま》を止《と》めて取調室《とりしらべしつ》の可視化《かしか》の必要性《ひつようせい》を一席《いっせき》。すると携帯電話《けいたいでんわ》が鳴《な》り、「おはんもやっどな」と旧知《きゅうち》の声《こえ》が。県警《けんけい》の現職警察官《げんしょくけいさつかん》でした。本部《ほんぶ》でたった今《いま》、川畑《かわばた》が市内《しない》を街宣中《がいせんちゅう》という情報《じょうほう》が広《ひろ》まっているそうで、警察《けいさつ》の情報網《じょうほうもう》はすごいですね。「絶対《ぜったい》に暴言《ぼうげん》を吐《は》いたらいかんど。逮捕《たいほ》さるっど」とくぎを刺《さ》されました。

K元署長《もとしょちょう》のマンションとI警部宅《けいぶたく》の周辺《しゅうへん》では「KさんとIさんにやられた川畑本人《かわばたほんにん》です。ごあいさつに来《き》ました」と皮肉《ひにく》を言《い》ってやりました。3人《にん》の家《いえ》への街宣《がいせん》はこの1回《かい》だけ。少《すこ》し留飲《りゅういん》が下《さ》がりました。

それにしてもファクスの主《ぬし》は誰《だれ》でしょう。4年前《ねんまえ》、わが家《や》に家宅捜索《かたくそうさく》に来《き》たおっとりした刑《けい》事《じ》さんに声《こえ》が似《に》ているような気《き》もしますが。いずれにせよ心《こころ》ある警察官《けいさつかん》はたくさんいるのです。この人《ひと》たちのためにも負《ま》けられん、と思《おも》いました。

66――トカゲの尻尾切《しっぽき》り

2007年夏《ねんなつ》、私《わたし》は心苦《こころぐる》しい思《おも》いでいました。踏《ふ》み字国家賠償訴訟《じこっかばいしょうそしょう》で鹿児島県《かごしまけん》から支払《しはら》われた68万円《まんえん》（うち8万円《まんえん》は利息《りそく》）の出《で》どころが県民《けんみん》の税金《ぜいきん》であるのに納得《なっとく》いかなかったのです。踏《ふ》み字《じ》をさせたH警部補《けいぶほ》に払《はら》わせるべきですよね。

野平康博弁護士《のひらやすひろべんごし》にお願《ねが》いして、H警部補本人《けいぶほほんにん》に払《はら》わせる「求償権《きゅうしょうけん》」の行使《こうし》を県《けん》に求《もと》めましたが、県《けん》の回答《かいとう》は「検討《けんとう》します」。いつもながらのお役所仕事《やくしょしごと》です。

そんな中《なか》、びっくりするニュースが飛《と》び込《こ》んできました。8月《がつ》24日《か》、H警《けい》部《ぶ》補《ほ》が「一身上《いっしんじょう》の都合《つごう》」として、県警《けんけい》に31日付《にちづけ》の辞職願《じしょくねがい》を提出《ていしゅつ》し、県警《けんけい》が受理《じゅり》したのです。即座《そくざ》にこんな言葉《ことば》が浮《う》かびました。

トカゲの尻尾《しっぽ》切《き》り――。

県警《けんけい》と地検《ちけん》は責任《せきにん》の全《すべ》てをH警部補《けいぶほ》におっかぶせて事件《じけん》の幕引《まくひ》きを図《はか》る狙《ねら》いでしょう。H警《けい》部補《ぶほ》も、警察官《けいさつかん》を辞《や》めるという大《おお》きな代償《だいしょう》を払《はら》うことにより、特別公務員暴行陵虐罪《とくべつこうむいんぼうこうりょうぎゃくざい》による起訴《きそ》を逃《のが》れたい意図《いと》があるのでは。もし起訴《きそ》された場合《ばあい》も、辞職《じしょく》は情状酌量《じょうじょうしゃくりょう》の大《おお》きな要素《ようそ》になります。

「踏み字」強要の警部補

「責任感じ、けじめ」

辞職理由 県警が説明

二〇〇三年の県議選公選法違反事件をめぐり、任意の事情聴取で志布志市のホテル経営川畑幸夫さん(六二)に親族の名前を書いた紙を踏ませる(踏み字)など違法な取り調べをし、辞表を提出した男性警部補(四五)が、その理由について「国賠訴訟の原因となったことなど、責任を感じており、けじめをつけたい」などと述べていたことが二十八日、分かった。同日の定例記者会見で県警側が説明した。

警部補は今月二十四日、「一身上の都合」を理由に辞表を提出。警部補は川畑さんから特別公務員暴行陵虐容疑で告訴されており、現在、福岡高検が捜査中。

会見で県警は辞表を受理したことについて、「特別な理由がない限り受理せざるを得ない。本人に起訴を逃れる意思はない」と説明した。

んでいる。自白強要が繰り返されている実態を踏まえると「導入は待ったなし」(県弁護士会の弁護士)との指摘は重い。(鹿児島総局・湯之前八

・8%増。七、八月の豪雨、台風被害に伴う災害復旧費が、専決処分を含めると四億六千万円超に膨らみ、総額を押し上げた。

六日までの二十七日間。主な日程は次の通り。▽三十一日＝開会▽九月三―五日＝一般質問▽十七、十日＝議案質疑▽十一―十三日＝常任委▽十

2007年8月29日付の「西日本新聞」鹿児島県版に掲載されたH警部補辞職を巡る記事

それ以上《いじょう》に納得《なっとく》いかないのが、なぜ懲戒免職《ちょうかいめんしょく》じゃないのですか。自己都合《じこつごう》の辞職《じしょく》なら、退職金《たいしょくきん》が丸々《まるまる》受《う》け取《と》れます。これでは志布志署《しぶししょ》のK元署長《もとしょちょう》が辞《や》めた時《とき》と同《おな》じ。「逃《に》げ得《どく》」です。

28日《にち》には県警《けんけい》が記者会見《きしゃかいけん》で、起訴逃《きそのが》れや幕引《まくひ》きの意図《いと》を否定《ひてい》。H警部補《けいぶほ》が「国賠訴訟《こくばいそしょう》の原因《げんいん》となったことなど、責任《せきにん》を感《かん》じており、けじめをつけたい」と述《の》べたことを明《あ》かしました。

ですが、これを「けじめ」と呼《よ》ぶのでしょうか。ま

ずは被害者《ひがいしゃ》の前《まえ》に駆《か》けつけて、「すみませんでした」と頭《あたま》を下《さ》げることが、一番《いちばん》のけじめでしょう。

私《わたし》はただちに動《うご》きました。協力《きょうりょく》してくれたのは、屋久島《やくしま》の行政書士《ぎょうせいしょし》仙田辰次《せんだたつじ》さん。公金《こうきん》の不正《ふせい》利用《りよう》を追及《ついきゅう》している仙田《せんだ》さんは、志布志事件《しぶしじけん》でK元署長《もとしょちょう》の退職金返還《たいしょくきんへんかん》を求《もと》める運動《うんどう》を続《つづ》けていました。「H警部補《けいぶほ》の件《けん》も、一緒《いっしょ》にやりませんか」と声《こえ》を掛《か》けていただいたのです。助《たす》かりました。

9月《がつ》3日《か》、私《わたし》と仙田《せんだ》さんは県監査委員《けんかんさいいん》に対《たい》し、H警部補《けいぶほ》への退職金支出差《たいしょくきんししゅつさ》し止《と》めを求《もと》める住民監査請求《じゅうみんかんさせいきゅう》をしました。記者会見《きしゃかいけん》で私《わたし》は「直接謝罪《ちょくせつしゃざい》もなく、退職金《たいしょくきん》を丸々受《まるまるう》け取《と》るのは絶対《ぜったい》に許《ゆる》せない。これでは同《おな》じような事件《じけん》がまた起《お》きる」と強調《きょうちょう》しました。

県《けん》の条例《じょうれい》では、退職金《たいしょくきん》は退職後《たいしょくご》1カ月以内《げついない》に支給《しきゅう》されます。こうなったからには、福岡高検《ふくおかこうけん》の一刻《いっこく》も早《はや》い起訴《きそ》を願《ねが》うばかりです。

67――「1回《かい》」で起訴《きそ》に怒《いか》り

2007年《ねん》9月《がつ》19日《にち》。私《わたし》が営《いとな》む「ビジネスホテル枇榔《びろう》」に、あれほど電話《でんわ》が殺到《さっとう》した日《ひ》はありません。福岡高検《ふくおかこうけん》が記者会見《きしゃかいけん》を開《ひら》き、H元警部補《もとけいぶほ》の在宅起訴《ざいたくきそ》を発表《はっぴょう》したのです。

罪名《ざいめい》は特別公務員暴行陵虐罪《とくべつこうむいんぼうこうりょうぎゃくざい》。任意取《にんいと》り調《しら》べ中《ちゅう》に親族《しんぞく》の名前《なまえ》を書《か》いた紙《かみ》を踏《ふ》ませる「踏《ふ》み字《じ》」で私《わたし》に自白《じはく》を強要《きょうよう》し、精神的苦痛《せいしんてきくつう》を与《あた》えた、との起訴事実《きそじじつ》でした。精神的苦痛《せいしんてきくつう》で警官《けいかん》（当《とう》時《じ》）をこの罪《つみ》に問《と》うのは、前例《ぜんれい》がないそうです。

でも、自宅《じたく》で記者《きしゃ》に囲《かこ》まれた私《わたし》は落胆《らくたん》を通《とお》り越《こ》し怒《いか》りがこみ上《あ》げていました。「起訴状《きそじょう》には『紙《かみ》3枚《まい》を1回踏《かいふ》ませた』と書《か》かれていますよ」と記者《きしゃ》から聞《き》かされたのです。「うそでしょう。本当《ほんとう》に1回《かい》ですか」と何度《なんど》も聞《き》き返《かえ》しました。

私《わたし》は一貫《いっかん》して「10回《かい》くらい」と証言《しょうげん》してきました。国家賠償訴訟《こっかばいしょうそしょう》でも鹿児島地裁《かごしまちさい》が明確《めいかく》に「少《すく》なくとも3回《かい》」と認定《にんてい》しました。その数《かず》をなぜ減《へ》らすのですか。「高検《こうけん》も鹿児島県警《かごしまけんけい》と一緒《いっしょ》。この組織《そしき》の身内《みうち》に甘《あま》い体質《たいしつ》は変《か》わらない」と率直《そっちょく》な感想《かんそう》を述《の》べました。

さらには、高検《こうけん》にあれだけ訴《うった》えていたH元警部補《もとけいぶほ》の逮捕《たいほ》も実現《じつげん》されませんでした。無念《むねん》でなりません。

おまけに県警《けんけい》の対応《たいおう》にもまたあきれました。元警官《もとけいかん》が在任中《ざいにんちゅう》の違法行為《いほうこうい》で起訴《きそ》される異常事態《いじょうじたい》とあって、報道各社《ほうどうかくしゃ》は藤山雄治本部長《ふじやまゆうじほんぶちょう》の記者会見《きしゃかいけん》を再三求《さいさんもと》めたそうです。でも県警《けんけい》は本部長《ほんぶちょう》コメントを書《か》いた紙切《かみき》れ1枚《まい》を配《くば》っただけ。感想《かんそう》を問《と》われた私《わたし》は、こう答《こた》えるしかありま

H警部補の在宅起訴を受けて、自宅で感想を述べる川畑さん
＝2007年９月19日

せんでした。

「県警《けんけい》は腐《くさ》っている」

ただ、朗報《ろうほう》もありました。県《けん》の条例《じょうれい》では禁錮以上《きんこいじょう》の刑《けい》が定《さだ》められた罪《つみ》で起訴《きそ》された公務員《こうむいん》には退職金《たいしょくきん》が支給《しきゅう》されません。よって、H元警部補《もとけいぶほ》の退職金《たいしょくきん》は不支給《ふしきゅう》が確定《かくてい》したのです。これで一《ひと》つ憂《うれ》いが消《き》えました。

また、高検《こうけん》によると、H元警部補《もとけいぶほ》は「踏《ふ》み字《じ》」をさせたことを認《みと》め「反省《はんせい》している」と話《はな》しているとか。次第《しだい》に私《わたし》の心《こころ》に淡《あわ》い期待《きたい》が芽生《めば》えてきました。H元警部補《もとけいぶほ》が今度《こんど》こそ真実《しんじつ》を話《はな》してくれるかもしれない——。

警察《けいさつ》を辞《や》め、退職金《たいしょくきん》も失《うしな》ったからには、県警《けんけい》に義理立《ぎりだ》てする必要《ひつよう》はもうありません。奥《おく》さんから「なぜ1人《ひとり》だけ責任《せきにん》をかぶるの?」となじられているかも。組織《そしき》のしがらみから解放《かいほう》され「全《すべ》ては上《うえ》の指示《しじ》でやった」と詳細《しょうさい》を証言《しょうげん》してくれれば、志布志事件《しぶしじけん》の真相解明《しんそうかいめい》も見《み》えてきます。

え、私《わたし》はお人《ひと》よしすぎるって? でも人《ひと》を信《しん》じるのが、私《わたし》の性分《しょうぶん》なのです。

68——誤《あやま》れ、償《つぐな》え、繰《く》り返《かえ》すな

H元警部補《もとけいぶほ》が在宅起訴《ざいたくきそ》され退職金《たいしょくきん》が不支給《ふしきゅう》となった2007年《ねん》9月《がつ》。知《し》り合《あ》いの鹿児島県警《かごしまけんけい》の刑事《けいじ》から電話《でんわ》がありました。

「幸夫《さちお》さん、Hへのカンパが始《はじ》まったよ。もちろんおいは断《ことわ》ったがな」

H元警部補《もとけいぶほ》の辞職《じしょく》が発表《はっぴょう》された頃《ころ》から県警内部《けんけいないぶ》でカンパが呼《よ》び掛《か》けられ、1口数千円《ひとくちすうせんえん》から2万円程度《まんえんていど》とか。個人《こじん》の意思《いし》でお金《かね》を出《だ》すことに私《わたし》がどうこう言《い》えませんが、カンパなら志布《しぶ》志事件《しじけん》の被害者《ひがいしゃ》のためにこそすべきではないですか。

横断幕を掲げ鹿児島地裁に入る志布志国家賠償訴訟原告団。亡くなった山中鶴男さんの遺影は、永利忠義さんが掲げた　＝2007年10月19日

それにしてもなぜこんな動《うご》きが、と考《かんが》えると答《こた》えは一《ひと》つです。県警《けんけい》が、志布志事件《しぶしじけん》や踏《ふ》み字《じ》を組織的《そしきてき》に起《お》こしたと認識《にんしき》しているからです。組織《そしき》で強引《ごういん》な捜査《そうさ》をしたのに、1人《ひとり》だけトカゲの尻尾切《しっぽぎ》りではすまないから、ここは皆《みな》で一肌脱《ひとはだぬ》ごうとなったのでしょう。つくづく変《へん》な組織《そしき》です。社会常識《しゃかいじょうしき》から外《はず》れています。

そして10月《がつ》19日《にち》、志布志事件《しぶしじけん》の仲間《なかま》が新《あら》たな闘《たたか》いをスタートさせました。無罪《むざい》が確定《かくてい》した12人《にん》と、公判中《こうはんちゅう》に死亡《しぼう》し公訴《こうそ》棄却《ききゃく》となった山中鶴雄《やまなかつるお》さんの遺族《いぞく》5人《にん》が違法捜査《いほうそうさ》で精神的《せいしんてき》、肉体的苦痛《にくたいてきくつう》を受《う》けたとして、県《けん》と国《くに》に対《たい》し、元被告《もとひこく》1人《ひとり》につき2200万円《まんえん》（計《けい》2億《おく》8600万円《まんえん》）を求《もと》める国家賠償請求《こっかばいしょうせいきゅう》訴訟《そしょう》を鹿児島地裁《かごしまちさい》に起《お》こしたのです。スローガンはこうです。

「謝《あやま》れ　償《つぐな》え　繰《く》り返《かえ》すな」

原告団長《げんこくだんちょう》に就《つ》いたのは藤山忠《ふじやますなお》さん。はきはきしゃべり、正《ただ》しいと思《おも》ったことをずばずば言《い》える。私《わたし》はこの男《おとこ》なら皆《みな》をまとめられるだろうと思《おも》いました。その藤山《ふじやま》さんは記者会見《きしゃかいけん》でこう表明《ひょうめい》しました。

「この訴訟《そしょう》の目的《もくてき》は真相究明《しんそうきゅうめい》にあります。志布志事件《しぶしじけん》は単《たん》なる冤罪《えんざい》ではありません。警察《けいさつ》と検察《けんさつ》がつくり上《あ》げた犯罪《はんざい》です」

その通《とお》り。県警《けんけい》は嫌疑《けんぎ》がないのに私《わたし》を含《ふく》む15人《にん》もの無実《むじつ》の人《ひと》を逮捕《たいほ》。地検《ちけん》は証拠《しょうこ》が乏《とぼ》しいのに見込《みこ》みで起訴《きそ》し、いたずらに訴訟《そしょう》を長引《ながび》かせました。藤山団長《ふじやまだんちょう》は「県《けん》も国《くに》も時間稼《じかんかせ》ぎをせず、解決《かいけつ》の努力《どりょく》をしてほしい」と強《つよ》く訴《うった》えました。

ところで、地裁《ちさい》には警戒《けいかい》のためか私服警官《しふくけいかん》の一群《いちぐん》がいて、私《わたし》の見知《みし》った顔《かお》が。取調室《とりしらべしつ》でT警《けい》部補《ぶほ》の補助官《ほじょかん》を務《つと》めた良心的《りょうしんてき》な若《わか》い刑事《けいじ》でした。私《わたし》は彼《かれ》のショルダーバッグのひもをぐいぐい引《ひ》っ張《ば》り、元被告《もとひこく》たちの前《まえ》に連《つ》れてきました。「警察《けいさつ》がむちゃな捜査《そうさ》をすっから、これだけ多《おお》くの人《ひと》が大変《たいへん》なことになったど」。被害者《ひがいしゃ》の刺《さ》すような視線《しせん》を彼《かれ》はどう受《う》け止《と》めたでしょう。

69――住所《じゅうしょ》聞《き》かれて固《かた》まる

２００７年《ねん》10月《がつ》26日《にち》、鹿児島県《かごしまけん》がようやく求償権《きゅうしょうけん》を行使《こうし》しました。踏《ふ》み字国家賠償訴訟《じこっかばいしょうそしょう》で私《わたし》に支払《しはら》った68万円《まんえん》（8万円《まんえん》は利息《りそく》）のうち50万円《まんえん》をH元警部補《もとけいぶほ》に請求《せいきゅう》したのです。「踏《ふ》み字《じ》は個《こ》人《じん》による行為《こうい》だが、県警《けんけい》にも一定《いってい》の監督責任《かんとくせきにん》があった」と判断《はんだん》したそうです。H元警部補《もとけいぶほ》は間《ま》もなく、請求通《せいきゅうどお》り支払《しはら》ったとのことでした。

これで胸《むね》のつかえが取《と》れた私《わたし》は、50万円《まんえん》を志布志事件無罪国賠訴訟《しぶしじけんむざいこくばいそしょう》の支援金《しえんきん》に提供《ていきょう》しました。元被告《もとひこく》には逮捕《たいほ》され職《しょく》を失《うしな》った人《ひと》が多《おお》く生活《せいかつ》は困窮《こんきゅう》。弁護料《べんごりょう》の払《はら》いも滞《とどこお》っていました。そこで、手弁当《てべんとう》で頑張《がんば》ってくれる弁護士《べんごし》たちに少《すこ》しでも金銭的《きんせんてき》な援助《えんじょ》になればと思《おも》ったのです。残《のこ》り18万円《まんえん》は、野平康博弁護士《のひらやすひろべんごし》に今後《こんご》の弁護料《べんごりょう》として渡《わた》しました。

さあ、これからは踏《ふ》み字刑事裁判《じけいじさいばん》に全力投球《ぜんりょくとうきゅう》です。

11月《がつ》22日《にち》、私《わたし》は午前《ごぜん》2時《じ》に起《お》きました。きょう、H元警部補《もとけいぶほ》への裁《さば》きが始《はじ》まるのです。まだ真《ま》っ暗《くら》な中《なか》、「ビジネスホテル枇榔《びろう》」に志布志事件《しぶしじけん》の元被告《もとひこく》や支援者《しえんしゃ》たち45人《にん》が集合《しゅうごう》。午前《ごぜん》4時《じ》半《はん》、貸《か》し切《き》りバスで福岡市《ふくおかし》へ出発《しゅっぱつ》しました。

福岡地裁《ふくおかちさい》に到着《とうちゃく》すると、上空《じょうくう》をヘリコプターが旋回《せんかい》しています。私《わたし》たちは「へー、福岡《ふくおか》は都《と》

踏み字事件の初公判で福岡地裁に入る川畑さん（先頭）と支援者ら　＝2007年10月19日

会《かい》だからヘリもたくさん飛《と》ぶんだ」とのんきに言《い》い合《あ》っていると、ある記者《きしゃ》が教《おし》えてくれました。「ヘリはこの裁判《さいばん》を撮影《さつえい》しているのですよ」

それもそのはず、70の傍聴券《ぼうちょうけん》を求《もと》めて、地裁《ちさい》には250人《にん》もの列《れつ》ができていました。記者《きしゃ》に囲《かこ》まれた私《わたし》は「きょうはHさんが全《すべ》てを話《はな》してくれると信《しん》じています」と心境《しんきょう》を話《はな》しました。

私《わたし》は傍聴席最前列《ぼうちょうせきさいぜんれつ》のど真《ま》ん中《なか》に陣取《じんど》り、午前《ごぜん》10時《じ》、開廷《かいてい》。H元警部補《もとけいぶほ》が被告《ひこく》として入廷《にゅうてい》してきました。仕切《しき》り柵《さく》を隔《へだ》てて2メートルほど前《まえ》に座《すわ》ったいかつい背中《せなか》を、にらみつけました。

「被告人《ひこくにん》は前《まえ》に」。裁判長《さいばんちょう》の言葉《ことば》に促《うなが》され、H元警部補《もとけいぶほ》が証言台《しょうげんだい》に。刑事裁判《けいじさいばん》の冒頭《ぼうとう》、出廷者《しゅっていしゃ》が被告本人《ひこくほんにん》かを確認《かくにん》する人《じん》定質問《ていしつもん》です。

氏名《しめい》と生年月日《せいねんがっぴ》をすんなり答《こた》えたH元警部補《もとけいぶほ》ですが、裁判長《さいばんちょう》に現住所《げんじゅうしょ》を聞《き》かれて固《かた》まりました。県警《けんけい》を辞《や》めた後《あと》、福岡市《ふくおかし》に引《ひ》っ越《こ》しており、住所《じゅうしょ》をマスコミに知《し》られたくなかったのでしょう。沈黙《ちんもく》が続《つづ》き、裁判長《さいばんちょう》が「では私《わたし》が代読《だいどく》します」と、福岡市《ふくおかし》の住所《じゅうしょ》を部屋番号《へやばんごう》まで述《の》べました。

すると、傍聴席《ぼうちょうせき》からテレビの記者《きしゃ》がダーッと駆《か》けだしていきます。自宅《じたく》を撮影《さつえい》してニュース映像《えいぞう》で流《なが》すのでしょうね。家族《かぞく》がかわいそうな気《き》もしました。

70——無罪主張《むざいしゅちょう》、まるで茶番《ちゃばん》

踏《ふ》み字事件刑事裁判《じじけんけいじさいばん》の第《だい》1回公判《かいこうはん》。被告人《ひこくにん》として出廷《しゅってい》したH元警部補《もとけいぶほ》の罪状認否《ざいじょうにんぴ》を、私《わたし》はすぐ後《うし》ろの傍聴席《ぼうちょうせき》の最前列《さいぜんれつ》で、食《く》い入《い》るように聞《き》いていました。

最初《さいしょ》こそ「結果的《けっかてき》に被害者《ひがいしゃ》に不快《ふかい》な思《おも》いをさせてしまい、反省《はんせい》しています」と殊勝《しゅしょう》なことを言《い》ったH警部補《けいぶほ》ですが、最後《さいご》の言葉《ことば》にあぜんとしました。

「無罪《むざい》を主張《しゅちょう》します」

思《おも》わず「何言《なにい》うちょっとけ！」と怒鳴《どな》りたくなりました。1回《かい》とはいえ踏《ふ》み字《じ》を自《みずか》らも認《みと》めておきながら、よくもそんな主張《しゅちょう》ができるものです。

そして、期待《きたい》していた福岡高検《ふくおかこうけん》の冒頭陳述《ぼうとうちんじゅつ》は、H元警部補《もとけいぶほ》が私《わたし》に踏《ふ》み字《じ》を1回《かい》させたとの起訴《きそ》

踏み字事件の初公判後に会見する川畑さん ＝2007年9月19日

事実《じじつ》をただなぞるだけ。事件《じけん》を最小限《さいしょうげん》に収《おさ》めようという雰囲気《ふんいき》すら漂《ただよ》います。さらには、H元《もと》警部補《けいぶほ》の上司《じょうし》で、志布志事件《しぶしじけん》のめちゃくちゃな捜査《そうさ》を主導《しゅどう》したI警部《けいぶ》のこんな供述《きょうじゅつ》も披露《ひろう》しました。

「踏《ふ》み字《じ》はH元警部補《もとけいぶほ》が独断《どくだん》でやったことで、組織的《そしきてき》に指示《しじ》してはいない」。これは、福岡高検《ふくおかこうけん》はこの事件《じけん》を組織犯罪《そしきはんざい》としては追及《ついきゅう》しませんよ、とのメッセージなのでしょうか。

続《つづ》いて、弁護側《べんごがわ》は「家族《かぞく》の写真《しゃしん》などではなく、単《たん》なる字《じ》を踏《ふ》ませただけ」「不当《ふとう》な黙秘《もくひ》に対《たい》し、法律的《ほうりつてき》に許容《きょよう》される取《と》り調《しら》べの一環《いっかん》」と無罪《むざい》を主張《しゅちょう》。「百歩譲《ひゃっぽゆず》って違法行為《いほうこうい》だったとしても、公務員職権乱用罪《こうむいんしょっけんらんようざい》の適用《てきよう》が妥当《だとう》で、既《すで》に時効《じこう》だ」とも言《い》いました。

単《たん》なる字《じ》？――。勝手《かって》に私《わたし》の肉親《にくしん》をかたる言葉《ことば》を書《か》き、まるで江戸時代《えどじだい》のキリシタンへの拷問《ごうもん》のようなことをしておいて、何《なん》という言《い》い草《ぐさ》でしょうか。人《ひと》の尊厳《そんげん》を踏《ふ》みにじるのは、法律以前《ほうりついぜん》に、人《ひと》として最低《さいてい》の行為《こうい》ですよね。公判終了後《こうはんしゅうりょうご》の会見《かいけん》で、私《わたし》の口《くち》を突《つ》いて出《で》たのはこんな一言《ひとこと》でした。

「そんなに組織《そしき》が怖《こわ》いのか！」

どうやらH元警部補《もとけいぶほ》には相当《そうとう》な圧力《あつりょく》がかかっているようです。私《わたし》は「人《ひと》の親《おや》ならもうちょっと勇気《ゆうき》を持《も》って真実《しんじつ》を語《かた》ってくれるかと思《おも》っていたが、大間違《おおまちが》いだった。反省《はんせい》のかけらもない」と述《の》べました。

それにしても、この裁判《さいばん》を通《つう》じて私《わたし》が切望《せつぼう》したのは鹿児島県警《かごしまけんけい》という組織《そしき》の中《なか》で何《なに》があったのかという真相解明《しんそうかいめい》でした。それが遠《とお》のいた感《かん》は否《いな》めません。私《わたし》の代理人《だいりにん》を務《つと》める野平康博《のひらやすひろ》弁《べん》護士《ごし》が、私《わたし》の胸中《きょうちゅう》を代弁《だいべん》してくれました。

「川畑《かわばた》さんの主張《しゅちょう》には目《め》をつぶり、真相解明《しんそうかいめい》にはほど遠《とお》い。これでは裁判《さいばん》ではなく、茶番《ちゃばん》だ」

71――「偽証罪《ぎしょうざい》で逮捕《たいほ》する」

人《ひと》は皆《みな》、仮面《かめん》をかぶっていると言《い》いますが、まさか自分《じぶん》の味方《みかた》と思《おも》っていた人物《じんぶつ》がこれほど一変《いっぺん》するとは……。長《なが》い人生《じんせい》、好事魔多《こうじまおお》しとはこのことです。

川畑さんが福岡高検の室井和弘刑事部長と打ち合わせした鹿児島地検

２００７年《ねん》12月4日《がつよっか》、私《わたし》は鹿児島地検《かごしまちけん》に出《で》かけます。H元警部補《もとけいぶほ》の踏《ふ》み字裁判《じさいばん》で被害者《ひがいしゃ》の私《わたし》が証人尋問《しょうにんじんもん》に立《た》つことになり、その打《う》ち合《あ》わせでした。出《で》がけに妻《つま》の順子《じゅんこ》が「これ持《も》って行《い》ったら」と、テープレコーダーを差《さ》し出《だ》しました。

これから会《あ》う福岡高検《ふくおかこうけん》の室井和弘刑事部長《むろいかずひろけいじぶちょう》は、

6月《がつ》の事情聴取《じじょうちょうしゅ》で優《やさ》しく丁寧《ていねい》に話《はなし》を聞《き》いてくれました。だから、妻《つま》には「きょうは録音《ろくおん》しない。室井《むろい》さんはHを改心《かいしん》させてくれるかもしれない立派《りっぱ》な人《ひと》だから」と断《ことわ》りました。

妻《つま》は「念《ねん》のために録音《ろくおん》した方《ほう》がいいよ」と食《く》い下《さ》がりますが、「いいから」と聞《き》き流《なが》し自宅《じたく》を出《で》ました。

地検《ちけん》に到着《とうちゃく》すると、私《わたし》はまず室井部長《むろいぶちょう》に「前回《ぜんかい》は録音《ろくおん》しましたけど、今回《こんかい》は失礼《しつれい》かと思《おも》いまして、録音《ろくおん》はしませんので」と告《つ》げました。起訴状《きそじょう》は踏《ふ》み字《じ》の回数《かいすう》が「1回《かい》」で実《じつ》に残念《ざんねん》でしたが、この人《ひと》なら私《わたし》の主張《しゅちょう》を汲《く》み取《と》ってくれるかもしれないというほのかな期待《きたい》があったのです。室井部長《むろいぶちょう》は両手《りょうて》を広《ひろ》げて歓迎《かんげい》し、「ざっくばらんにいきましょう」と応《おう》じました。

ところが、踏《ふ》み字《じ》の回数《かいすう》は約《やく》10回《かい》など、私《わたし》が証言《しょうげん》したい内容《ないよう》を話《はな》すうちに、室井部長《むろいぶちょう》が徐々《じょじょ》に冷《つめ》たい表情《ひょうじょう》に。付箋《ふせん》のたくさん付《つ》いた文書《ぶんしょ》をペラペラめくって、こう告《つ》げたのです。

「川畑《かわばた》さん。あなたの言《い》っていることは全部《ぜんぶ》うそです。それを法廷《ほうてい》で証言《しょうげん》するなら、あなたを偽証罪《ぎしょうざい》で逮捕《たいほ》しなければならないよ」

私《わたし》は「エッ」と後《うし》ろにのけぞり、「何《なん》でですか」と聞《き》き返《かえ》しました。すると、室井部長《むろいぶちょう》はもう一度《いちど》「あなたの言《い》っていることは全部《ぜんぶ》うそだ」と告《つ》げ、「踏《ふ》み字《じ》も10回《かい》なんてないよ」。

私《わたし》が民事訴訟《みんじそしょう》で「3回《かい》」と認《みと》められたことを主張《しゅちょう》すると、「それは紙《かみ》が3枚《まい》あったから、3回《かい》と言《い》っただけ。Hの1回《かい》という証言《しょうげん》が正直《しょうじき》に言《い》っていることで、本当《ほんとう》だ」。さらには「あなたは

10回《かい》と言《い》うけど、どこに証拠《しょうこ》があるの?」。

密室《みっしつ》で起《お》きた踏《ふ》み字《じ》は、私《わたし》の証言以外《しょうげんいがい》に確《かく》たる証拠《しょうこ》がなかったからこそ、不法行為《ふほうこうい》を立証《りっしょう》するため血《ち》のにじむ苦労《くろう》をしたのです。それを今《いま》になって高検《こうけん》の検事《けんじ》が突《つ》いてくるとは。

室井部長《むろいぶちょう》は被害者《ひがいしゃ》の私《わたし》ではなく、刑事被告人《けいじひこくにん》のH元警部補《もとけいぶほ》を擁護《ようご》したいのでしょうか。頭《あたま》が混乱《こんらん》してきました。

72――懐柔《かいじゅう》の電話《でんわ》はねつけ

2007年《ねん》12月4日《がつよっか》、鹿児島地検《かごしまちけん》の一室《いっしつ》。私《わたし》はがくぜんとしながら、福岡高検《ふくおかこうけん》の室井和弘《むろいかずひろ》刑事部長《けいじぶちょう》の言葉《ことば》を聞《き》いていました。

「川畑《かわばた》さん、あなたの言《い》っていることは全部《ぜんぶ》うそ。法廷《ほうてい》で証言《しょうげん》するなら偽証罪《ぎしょうざい》で逮捕《たいほ》するよ」。

踏《ふ》み字事件《じじけん》の被害者《ひがいしゃ》の私《わたし》に対《たい》し、何《なん》という言《い》い草《ぐさ》でしょう。

室井部長《むろいぶちょう》は続《つづ》けて、「報道関係《ほうどうかんけい》は、今度《こんど》は『川畑《かわばた》はうそつきだ』と書《か》くよ」。「あなたの家《いえ》に(任意同行《にんいどうこう》に)来《き》たのはHじゃない。私《わたし》はだまされないよ」

さらに私《わたし》が法廷《ほうてい》でH元警部補《もとけいぶほ》に「人《ひと》の親《おや》なら正直《しょうじき》に語《かた》らんか」と言《い》い放《はな》ったことを挙《あ》げ、「この言葉《ことば》を今度《こんど》はHの弁護士《べんごし》があなたに突《つ》きつけるよ。Hも組織《そしき》を辞《や》めて裸《はだか》になったからガンガ

実際に使ったレコーダーを手に、室井和弘刑事部長からの電話を録音した様子を再現する川畑さん

ンあなたを攻《せ》めてくる」。

もうたくさん！　こんな検事《けんじ》を信《しん》じた私《わたし》がばかでした。制止《せいし》を振《ふ》り切《き》って地検《ちけん》を飛《と》び出《だ》しました。家《いえ》に帰《かえ》って妻《つま》の順子《じゅんこ》に「おいが甘《あま》かった。（踏《ふ》み字《じ》をされた）Hの取《と》り調《しら》べと変《か》わらなかった」と告《つ》げると、「逮捕《たいほ》なんて、できっこないから」と慰《なぐさ》めてくれました。

　このことを野平康博弁護士《のひらやすひろべんごし》に報告《ほうこく》すると、「信《しん》じられない。検事《けんじ》による偽証《ぎしょう》の教唆《きょうさ》に当《あ》たる可《か》能性《のうせい》さえある」と憤慨《ふんがい》。告発状《こくはつじょう》を作《つく》り記者会見《きしゃかいけん》することになりました。私《わたし》が被害者《ひがいしゃ》として福岡《ふくおか》地裁《ちさい》で証人尋問《しょうにんじんもん》に立《た》つのは12月《がつ》27日《にち》なので、「会見《かいけん》の時期《じき》はよく見極《みきわ》めよう」とのことでした。数日後《すうじつご》、野平先生《のひらせんせい》から会見《かいけん》の日取《ひど》りについて連絡《れんらく》が。「証言前日《しょうげんぜんじつ》の26日《にち》、それも午後《ごご》の遅《おそ》い時《じ》間《かん》に鹿児島《かごしま》でやりましょう」。高検《こうけん》に裏工作《うらこうさく》に動《うご》く時間《じかん》を与《あた》えない狙《ねら》いでした。

　そして26日《にち》の朝《あさ》、室井部長《むろいぶちょう》から自宅《じたく》に電話《でんわ》が。それまでも高検《こうけん》から連絡《れんらく》を促《うなが》すファクスが来《き》ていましたが無視《むし》していたのです。妻《つま》が時間稼《じかんかせ》ぎをして、テープレコーダーのボタンを押《お》して渡《わた》してくれました。

室井部長《むろいぶちょう》は「これじゃ明日《あす》（の証人尋問《しょうにんじんもん》）はぶっつけ本番《ほんばん》になりますよ」と懐柔《かいじゅう》し、証言《しょうげん》のすり合《あ》わせを求《もと》めてきました。そして「あなたもマスコミにいろいろ言《い》っているようだけど、打《う》ち合《あ》わせのことはこちらも記録《きろく》していますからね。あんまりいいかげんなことは言《い》わない方《ほう》がいいですよ」。

この一言《ひとこと》に私《わたし》はかちんと来《き》ました。「いいかげんなことなんて言《い》ってません」。「すり合《あ》わせ」の誘《さそ》いをはねつけました。

こうなると高検《こうけん》に対《たい》しても「一歩《いっぽ》も退《ひ》かんど」ですね。告発会見《こくはつかいけん》で反撃《はんげき》です。

73——記者《きしゃ》に「脅迫《きょうはく》」を暴露《ばくろ》

踏《ふ》み字事件第《じじけんだい》2回公判《かいこうはん》の前日《ぜんじつ》の2007年《ねん》12月《がつ》26日《にち》、私《わたし》は室井和弘福岡高検刑事部長《むろいかずひろふくおかこうけんけいじぶちょう》からの懐柔《かいじゅう》の電話《でんわ》を切《き》った後《あと》、鹿児島市《かごしまし》へ向《む》かいました。緊急告発会見《きんきゅうこくはつかいけん》を開《ひら》くためです。それも昼《ひる》のニュース時間帯《じかんたい》が終《お》わった午後《ごご》4時《じ》から。福岡高検《ふくおかこうけん》になるべく動《うご》く時間《じかん》を与《あた》えないようにする野平康博弁護士《のひらやすひろべんごし》の策略《さくりゃく》でした。

「次《つぎ》のようなことがありましたので、ここで告発《こくはつ》します」。集《あつ》まった新聞各社《しんぶんかくしゃ》やテレビの記者《きしゃ》たちを前《まえ》にそう切《き》り出《だ》した私《わたし》は、4日《よっか》に鹿児島地検《かごしまちけん》で室井部長《むろいぶちょう》と証人尋問《しょうにんじんもん》の打《う》ち合《あ》わせをした

記者会見を開き、室井和弘福岡高検刑事部長の暴言を告発する川畑さん
＝2007年12月26日

際《さい》、数々《かずかず》の問題発言《もんだいはつげん》を受《う》けたことを暴露《ばくろ》しました。「あなたの言《い》っていることは全部《ぜんぶ》うそだ、記憶《きおく》の通《とお》りに証言《しょうげん》すれば逮捕《たいほ》する、と言《い》われました。こうした言葉《ことば》は、完全《かんぜん》な脅迫《きょうはく》だと思《おも》います」と訴《うった》えました。

もちろん、室井部長《むろいぶちょう》は「踏《ふ》み字《じ》の回数《かいすう》を『1回《かい》』と証言《しょうげん》してくれ」と具体的《ぐたいてき》には言《い》っていません。ですが、「すり合《あ》わせ」と称《しょう》して暗《あん》にそう要求《ようきゅう》された、と私《わたし》は受《う》け止《と》めました。「あすの法廷《ほうてい》では、踏《ふ》み字《じ》は約《やく》10回《かい》と、真実《しんじつ》を話《はな》します」。きっぱり宣言《せんげん》しました。

翌朝《よくあさ》は午前《ごぜん》7時半《じはん》、志布志事件《しぶしじけん》の被告《ひこく》や支援者《しえんしゃ》たちと貸《か》し切《き》りバスで「ビジネスホテル枇榔《びろう》」を出発《しゅっぱつ》。車内《しゃない》ではこの日《ひ》の朝刊各紙《ちょうかんかくし》のコピーを皆《みな》で回《まわ》し読《よ》みして、盛《も》り上《あ》がりました。

「でかでかと『脅《おど》し』と出《で》てる」「幸夫《さちお》さん、これは高検《こうけん》もさぞ驚《おどろ》いたろう」。仲間《なかま》たちの弾《はず》む声《こえ》、何《なに》よりの励《はげ》ましになります。

正午《しょうご》ごろ、福岡地裁《ふくおかちさい》に到着《とうちゃく》すると、高検《こうけん》の職員《しょくいん》が駐車中《ちゅうしゃちゅう》のバスにやってきました。「川畑《かわばた》さん、室井部長《むろいぶちょう》が開廷前《かいていまえ》にぜひ打《う》ち合《あ》わせをと申《もう》しておりますが」。もちろん断《ことわ》りました。職員《しょくいん》に

「室井《むろい》という名前《なまえ》を聞《き》いただけで吐《は》き気《き》がするから」と告《つ》げました。

法廷《ほうてい》が開《ひら》くのを待《ま》っていると、ある女性記者《じょせいきしゃ》から「背広《せびろ》が一緒《いっしょ》なのは、裁判《さいばん》で勝《か》つという願《がん》掛《か》けですか？」と質問《しつもん》が。さすが女性《じょせい》の目《め》は鋭《するど》いですね。「すいません。一張羅《いっちょうら》です」と正直《しょうじき》に答《こた》えました。

さあ、すったもんだの末《すえ》に私《わたし》の証人尋問《しょうにんじんもん》が始《はじ》まりました。林秀文裁判長《はやしひでふみさいばんちょう》が着席《ちゃくせき》し、こう告《つ》げます。

「被告人《ひこくにん》は氏名《しめい》を」

「はい、川畑幸夫《かわばたさちお》です」

ん？　何《なん》か変《へん》な感《かん》じ……。廷内《ていない》がざわつき始《はじ》めます。すると、林裁判長《はやしさいばんちょう》が「失礼《しつれい》しました。被告人《ひこくにん》はまだ入廷《にゅうてい》していませんでしたね」。裁判長《さいばんちょう》が被害者《ひがいしゃ》と加害者《かがいしゃ》を取《と》り違《ちが》えるとは。こんな裁判《さいばん》ってありますか。

74――自称《じしょう》〝天下《てんか》の悪徳検事《あくとくけんじ》〟

「けしからん」「どうしてもっと怒《おこ》らなかったの」。今《いま》でも人《ひと》からそう言《い》われますが、林秀文《はやしひでふみ》裁判長《さいばんちょう》の呼《よ》び間違《まちが》いは、私《わたし》にとって法廷《ほうてい》での緊張《きんちょう》をほぐす格好《かっこう》のスイッチになりました。

踏み字事件公判が開かれた福岡地裁。川畑さんは証人として出廷した

２００７年《ねん》12月《がつ》27日《にち》、福岡地裁《ふくおかちさい》での踏《ふ》み字事件《じじけん》の証人尋問《しょうにんじんもん》。裁判長《さいばんちょう》が苦笑《くしょう》しながら「失礼《しつれい》しました」と謝《あやま》り、本当《ほんとう》の被告《ひこく》人《にん》のＨ元警部補《もとけいぶほ》が入廷《にゅうてい》。仕切《しき》り直《なお》して尋問《じんもん》の始《はじ》まりです。刑事《けいじ》裁判《さいばん》では最初《さいしょ》に証人《しょうにん》が宣誓書《せんせいしょ》を読《よ》み上《あ》げないといけません。

私《わたし》は挙手《きょしゅ》をして「裁判長《さいばんちょう》、質問《しつもん》があります」。「どうぞ」と裁判長《さいばんちょう》。「宣誓《せんせい》の意味《いみ》を教《おし》えてください」と尋《たず》ねると、「記憶《きおく》の通《とお》り真実《しんじつ》を話《はな》すことを誓《ちか》うのです」との答《こた》えです。私《わたし》は質問《しつもん》を続《つづ》けました。

「福岡高検《ふくおかこうけん》の室井和弘検事《むろいかずひろけんじ》（刑事部長《けいじぶちょう》）との打《う》ち合《あ》わせで、『あなたの言《い》っていることは全部《ぜんぶ》うそだ。その通《とお》りに言《い》ったら逮捕《たいほ》する』と言《い》われました。私《わたし》はどうしたらいいのですか」

裁判長《さいばんちょう》が「真実《しんじつ》を話《はな》せばいいです」と言《い》われるので、思《おも》い切《き》って「室井検事《むろいけんじ》を代《か》えてください」と切《き》り出《だ》すと、「それはできませんのでご理解《りかい》ください」。

まあ、いいでしょう。私《わたし》は矛《ほこ》を納《おさ》めて宣誓書《せんせいしょ》を朗読《ろうどく》しました。すると、証人尋問《しょうにんじんもん》の最初《さいしょ》の質問者《しつもんしゃ》、室井検事《むろいけんじ》はいきなりこう言《い》い放《はな》ちました。

「今《いま》や天下《てんか》の悪徳検事《あくとくけんじ》となりました私《わたし》から質問《しつもん》させていただきます」

私《わたし》に対《たい》する皮肉《ひにく》のつもりなのでしょうかね。裁判長《さいばんちょう》が「関係《かんけい》ないことは言《い》わないでください」と注意《ちゅうい》し、証人尋問《しょうにんじんもん》はのっけから異様《いよう》な展開《てんかい》となりました。

そして、検察側《けんさつがわ》の私《わたし》への質問内容《しつもんないよう》ですが、私《わたし》がH元警部補《もとけいぶほ》から志布志署《しぶししょ》で取《と》り調《しら》べられた3日間《みっかかん》の行動《こうどう》を時系列《じけいれつ》で聞《き》いただけ。何《なに》より私《わたし》が証言《しょうげん》したい踏《ふ》み字《じ》の回数《かいすう》については、見事《みごと》なまでの「スルー」です。踏《ふ》み字《じ》をされた私《わたし》の心《こころ》の痛《いた》みも、聞《き》いてくれません。

一方《いっぽう》、H元警部補《もとけいぶほ》の弁護人《べんごにん》は、私《わたし》が建設業者《けんせつぎょうしゃ》にビールを渡《わた》したことなどを巡《めぐ》り3通《つう》の供述調書《きょうじゅつちょうしょ》があると追及《ついきゅう》してきました。私《わたし》は「ビールはホテルに作業員《さぎょういん》を宿泊《しゅくはく》させてくれたお礼《れい》」「調書《ちょうしょ》に署名《しょめい》した記憶《きおく》はない」と証言《しょうげん》しているのに、さも私《わたし》が選挙違反《せんきょいはん》を犯《おか》したかのような口《くち》ぶりです。思《おも》わず語気《ごき》を強《つよ》めました。

「なぜ、私《わたし》は被害者《ひがいしゃ》なのにこんな質問《しつもん》をされないといけないんだ!」

75――まるで2対《たい》1の法廷《ほうてい》

2007年《ねん》12月《がつ》27日《にち》、踏《ふ》み字事件《じじけん》第《だい》2回公判《かいこうはん》。被害者《ひがいしゃ》として証人尋問《しょうにんじんもん》に立《た》った私《わたし》は、孤立無援《こりつむえん》の状態《じょうたい》でした。検察側《けんさつがわ》も被告側弁護人《ひこくがわべんごにん》も、してほしい質問《しつもん》を私《わたし》にしてくれないのです。ようやく助《たす》け舟《ふね》を出《だ》してくれたのが、最初《さいしょ》に私《わたし》を「被告人《ひこくにん》」と言《い》い間違《まちが》えた林秀文裁判長《はやしひでふみさいばんちょう》でした。

福岡地裁の証人尋問の後、「まるで被告のような扱いだった」と話す川畑さん（右）　＝2007年12月27日

「H元警部補《もとけいぶほ》から受《う》けた踏《ふ》み字《じ》などの詳《くわ》しい状況《じょうきょう》を説明《せつめい》してください」。これでようやく冒頭《ぼうとう》で宣誓《せんせい》した通《とお》り真実《しんじつ》を証言《しょうげん》することができます。私《わたし》は一気呵成《いっきかせい》に話《はな》し始《はじ》めました。

「H元警部補《もとけいぶほ》は私《わたし》の両足首《りょうあしくび》を握《にぎ》り、『おまえは血《ち》も涙《なみだ》もないやつだ』『親《おや》や孫《まご》を踏《ふ》みつけるやつだ』と言《い》いながら、バンバンバンと連続《れんぞく》して10回《かい》くらい、無理《むり》やり紙《かみ》を踏《ふ》ませました」。さらには、その前《まえ》の取《と》り調《しら》べでも「焼酎《しょうちゅう》を配《くば》ったことを認《みと》めるよう繰《く》り返《かえ》し怒鳴《どな》られ、机《つくえ》をたたかれました」と訴《うった》えました。

裁判長《さいばんちょう》は、踏《ふ》み字《じ》の際《さい》に味《あじ》わった屈辱感《くつじょくかん》についても尋《たず》ねてくれました。私《わたし》は「怒《いか》りを通《とお》り越《こ》して涙《なみだ》が出《で》るような感《かん》じでした」と証言《しょうげん》。そして、亡《な》くなった父親《ちちおや》をかたる紙《かみ》を踏《ふ》まされたことについて、「私《わたし》は寝《ね》ている父親《ちちおや》をまたいだことなど1回《かい》もありません。それほど尊敬《そんけい》する親《おや》なのに、紙《かみ》とはいえそこまでするのかと……。今《いま》でも怒《いか》りがこみ上《あ》げます」。そう訴《うった》えて、証人尋問《しょうにんじんもん》を終《お》えました。

すると検察側《けんさつがわ》は私《わたし》の証言《しょうげん》を覆《くつがえ》そうとでもするかのように、被告《ひこく》の供述調書《きょうじゅつちょうしょ》を証拠提出《しょうこていしゅつ》しました。H元警部補《もとけいぶほ》が「踏《ふ》み字《じ》の回数《かいすう》は1回《かい》だけ」「川畑《かわばた》さんの言《い》い分《ぶん》には納得《なっとく》できない部分《ぶぶん》が多々《たた》ある」と語《かた》った内容《ないよう》です。なぜ被害者《ひがいしゃ》を無視《むし》し、加害者《かがいしゃ》のうその証言《しょうげん》を証拠《しょうこ》にするのか。これが国民《こくみん》を守《まも》る検察《けんさつ》の姿《すがた》でしょうか。

３時間《じかん》を超《こ》える尋問《じんもん》を終《お》えた私《わたし》は、記者会見《きしゃかいけん》で思《おも》わずこう漏《も》らしました。

「２対《たい》１でやっている感《かん》じでした」

検察《けんさつ》と弁護側《べんごがわ》がＨ元警部補《もとけいぶほ》を擁護《ようご》するタッグを組《く》んで、私《わたし》が１人《ひとり》でそれに立《た》ち向《む》かった――。

それが証人尋問《しょうにんじんもん》を終《お》えた偽《いつわ》らざる感想《かんそう》です。代理人《だいりにん》の野平康博《のひらやすひろ》弁護士《べんごし》が「検察《けんさつ》は全《まった》く事件《じけん》の本質《ほんしつ》に切《き》り込《こ》んでいないばかりか、被告《ひこく》の詳細《しょうさい》な言《い》い分《ぶん》を明《あ》かすことで、情状面《じょうじょうめん》で被告《ひこく》を助《たす》けようとすらしている」と厳《きび》しく批判《ひはん》してくれました。私《わたし》はこう言《い》うほかありませんでした。

「まるで私《わたし》が被告《ひこく》のような扱《あつか》いでした。これでは真相解明《しんそうかいめい》は遠《とお》いですね」

いやはや、さすがの私《わたし》も疲《つか》れました。

76――反省《はんせい》の色《いろ》は薄《うす》いまま

年《とし》が明《あ》けて２００８年《ねん》１月《がつ》24日《か》。この日《ひ》は午後《ごご》から踏《ふ》み字裁判《じさいばん》の論告求刑《ろんこくきゅうけい》がありますが、警察庁《けいさっちょう》が午前中《ごぜんちゅう》に「取《と》り調《しら》べ適正化指針《てきせいかししん》」なるものを発表《はっぴょう》しました。志布志事件《しぶしじけん》と、富山県《とやまけん》の強姦事件《ごうかんじけん》で受刑囚《じゅけいしゅう》とは別《べつ》に真犯人《しんはんにん》が現《あらわ》れた氷見事件《ひみじけん》。この二《ふた》つの冤罪事件《えんざいじけん》の捜査《そうさ》の問題点《もんだいてん》を検証《けんしょう》

踏み字事件でH警部補への論告求刑公判が開かれた福岡地裁　（西日本新聞社ヘリから）

し、強引《ごういん》な取《と》り調《しら》べをしないよう指針《ししん》を定《さだ》めたのです。

内容《ないよう》は、①8時間以上《じかんいじょう》の取《と》り調《しら》べは本部長《ほんぶちょう》などの許可《きょか》が必要《ひつよう》②各警察本部《かくけいさつほんぶ》に監督担当課《かんとくたんとうか》、各警察署《かくけいさつしょ》に監督担当者《かんとくたんとうしゃ》を置《お》き、取《と》り調《しら》べ状況《じょうきょう》を随時確認《ずいじかくにん》する③取調室《とりしらべしつ》の全《すべ》てに外部《がいぶ》から室内《しつない》が見《み》える鏡《かがみ》を付《つ》ける――など。

でも、肝心《かんじん》の「可視化《かしか》」には触《ふ》れていません。可視化《かしか》を求《もと》める世論《せろん》の高《たか》まりにふたをする意図《いと》すら感《かん》じます。事前《じぜん》に記者《きしゃ》から感想《かんそう》を求《もと》められた私《わたし》は「耳当《みみあ》たりの良《よ》い言葉《ことば》を並《なら》べただけ。取調室《とりしらべしつ》の中《なか》が見《み》えるマジックミラーを付《つ》ける前《まえ》に取調室《とりしらべしつ》の録音《ろくおん》・録画《ろくが》を認《みと》めるべきだ」と答《こた》えました。

そして、福岡地裁《ふくおかちさい》で午後《ごご》から踏《ふ》み字事件《じじけん》の論告求刑公判《ろんこくきゅうけいこうはん》が始《はじ》まりました。まずは被告人質問《ひこくにんしつもん》で、H元警部補《もとけいぶほ》が証言台《しょうげんだい》に立《た》ちました。この辺《あた》りで素直《すなお》に罪《つみ》を認《みと》めるか、まだうそを連《つら》ねるか。もちろん、後者《こうしゃ》でした。

「（踏《ふ》み字《じ》は）屈辱感《くつじょくかん》を与《あた》えるためではなく、（黙秘《もくひ》をやめて）私《わたし》に向《む》き合《あ》って話《はなし》をしてほしいとの気持《きも》ちからの行動《こうどう》」。さらには、「志布志事件《しぶしじけん》は県警《けんけい》が情報《じょうほう》に基《もと》づいて捜査《そうさ》を開始《かいし》しており、でっち上《あ》げではありません」とまで堂々《どうどう》と言《い》いました。面《つら》の皮《かわ》が厚《あつ》いとはこのことです。

最後《さいご》まで反省《はんせい》の色《いろ》が薄《うす》いH元警部補《もとけいぶほ》に対《たい》し、林秀文裁判長《はやしひでふみさいばんちょう》がこんな質問《しつもん》を。

「あなたが同《おな》じ状況《じょうきょう》に置《お》かれれば、どういう感情《かんじょう》を持《も》つでしょう。侮辱《ぶじょく》されたとは思《おも》いませんか」

H元警部補《もとけいぶほ》は「不快《ふかい》な念《ねん》を持《も》ったかもしれませんが、侮辱《ぶじょく》とは思《おも》いません」。いやいや、不快《ふかい》に感《かん》じればそれが侮辱《ぶじょく》でしょう。

裁判長《さいばんちょう》はさらにH元警部補《もとけいぶほ》を追及《ついきゅう》します。「文字《もじ》を踏《ふ》ませることの意味《いみ》は精神《せいしん》、魂《たましい》を踏《ふ》ませるという気持《きも》ちではないですか」「江戸時代《えどじだい》の踏《ふ》み絵《え》は頭《あたま》に浮《う》かばなかったのですか」

H元警部補《もとけいぶほ》は顔《かお》を真《ま》っ赤《か》にしていずれも「いいえ」と否定《ひてい》しました。

この日警察庁《ひけいさつちょう》が発表《はっぴょう》した適正化指針《てきせいかししん》には監督対象行為《かんとくたいしょうこうい》として、「容疑者《ようぎしゃ》の尊厳《そんげん》を害《がい》する言動《げんどう》」が挙《あ》げられました。H元警部補《もとけいぶほ》は「尊厳《そんげん》」を何《なん》と思《おも》っているのか。オールバックの頭《あたま》の中《なか》をのぞいてみたくなります。

77――悔《くや》しさは尽《つ》きねど……

踏《ふ》み字裁判《じさいばん》は論告求刑《ろんこくきゅうけい》を前《まえ》に最後《さいご》の攻防《こうぼう》に入《はい》っています。H元警部補《もとけいぶほ》は被告人質問《ひこくにんしつもん》で、踏《ふ》み字《じ》の違法性《いほうせい》を否定《ひてい》しました。今度《こんど》は私《わたし》が意見陳述《いけんちんじゅつ》する番《ばん》です。

閉廷後、悔しさをにじませ、硬い表情で記者会見する川畑さん（右）　＝2008年１月24日

「H元警部補《もとけいぶほ》は踏《ふ》み字《じ》によって私《わたし》たち家族《かぞく》の絆《きずな》を土足《どそく》で踏《ふ》みつけにしました」と切《き》り出《だ》すと、思《おも》わず涙《なみだ》がこぼれてきました。

「正義《せいぎ》を実現《じつげん》すべき警察官《けいさつかん》なのに、怒《いか》りと悔《くや》しさが湧《わ》きます」と訴《うった》えを続《つづ》けました。

「不当《ふとう》な黙秘《もくひ》に対《たい》しては踏《ふ》み字《じ》も許《ゆる》される、というH元警部補《もとけいぶほ》の言葉《ことば》は明《あき》らかな暴言《ぼうげん》です。この法廷《ほうてい》でまたしても自尊心《じそんしん》や肉親《にくしん》に対《たい》する情愛《じょうあい》を踏《ふ》みにじられました。何《なに》よりも、うそにうそを重《かさ》ねる態度《たいど》が許《ゆる》せません。厳罰《げんばつ》に処《しょ》すべきです」

言《い》いたいことは言《い》いました。いよいよ検察側《けんさつがわ》の論告求刑《ろんこくきゅうけい》が始《はじ》まりました。

「肉親《にくしん》に対《たい》する愛情《あいじょう》につけ込《こ》み、最《もっと》も大切《たいせつ》にしている人《ひと》たちの名前《なまえ》を踏《ふ》ませたことの精神的苦痛《せいしんてきくつう》は、まさに陵辱《りょうじょく》・加虐行為《かぎゃくこうい》そのもので、捜査行為《そうさこうい》としては到底許《とうていゆる》されない。犯行《はんこう》の動機《どうき》に酌量《しゃくりょう》の余地《よち》はない」。そう、その調子《ちょうし》です。

「国民《こくみん》の捜査機関《そうさきかん》に対《たい》する不信感《ふしんかん》を増大《ぞうだい》させ、警察全体《けいさつぜんたい》の信用失墜《しんようしっつい》につながるもので責任《せきにん》は重大《じゅうだい》である。このような行為《こうい》をすれば厳《きび》しい処罰《しょばつ》を受《う》けるということが、今後《こんご》の捜査《そうさ》の適正《てきせい》さを担保《たんぽ》することにもなる」。全《まった》くその通《とお》り！　いよいよ求刑《きゅうけい》です。

「被告人《ひこくにん》に懲役《ちょうえき》10カ月《げつ》を求刑《きゅうけい》する」

えっ。耳《みみ》を疑《うたが》いました。せめて年単位《ねんたんい》で求刑《きゅうけい》してもらわないと、志布志事件《しぶしじけん》で無実《むじつ》なのに長期勾留《ちょうきこうりゅう》された仲間《なかま》たちの苦《くる》しみとは釣《つ》り合《あ》いが取《と》れないでしょう。

「やっぱり期待外《きたいはず》れでしたね」。閉廷後《へいていご》の記者会見《きしゃかいけん》。私《わたし》は第一声《だいいっせい》で思《おも》わずこう漏《も》らしました。考《かんが》えてみるとこの裁判《さいばん》で検察側《けんさつがわ》は、踏《ふ》み字《じ》の現場《げんば》に同席《どうせき》した警官《けいかん》を証人《しょうにん》に呼《よ》びさえしませんでした。H元警部補《もとけいぶほ》への被告人質問《ひこくにんしつもん》では、弁護側《べんごがわ》の尋問《じんもん》が約《やく》1時間《じかん》15分《ふん》だったのに対《たい》し、検察側《けんさつがわ》はたった25分《ふん》。「検察《けんさつ》は警察《けいさつ》とやっぱり一緒《いっしょ》でした」と声《こえ》を絞《しぼ》り出《だ》しました。

「踏《ふ》まされたのは、私《わたし》にとっては単《たん》なる紙《かみ》ではなく（父親《ちちおや》の）位牌《いはい》のようなもの。懲役《ちょうえき》10カ月《げつ》は軽《かる》いです」と語《かた》ると、代理人《だいりにん》の野平康博《のひらやすひろ》弁護士《べんごし》が私《わたし》の心境《しんきょう》を察《さっ》してくれました。

「この法廷《ほうてい》で川畑《かわばた》さんの被害感情《ひがいかんじょう》はさらに悪化《あっか》しました。川畑《かわばた》さんの悔《くや》しさは言《い》い尽《つ》くせません」

悔《くや》しさは尽《つ》きねども、これで裁判《さいばん》は結審《けっしん》。判決《はんけつ》は２００８年《ねん》3月《がつ》18日《にち》です。

78——鳩山法相《はとやまほうしょう》が問題発言《もんだいはつげん》

令和《れいわ》になった今《いま》も政治家《せいじか》の失言《しつげん》は相変《あいか》わらずですね。わが国《くに》のお偉方《えらがた》は何《なに》を考《かんが》えているのでしょう。

２００８年《ねん》2月《がつ》13日《にち》、鳩山邦夫法相《はとやまくにおほうしょう》が突然《とつぜん》、驚《おどろ》くべき発言《はつげん》をしました。志布志事件《しぶしじけん》について

2007年8月、法相に就任しインタビューに答える鳩山邦夫氏。志布志事件を巡る問題発言はこの半年後だった

「個人的《こじんてき》な見解《けんかい》であるが、冤罪《えんざい》と呼《よ》ぶべきではない」と語《かた》ったのです。真犯人《しんはんにん》が現《あらわ》れるなどして100%ぬれぎぬと証明《しょうめい》されない限《かぎ》り冤罪《えんざい》とは呼《よ》ぶべきではない、との趣旨《しゅし》でした。

志布志事件《しぶしじけん》の判決《はんけつ》では、4回《かい》の買収会合《ばいしゅうかいごう》のうち2回《かい》が「なかった」と認定《にんてい》され、事件《じけん》の存在《そんざい》自体《じたい》が否定《ひてい》されたのですよ。完全《かんぜん》なでっち上《あ》げなのに、これがぬれぎぬでなくて何《なん》ですか。真犯人《しんはんにん》が現《あらわ》れたらと法相《ほうしょう》は言《い》うけれど、真犯人《しんはんにん》は鹿児島県警《かごしまけんけい》でしょう。翌日謝罪《よくじつしゃざい》しましたが、司法行政《しほうぎょうせい》のトップがこんなことを言《い》うなんて。この国《くに》はどうなっているのかと思《おも》いました。

その10日後《とおかご》、私《わたし》のホテルに志布志事件《しぶしじけん》の仲間《なかま》たちが集《つど》いました。12人全員無罪判決《にんぜんいんむざいはんけつ》から1年《ねん》を記念《きねん》して餅《もち》つき大会《たいかい》をしたのです。被告《ひこく》たちは「うそひいごろが（うそつきめ）」と叫《さけ》びながら、力強《ちからづよ》くきねを振《ふ》り下《お》ろしました。うそつきとはもちろん県警《けんけい》と鳩山法相《はとやまほうしょう》です。志布志事件《しぶしじけん》の完全《かんぜん》な真相解明《しんそうかいめい》まで、改《あらた》めて団結《だんけつ》を誓《ちか》いました。

そして2月末《がつまつ》の県議会《けんぎかい》でまたあぜんとする事実《じじつ》が判明《はんめい》します。志布志事件《しぶしじけん》を引《ひ》き起《お》こした03年統一地方選公選法違反事件《ねんとういつちほうせんこうせんほういはんじけん》の捜査《そうさ》で、県警《けんけい》が捜査員《そうさいん》4人《にん》を表彰《ひょうしょう》していたのです。さらには、県警《けんけい》も警察庁《けいさつちょう》長官《ちょうかん》表彰《ひょうしょう》を受《う》けていました。

この時《とき》の逮捕者《たいほしゃ》は県警全体《けんけいぜんたい》で30人《にん》に上《のぼ》り、かなりの摘発規模《てきはつきぼ》でした。ですが、うち15人《にん》は私《わたし》を含《ふく》む志布志事件《しぶしじけん》の不当逮捕者《ふとうたいほしゃ》です。それでも藤山雄治本部長《ふじやまゆうじほんぶちょう》は県議会《けんぎかい》で「表彰《ひょうしょう》を取《と》り消《け》す考《かんが》えはない」と表明《ひょうめい》し、私《わたし》たち志布志事件《しぶしじけん》の仲間《なかま》は激怒《げきど》しました。元被告《もとひこく》12人《にん》と亡《な》くなった山中《やまなか》鶴雄《つるお》さんの遺族《いぞく》が、藤山本部長《ふじやまほんぶちょう》に「たとえようのない怒《いか》りを覚《おぼ》える」として、表彰《ひょうしょう》の取《と》り消《け》しを求《もと》める抗議文《こうぎぶん》を提出《ていしゅつ》しました。

すると、藤山本部長《ふじやまほんぶちょう》はあっさり方針《ほうしん》を転換《てんかん》。3月4日《がつよっか》、県警《けんけい》は警察庁《けいさつちょう》長官《ちょうかん》表彰《ひょうしょう》を返納《へんのう》。県警《けんけい》から表彰《ひょうしょう》を受《う》けた捜査員《そうさいん》4人《にん》も、表彰《ひょうしょう》を自主返納《じしゅへんのう》しました。

それにしても、無理《むり》やりでっち上《あ》げの捜査《そうさ》をするから、5年《ねん》たってもまだこんなごたごたが続《つづ》くのですよね。違法捜査《いほうそうさ》ほど罪深《つみぶか》い行為《こうい》はありません。

さあ、いよいよ踏《ふ》み字裁判《じさいばん》の判決《はんけつ》です。

79――「有罪判決《ゆうざいはんけつ》」にぼうぜん

２００８年《ねん》3月《がつ》18日《にち》。いよいよ踏《ふ》み字裁判《じさいばん》の判決《はんけつ》が福岡地裁《ふくおかちさい》で言《い》い渡《わた》されます。私《わたし》は午前《ごぜん》3時過《じす》ぎに起床《きしょう》。いつものようにホテルの宿泊客《しゅくはくきゃく》29人分《にんぶん》の朝食《ちょうしょく》を作《つく》り、まだ外《そと》が暗《くら》い午前《ごぜん》6時《じ》に

福岡地裁で判決の前に可視化の署名活動をする川畑さん　＝2008年３月18日

「川畑《かわばた》の街宣車《がいせんしゃ》」に乗《の》り込《こ》みました。今回《こんかい》も、志布志事件《しぶしじけん》の仲《なか》間《ま》や支援者約《しえんしゃやく》40人《にん》が同行《どうこう》してくれます。仲間《なかま》を乗《の》せた貸《か》し切《き》りバスの後《うし》ろを、街宣車《がいせんしゃ》を運転《うんてん》して付《つ》いて行《い》きました。

国家賠償訴訟《こっかばいしょうそしょう》の判決《はんけつ》では変《へん》な気分《きぶん》になった私《わたし》ですが、この日《ひ》は落《お》ち着《つ》いていました。「H元警部補《もとけいぶほ》は必《かなら》ず有罪《ゆうざい》になるよね」と助手席《じょしゅせき》の妻《つま》に語《かた》りかけると、「もちろん」と返《かえ》ってきました。

思《おも》えば妻《つま》と2人《ふたり》、この街宣車《がいせんしゃ》で何回《なんかい》、裁判所《さいばんしょ》や拘置所《こうちしょ》に通《かよ》ったことでしょう。50回《かい》？　いやもっと？　妻《つま》もこの車《くるま》も、私《わたし》のかけがえのない「戦友《せんゆう》」です。

福岡地裁《ふくおかちさい》に到着《とうちゃく》した私《わたし》たちは早速《さっそく》、取《と》り調《しら》べの完全《かんぜん》な可視化《かしか》（録音《ろくおん》・録画《ろくが》）を国《くに》に求《もと》める署名活動《しょめいかつどう》を始《はじ》めました。きょうは多《おお》くのマスコミが集《あつ》まるだろうから、格好《かっこう》のアピールになると考《かんが》えたのです。

実際《じっさい》、取調室《とりしらべしつ》での踏《ふ》み字《じ》が刑事裁判《けいじさいばん》に発展《はってん》したことで、国内《こくない》には可視化論議《かしかろんぎ》が高《たか》まりつつありました。地裁《ちさい》に来《き》た人《ひと》や道行《みちゆ》く人《ひと》にチラシを配《くば》り、「取調室《とりしらべしつ》の全面可視化《ぜんめんかしか》を実現《じつげん》して冤罪《えんざい》をなくしましょう」と呼《よ》び掛《か》けると、皆《みな》さん快《こころよ》く署名《しょめい》に応《おう》じてくれました。ついでに付近《ふきん》を街宣《がいせん》したら、後《うし》ろに右翼《うよく》の街宣車《がいせんしゃ》が。絡《から》まれるかも、と身構《みがま》えると、大音量《だいおんりょう》で「川畑《かわばた》さん、裁判頑《さいばんがん》張《ば》ってください」。同《おな》じ街宣仲間《がいせんなかま》の団結心《だんけつしん》でしょうが、面食《めんく》らいました。

昼食《ちゅうしょく》を済《す》ませた私《わたし》は、傍聴席《ぼうちょうせき》の最前列《さいぜんれつ》に陣取《じんど》りました。被告席《ひこくせき》に座《すわ》ったH元警部補《もとけいぶほ》は疲《つか》れている感《かん》じ。さすがに緊張《きんちょう》しているのが手《て》に取《と》るように分《わ》かります。開廷《かいてい》しH元警部補《もとけいぶほ》が起立《きりつ》すると、林秀文裁判長《はやしひでふみさいばんちょう》が口《くち》を開《ひら》きました。

「主文《しゅぶん》。被告人《ひこくにん》を懲役《ちょうえき》10カ月《げつ》に処《しょ》する。この裁判《さいばん》が確定《かくてい》した日《ひ》から3年間《ねんかん》その刑《けい》の執行《しっこう》を猶予《ゆうよ》する」

その瞬間《しゅんかん》、H元警部補《もとけいぶほ》は視線《しせん》を落《お》とし、目《め》を固《かた》く閉《と》じました。判決理由《はんけつりゆう》の朗読《ろうどく》を前《まえ》に裁判長《さいばんちょう》から着席《ちゃくせき》を促《うなが》されても、ぼうぜんと立《た》ち尽《つ》くしています。有罪判決《ゆうざいはんけつ》はさすがにショックだったのでしょう。

私《わたし》は傍聴席《ぼうちょうせき》で小《ち》さくうなずきましたが、執行猶予《しっこうゆうよ》が付《つ》いたのが残念《ざんねん》でした。私《わたし》たちが味《あじ》わったおりの中《なか》の苦《くる》しみをH元警部補《もとけいぶほ》にも味《あじ》わわせたかったのですが。勝利《しょうり》の感激《かんげき》は思《おも》ったほど大《おお》きくはありませんでした。

80――「警察《けいさつ》の信頼損《しんらいそこ》なう」

懲役《ちょうえき》10カ月《げつ》、執行猶予《しっこうゆうよ》3年《ねん》――。それが、取調室《とりしらべしつ》で強制《きょうせい》した踏《ふ》み字《じ》により、特別公務員暴行陵虐罪《とくべつこうむいんぼうこうりょうぎゃくざい》に問《と》われたH元警部補《もとけいぶほ》に対《たい》して、福岡地裁《ふくおかちさい》が下《くだ》した判決《はんけつ》でした。林秀文裁判長《はやしひでふみさいばんちょう》が読《よ》み

可視化を求める横断幕を支援者と共に掲げ、踏み字事件に審判を下す福岡地裁に入る川畑さん（前列左から2人目）＝2008年３月18日

上《あ》げた判決理由《はんけつりゆう》を、かいつまんでお伝《つた》えしますね。

「取調官《とりしらべかん》が被疑者《ひぎしゃ》の両足首《りょうあしくび》をつかんで紙《かみ》を踏《ふ》ませる行為《こうい》は、取《と》り調《しら》べの方法《ほうほう》として常軌《じょうき》を逸《いっ》しており、違法《いほう》である」。判決《はんけつ》はまず、紙《かみ》を踏《ふ》ませるような取《と》り調《しら》べの行為《こうい》そのものが違法《いほう》であることを示《しめ》しました。

ただ、裁判《さいばん》の大《おお》きな争点《そうてん》だった踏《ふ》み字《じ》の回数《かいすう》は、私《わたし》にとって無念《むねん》の内容《ないよう》となりました。10回《かい》くらいとの私《わたし》の主張《しゅちょう》と、1回《かい》だけとのH元警部補《もとけいぶほ》の主張《しゅちょう》には、それぞれ疑問《ぎもん》や不自然《ふしぜん》さが残《のこ》る。結局《けっきょく》、1回以上踏《かいいじょうふ》ませたことは明《あき》らかなのだが、それ以上《いじょう》の認定《にんてい》は困難《こんなん》なので、裁判所《さいばんしょ》は「1回《かい》」と認定《にんてい》する、との判断《はんだん》でした。

続《つづ》いて、この行為《こうい》が罪《つみ》の構成要件《こうせいようけん》になる「陵辱《りょうじょく》・加虐《かぎゃく》」に当《あ》たるかどうか。H元警部補側《もとけいぶほがわ》は紙《かみ》を1回踏《かいふ》ませたにすぎず、陵辱《りょうじょく》・加虐《かぎゃく》には当《あ》たらないとの主張《しゅちょう》でした。ですが、判決《はんけつ》は「被害者《ひがいしゃ》は家族《かぞく》に対《たい》して抱《いだ》いている尊敬《そんけい》、敬慕《けいぼ》、情愛《じょうあい》などの心情《しんじょう》を踏《ふ》みにじられ、大《おお》きな精神的苦痛《せいしんてきくつう》を被《こうむ》った」と、1回《かい》でも踏《ふ》み字《じ》をさせれば陵辱《りょうじょく》・加虐《かぎゃく》に当《あ》たる、と断《だん》じたのです。

さらには、「取調室《とりしらべしつ》という密室《みっしつ》での犯行《はんこう》であることも考《かん》えると、犯行態様《はんこうたいよう》は悪質《あくしつ》」「警察官《けいさつかん》の取《と》り調《しら》べに対《たい》する県民《けんみん》や国民《こくみん》の信頼《しんらい》、警察《けいさつ》の捜査全体《そうさぜんたい》に対《たい》する信頼《しんらい》を大《おお》きく損《そこ》なった。社会的影響《しゃかいてきえいきょう》も大《おお》きく、刑事責任《けいじせきにん》は重《おも》い」と、踏《ふ》み字行為《じこうい》を一刀両断《いちとうりょうだん》です。

ただ、H元警部補《もとけいぶほ》が公判《こうはん》で反省《はんせい》の念《ねん》を口《くち》にし、妻子《さいし》がいること。警官《けいかん》を辞《や》めて退職金《たいしょくきん》はもらえず、県《けん》に求償金《きゅうしょうきん》50万円《まんえん》も払《はら》ったことなどを考慮《こうりょ》し、3年《ねん》の執行猶予《しっこうゆうよ》が付《つ》きました。

有罪《ゆうざい》を言《い》い渡《わた》されたH元警部補《もとけいぶほ》は、裁判長《さいばんちょう》が控訴手続《こうそてつづ》きの説明《せつめい》をしても、うなずきすらしません。軽《かる》く一礼《いちれい》して退廷《たいてい》し、無言《むごん》でタクシーに乗《の》り込《こ》みました。私《わたし》にはもちろん、報道陣《ほうどうじん》にも視線《しせん》を合《あ》わせることはありませんでした。

結局《けっきょく》、H元警部補《もとけいぶほ》の主張《しゅちょう》で認《みと》められたのは、踏《ふ》み字《じ》の回数《かいすう》のみという結果《けっか》でした。うそにうそを重《かさ》ねた以上《いじょう》、それは当然《とうぜん》なのでしょうが、法律《ほうりつ》を守《まも》る警察官《けいさつかん》という公職《こうしょく》に22年間《ねんかん》就《つ》いていた人間《にんげん》として、どんな心境《しんきょう》なのでしょうか。

告訴《こくそ》が実《みの》った私《わたし》は、記者会見《きしゃかいけん》に臨《のぞ》みます。

81――取調室《とりしらべしつ》の闇《やみ》なお深《ふか》く

２００8年《ねん》3月《がつ》18日《にち》、H元警部補《もとけいぶほ》に懲役《ちょうえき》10カ月《げつ》、執行猶予《しっこうゆうよ》3年《ねん》の有罪判決《ゆうざいはんけつ》が下《くだ》った後《あと》の

踏み字裁判の有罪判決を見届けた後、被害者として記者会見に臨む川畑さん
＝2008年3月18日

記者会見《きしゃかいけん》。まず私《わたし》が発《はっ》した言葉《ことば》は「思《おも》っていたよりも（H元警部補《もとけいぶほ》に）厳《きび》しい判決《はんけつ》でした。真摯《しんし》に受《う》け止《と》めて反省《はんせい》してほしいと思《おも》います」。

もちろん、懲役《ちょうえき》10カ月《げつ》は罪《つみ》の重大《じゅうだい》さに比《くら》べれば軽《かる》すぎると今《いま》も思《おも》っています。でも求刑《きゅうけい》10カ月《げつ》だったので、判決《はんけつ》ではまさか無罪《むざい》はあり得《え》ないとしても執行猶予《しっこうゆうよ》付《つ》きで懲役《ちょうえき》2～3カ月《げつ》くらいでは、と予想《よそう》していたのです。それが求刑通《きゅうけいどお》りの判決《はんけつ》が出《で》て、「裁判長《さいばんちょう》はきちんと見《み》ていてくれたと思《おも》います」と感謝《かんしゃ》を述《の》べました。

ただ、踏《ふ》み字《じ》「1回《かい》」の認定《にんてい》については「残念《ざんねん》で、納得《なっとく》できません」と不満《ふまん》を表《あらわ》しました。そして「もしも取調室《とりしらべしつ》の可視化《かしか》が実現《じつげん》していたら、（どちらの証言《しょうげん》が正《ただ》しいか）簡単《かんたん》に分《わ》かったはずです」と強《つよ》く指摘《してき》しておきました。

続《つづ》いて代理人《だいりにん》の野平康博《のひらやすひろ》弁護士《べんごし》がこう問題提起《もんだいていき》しました。「取調室《とりしらべしつ》というあり地獄《じごく》に落《お》ちてしまったら、もうはい上《あ》がれません。もしH元警部補《もとけいぶほ》が踏《ふ》み字行為《じこうい》を全面的《ぜんめんてき》に否認《ひにん》していたら、裁判長《さいばんちょう》は有罪判決《ゆうざいはんけつ》を書《か》けたでしょうか。この裁判《さいばん》は、取調室《とりしらべしつ》という密室《みっしつ》の闇《やみ》がいかに深《ふか》く、暗《くら》いかを明《あき》らかにしました」

誰《だれ》よりも熱心《ねっしん》に志布志《しぶし》事件《じけん》の被害者救済《ひがいしゃきゅうさい》に携《たずさ》わってきた野平先生《のひらせんせい》の言葉《ことば》に、記者《きしゃ》たちがうなずいています。私《わたし》も訴《うった》えました。

「志布志事件《しぶしじけん》の真相《しんそう》はいまだ何一《なにひと》つ明《あき》らかになっていません。一日《にち》も早《はや》い取《と》り調《しら》べの全過程《ぜんかてい》の可視化《かしか》が必要《ひつよう》です」

もともとこの裁判《さいばん》は、どうやって志布志《しぶし》事件《じけん》という冤罪《えんざい》がでっち上《あ》げられたのか、真相《しんそう》を知《し》りたくて告訴《こくそ》したのです。鹿児島県警《かごしまけんけい》の組織的関与《そしきてきかんよ》はあったのか。取《と》り調《しら》べの手法《しゅほう》に構造的欠陥《こうぞうてきけっかん》はなかったのか。そうした根本的《こんぽんてき》な捜査《そうさ》の問題点《もんだいてん》を検察側《けんさつがわ》が法廷《ほうてい》で全《まった》く取《と》り上《あ》げようとしなかったため、裁判《さいばん》はこんな薄《うす》っぺらな結果《けっか》で終《お》わったのです。

私《わたし》は会見《かいけん》の最後《さいご》に偽《いつわ》らざる感想《かんそう》を述《の》べました。「結局《けっきょく》はH元警部補《もとけいぶほ》1人《ひとり》に、県警《けんけい》が責任《せきにん》を押《お》しつけた感《かん》じがしてなりません。踏《ふ》み字《じ》をした背景《はいけい》には、県警幹部《けんけいかんぶ》に乗《の》せられた部分《ぶぶん》もあったのではないでしょうか」

会見《かいけん》を終《お》えて帰《かえ》る間際《まぎわ》、福岡《ふくおか》のテレビ局《きょく》が判決《はんけつ》のニュースを流《なが》していました。画面《がめん》にはH元《もと》警部補《けいぶほ》の福岡市内《ふくおかしない》の住《す》まいが映《うつ》し出《だ》されていました。妻《つま》と子《こ》ども3人《にん》もこの部屋《へや》で暮《く》らしているのでしょうか。

82──2人目《ふたりめ》の「犠牲者《ぎせいしゃ》」が

やっぱり――。2008年《ねん》3月《がつ》31日《にち》、踏《ふ》み字事件《じじけん》の一審《いちしん》で有罪判決《ゆうざいはんけつ》を受《う》けたH元警部補《もとけいぶほ》が、福岡高裁《ふくおかこうさい》へ控訴《こうそ》しました。福岡地裁《ふくおかちさい》の判決《はんけつ》で「警察《けいさつ》への信頼《しんらい》を損《そこ》なった」と厳《きび》しく指弾《しだん》されたのに、なぜ素直《すなお》に罪《つみ》を悔《く》い改《あらた》めないのでしょう。

「西日本新聞《にしにっぽんしんぶん》」の湯之前八州記者《ゆのまえやしまきしゃ》が電話《でんわ》で感想《かんそう》を求《もと》めてきました。「踏《ふ》み字《じ》は屈辱《くつじょく》の仕打《しう》ちでした。執行猶予《しっこうゆうよ》も付《つ》いたのに控訴《こうそ》するなんて、理解《りかい》できません」と答《こた》えておきました。

そして、秋葉原無差別殺傷事件《あきはばらむさべつさっしょうじけん》に日本中《にっぽんじゅう》が震撼《しんかん》した6月《がつ》、また訃報《ふほう》が。志布志事件無罪国家《しぶしじけんむざいこっか》賠償訴訟《ばいしょうそしょう》の原告《げんこく》、永利忠義《ながとしただよし》さんが脳出血《のうしゅっけつ》のため23日《にち》に亡《な》くなったのです。享年《きょうねん》75。志布志事件《しぶしじけん》では、刑事裁判《けいじさいばん》の公判中《こうはんちゅう》に亡《な》くなった山中鶴雄《やまなかつるお》さんに続《つづ》き2人目《ふたりめ》の犠牲者《ぎせいしゃ》です。

優《やさ》しくて働《はたら》き者《もの》だった永利《ながとし》さんが、鹿児島県警《かごしまけんけい》の標的《ひょうてき》にされたのは2003年《ねん》5月《がつ》。「藤元《ふじもと》いち子宅《こたく》での買収会合《ばいしゅうかいごう》に出席《しゅっせき》して金《かね》を受《う》け取《と》っただろう」と責《せ》められました。任意同行《にんいどうこう》は妻《つま》のヒナ子《こ》さんにも及《およ》び、ヒナ子《こ》さんは取《と》り調《しら》べをすごく怖《こわ》がりました。それで永利《ながとし》さんは、足《あし》の具《ぐ》合《あい》が悪《わる》いヒナ子《こ》さんをおぶって山中《さんちゅう》へ逃《に》げ、一晩《ひとばん》を明《あ》かしたこともあった、と聞《き》いたことがあります。

2007年の志布志国賠訴訟の記者会見に、永利忠義さんは山中鶴雄さんの遺影を胸に臨んでいた

取《と》り調《しら》べが続《つづ》くうちに永利《ながとし》さんは精神錯乱状態《せいしんさくらんじょうたい》になります。自宅《じたく》で一晩中太鼓《ひとばんじゅうたいこ》を打《う》ち鳴《な》らして「懐《ふところ》（集落《しゅうらく》）におる刑事《けいじ》はみんな出《で》てこい」と叫《さけ》ぶほどに。ほどなくして骨髄《こつずい》の病気《びょうき》を発症《はっしょう》し、在宅起訴《ざいたくきそ》されました。

その時《とき》に家族《かぞく》の悲劇《ひげき》が起《お》きます。小学校《しょうがっこう》しか行《い》っていない永利《ながとし》さんは「子《こ》どもに自分《じぶん》のような思《おも》いはさせたくない」と、必死《ひっし》でお金《かね》を工面《くめん》し長男《ちょうなん》を大学《だいがく》まで出《だ》していました。公務員《こうむいん》になっていた長男《ちょうなん》は起訴《きそ》の報道《ほうどう》に驚《おどろ》き、永利《ながとし》さんに電話《でんわ》で告《つ》げました。「新聞《しんぶん》に6万円《まんえん》もらったと出《で》ていた。親子《おやこ》の縁《えん》を切《き》る」

永利《ながとし》さんは以来《いらい》、長男《ちょうなん》と会《あ》うことはなかったようです。その後《あと》は胃《い》がんを患《わずら》い、苦《くる》しい闘病生活《とうびょうせいかつ》が続《つづ》きました。夜中《よなか》に起《お》き出《だ》しては「くされ警察《けいさつ》が。おいの体《からだ》を返《かえ》せ」と叫《さけ》んでいたそうです。「孫《まご》は最後《さいご》に会《あ》った時《とき》に中《ちゅう》2だった。あの顔《かお》を、一度《いちど》でいいから見《み》たい」と漏《も》らしていましたが、それもかないませんでした。無念《むねん》だったことでしょう。

志布志事件《しぶしじけん》の判決《はんけつ》で無罪《むざい》を勝《か》ち取《と》った永利《ながとし》さんが、志《こころざし》半《なか》ばで逝《い》った山中《やまなか》さんの遺影《いえい》を抱《だ》いて「勝《か》ったどー」と何度《なんど》も叫《さけ》んでいた姿《すがた》が今《いま》も目《め》に浮《う》かびます。本当《ほんとう》に罪深《つみぶか》い志《し》布志事件《ぶしじけん》です。

83——長《なが》い旅《たび》、ようやく終幕《しゅうまく》

「踏《ふ》み字《じ》を1回《かい》させたのは事実《じじつ》だが、それが特別公務員暴行陵虐罪《とくべつこうむいんぼうこうりょうぎゃくざい》に当《あ》たる行為《こうい》とは考《かんが》えていない」——。一審《いっしん》で敗訴《はいそ》しても、H元警部補《もとけいぶほ》の主張《しゅちょう》は変《か》わらず、2008年《ねん》7月《がつ》15日《にち》、踏《ふ》み字裁判控訴審《じさいばんこうそしん》の初公判《はつこうはん》が福岡高裁《ふくおかこうさい》で開《ひら》かれました。

ところがH元警部補《もとけいぶほ》は姿《すがた》を見《み》せず、弁護士《べんごし》が一審《いっしん》の主張《しゅちょう》とほぼ同《おな》じ内容《ないよう》の控訴趣意書《こうそしゅいしょ》を提出《ていしゅつ》しただけ。新証拠《しんしょうこ》の提出《ていしゅつ》や証人尋問《しょうにんじんもん》もありません。ほんの数分《すうふん》で即日結審《そくじつけっしん》となりました。

これでは一体何《いったいなん》のために控訴《こうそ》したのか。いたずらに罪《つみ》の確定《かくてい》を先延《さきの》ばししただけで、公費《こうひ》で賄《まかな》われる刑事裁判《けいじさいばん》の費用《ひよう》の無駄遣《むだづか》いでは。志布志《しぶし》から300キロ以上《いじょう》の道《みち》のりを車《くるま》で駆《か》けつけて傍聴《ぼうちょう》した私《わたし》は「反省《はんせい》のかけらもない」と憤《いきどお》りを記者《きしゃ》に語《かた》りました。

控訴審判決《こうそしんはんけつ》は9月9日《がつここのか》でした。この日《ひ》も被告人《ひこくにん》のH元警部補《もとけいぶほ》の姿《すがた》は法廷《ほうてい》にありません。私《わたし》は一言一句《いちごんいっく》を聞《き》き漏《も》らすまいと、いつものように傍聴席《ぼうちょうせき》の最前列《さいぜんれつ》に陣取《じんど》り、陶山博生裁判長《すやまひろおさいばんちょう》の声《こえ》に耳《みみ》を澄《す》ましました。

「主文《しゅぶん》、本件控訴《ほんけんこうそ》を棄却《ききゃく》する」

これで完全《かんぜん》に胸《むね》のつかえがとれました。高裁《こうさい》は懲役《ちょうえき》10カ月《げつ》、執行猶予《しっこうゆうよ》3年《ねん》の一審判決《いっしんはんけつ》を支持《しじ》したのです。判決理由《はんけつりゆう》は「（踏《ふ》み字《じ》は）川畑《かわばた》さんの人格《じんかく》を否定《ひてい》する行為《こうい》で、1回《かい》でも精神的苦痛《せいしんてきくつう》を与《あた》えたと認《みと》められる。取《と》り調《しら》べ方法《ほうほう》として常軌《じょうき》を逸《いっ》し、違法性《いほうせい》が強《つよ》く、警察《けいさつ》の取《と》り調《しら》べに対《たい》する国民《こくみん》の信頼《しんらい》を大《おお》きく損《そこ》ねた」。一審《いっしん》と全《まった》く同《おな》じですね。

「公平《こうへい》に裁《さば》いてくださりありがとうございました」。記者会見《きしゃかいけん》の第一声《だいいっせい》で裁判長《さいばんちょう》への感謝《かんしゃ》を述《の》べると、涙《なみだ》があふれてなかなか言葉《ことば》が続《つづ》きません。思《おも》えば踏《ふ》み字《じ》の発生《はっせい》から5年《ねん》5カ月《げつ》。「この長《なが》い期間《きかん》を通《とお》して、取調室《とりしらべしつ》の全面可視化《ぜんめんかしか》が必要《ひつよう》だとつくづく感《かん》じました」と感想《かんそう》を語《かた》りました。

少《すこ》し前《まえ》、都城《みやこのじょう》に住《す》む小《しょう》6の孫《まご》が授業《じゅぎょう》で江戸時代《えどじだい》のキリシタンへの踏《ふ》み絵《え》を教《おし》えられ、先生《せんせい》が「今《いま》の時代《じだい》になっても、鹿児島《かごしま》で同《おな》じようなことがありました」と嘆《なげ》いたそうです。まさか先生《せんせい》も被害者《ひがいしゃ》の孫《まご》が教室《きょうしつ》にいるとは思《おも》わなかったのでしょうが……。「踏《ふ》み字事件《じじけん》が広《ひろ》く社会《しゃかい》に認知《にんち》されたことは確《たし》かでしょう。この判決《はんけつ》をきっかけに可視化運動《かしかうんどう》を全国《ぜんこく》に広《ひろ》げていきたい」。そう決意《けつい》を述《の》べました。

13日後《にちご》にH元警部補《もとけいぶほ》の弁護人《べんごにん》が上告断念《じょうこくだんねん》を発表《はっぴょう》。9月《がつ》25日午前《にちごぜん》0時《じ》をもって、H元警部補《もとけいぶほ》の刑《けい》が確定《かくてい》しました。真実《しんじつ》を証明《しょうめい》する長《なが》い、長《なが》い旅《たび》が終《お》わりました。

踏み字事件控訴審判決後の会見で、ハンカチを握りしめ涙ぐむ川畑さん
＝2008年９月９日

番外編《ばんがいへん》1　プランターと「桜《さくら》を見《み》る会《かい》」

「西日本新聞《にしにっぽんしんぶん》」の連載《れんさい》では、うっかり話《はな》し忘《わす》れていたのですが、「花《はな》」にまつわる二《ふた》つのエピソードを。

私《わたし》のホテルでは長年《ながねん》、季節《きせつ》の花々《はなばな》をプランター約《やく》30個《こ》で育《そだ》てています。妻《つま》の順子《じゅんこ》が種《たね》をまき、私《わたし》がせっせと水《みず》やりしています。そのプランターを、鹿児島県警志布志署《かごしまけんけいしぶししょ》が「貸《か》してくれ」と言《い》ってきたのは2004年《ねん》4月《がつ》。署《しょ》の取調室《とりしらべしつ》で受《う》けた「踏《ふ》み字《じ》」が断《だん》じて許《ゆる》せず、国家《こっか》賠償訴訟《ばいしょうそしょう》に踏《ふ》み切《き》った直後《ちょくご》のことでした。

頼《たの》みに来《き》た顔《かお》なじみの署員《しょいん》によると、民主党《みんしゅとう》の菅直人代表《かんなおとだいひょう》と鳩山由紀夫前代表《はとやまゆきおぜんだいひょう》（いずれも当時《とうじ》）が志布志《しぶし》の文化会館《ぶんかかいかん》に来《き》て、選挙集会《せんきょしゅうかい》が開《ひら》かれる。ついては、変《へん》なやからがステージに上《あ》がってこないよう、警備《けいび》のためにプランターを壇上《だんじょう》に並《なら》べたい、とのこと。

面《つら》の皮《かわ》が厚《あつ》いとはこのことです。もちろん、断《ことわ》りました……と言《い》いたいところですが、貸《か》しました。わざわざ軽《けい》トラックを借《か》りてきて、私《わたし》が運搬《うんぱん》までしてしまいました。

人《ひと》が好過《よす》ぎると思《おも》われるでしょうが、この署員《しょいん》たちは私《わたし》が任意取《にんいと》り調《しら》べ中《ちゅう》、署内《しょない》のH警部補《けいぶほ》らに見《み》えない場所《ばしょ》で激励《げきれい》のガッツポーズを送《おく》ってくれました。そんな良《よ》い警察官《けいさつかん》の頼《たの》みをむげには断《ことわ》れなかったのです。

そして時《とき》は過《す》ぎ、10年《ねん》の春《はる》、政権交代《せいけんこうたい》を実現《じつげん》して前年《ぜんねん》9月《がつ》に内閣総理大臣《ないかくそうりだいじん》となっていた鳩山《はとやま》さんから一通《いっつう》の招待状《しょうたいじょう》が届《とど》きました。そう、後《のち》に安倍晋三首相《あべしんぞうしゅしょう》が地元有権者《じもとゆうけんしゃ》を大勢《おおぜい》招《まね》いて大問題《だいもんだい》になった、あの「桜《さくら》を見《み》る会《かい》」です。

あいにくホテルの業務《ぎょうむ》が忙《いそが》しく妻《つま》は連《つ》れていけませんでしたが、4月《がつ》22日《にち》、会場《かいじょう》の新宿御苑《しんじゅくぎょえん》に着《つ》きました。貧《まず》しい農家《のうか》の息子《むすこ》だった自分《じぶん》が冤罪《えんざい》を晴《は》らして、総理大臣《そうりだいじん》の花見《はなみ》の会《かい》にまで呼《よ》ばれるとは、まさに感無量《かんむりょう》でした。

プランターの花に今もせっせと水をやる川畑さん

会場《かいじょう》の食《た》べ物《もの》はオードブルが少《すこ》しあるだけで質素《しっそ》なもの。参列者《さんれつしゃ》に記念《きねん》の木製《もくせい》の升《ます》が配《くば》られ、これに清酒《せいしゅ》を注《そそ》ぎ乾杯《かんぱい》しました。
鳩山《はとやま》さんの周《まわ》りは黒山《くろやま》の人《ひと》だかりで、とても近《ちか》くになんて寄《よ》れません。やむなくぶらぶら会場《かいじょう》を歩《ある》いていると、目《め》の前《まえ》に桜《さくら》のように美《うつく》しい女性《じょせい》が。東大卒《とうだいそつ》の人気女優菊川怜《にんきじょゆうきくかわれい》さんです。名刺《めいし》を渡《わた》してごあいさつし、とっておきの話題《わだい》を。「音楽《おんがく》デュオ、ケミストリーの川畑要《かわばたかなめ》をご存《ぞん》

鳩山首相の「桜を見る会」で配られた升。
川畑さんは大切に保管している

じですか。私《わたし》のいとこの息子《むすこ》なんです」

「あら、そうですか。歌《うた》がとてもお上手《じょうず》ですよね」と菊川《きくかわ》さんは気《き》さくに話《はな》してくださり、快《こころよ》く記念撮影《きねんさつえい》にも応《おう》じてくれました。首相《しゅしょう》とは話《はなし》ができずとも、絶世《ぜっせい》の美女《びじょ》とのツーショット写真《しゃしん》が撮《と》れました。得意満面《とくいまんめん》で志布志《しぶし》に帰《かえ》った私《わたし》。現像《げんぞう》に出《だ》そうとしたら、何《なん》とカメラにフィルムが入《はい》っていませんでした。このショックの大《おお》きさ、男性《だんせい》ならばお分《わ》かりですよね……。

それでも、時折《ときおり》テレビで拝見《はいけん》する菊川《きくかわ》さんの柔《やわ》らかな笑顔《えがお》は、今《いま》も私《わたし》の心《こころ》にあでやかな「花《はな》」を咲《さ》かせてくれます。

第《だい》9章《しょう》　冤罪撲滅《えんざいぼくめつ》へ終《お》わりなき旅《たび》

84――「かしか」と東大《とうだい》ゼミ

踏《ふ》み字事件《じじけん》を巡《めぐ》る一連《いちれん》の裁判《さいばん》で、取調室《とりしらべしつ》の「可視化《かしか》（録音《ろくおん》・録画《ろくが》）」を求《もと》める運動《うんどう》が広《ひろ》がり始《はじ》めました。「おいも何《なん》か新《あたら》しいこつをせんと」。妻《つま》の順子《じゅんこ》と、ある料理《りょうり》を考案《こうあん》しました。

題《だい》して「かしかそば」と「かしかうどん」。具材《ぐざい》のかしわとかまぼこで「可視化《かしか》」を表現《ひょうげん》し、粘《ねば》り強《つよ》く運動《うんどう》を続《つづ》ける決意《けつい》を込《こ》めて餅《もち》を入《い》れました。麺《めん》はもちろん手打《てう》ち。かつおだしの自信《じしん》作《さく》です。2008年夏《ねんなつ》から経営《けいえい》するホテルでランチタイムに販売《はんばい》したら、これが当《あ》たりました。1日《にち》20食以上出《しょくいじょうで》て、食《た》べた人《ひと》から「可視化《かしか》、頑張《がんば》ってね」と声《こえ》が掛《か》かるほどに。

当《あ》たり年《どし》になったその年《とし》の秋《あき》、びっくりする依頼《いらい》が。「大学《だいがく》のゼミで踏《ふ》み字《じ》の授業《じゅぎょう》をしてほしい」とのこと。何《なん》と日本中《にっぽんじゅう》の秀才《しゅうさい》が集《あつ》まる東京大学《とうきょうだいがく》でした。

10月《がつ》17日《にち》。朝一番《あさいちばん》の飛行機《ひこうき》で東京《とうきょう》へ。慣《な》れないモノレールや電車《でんしゃ》を乗《の》り継《つ》ぎ東大教養学部《とうだいきょうようがくぶ》の正門《せいもん》に着《つ》くと、学生《がくせい》が待《ま》っていました。

私《わたし》の言葉《ことば》に29人《にん》の若者《わかもの》が耳《みみ》を澄《す》まします。今《いま》はさえない服《ふく》を着《き》たこの若者《わかもの》たちの多《おお》くが、いずれは裁判官《さいばんかん》や弁護士《べんごし》になり司法《しほう》の中枢《ちゅうすう》を担《にな》うのだと思《おも》うと緊張《きんちょう》します。まずは講師《こうし》の先生《せんせい》を私《わたし》に見立《みた》て、H元警部補《もとけいぶほ》にされた踏《ふ》み字《じ》を再現《さいげん》してみせました。足首《あしくび》をがっちり持《も》って「バン、バン、バン」と床《ゆか》を打《う》ち鳴《な》らすと、学生《がくせい》が息《いき》をのみます。

「密室《みっしつ》はどんな感《かん》じ」「何時《なんじ》から何時《なんじ》まで調《しら》べられましたか」――。学生《がくせい》の質問《しつもん》は積極的《せっきょくてき》です。私《わたし》はありのままの体験《たいけん》を伝《つた》えました。

女子学生《じょしがくせい》が悲鳴《ひめい》を上《あ》げたのが、志布志事件《しぶしじけん》の被告《ひこく》たちから聞《き》いた起訴後《きそご》の身体検査《しんたいけんさ》です。「女《じょ》性《せい》でも体《からだ》の穴《あな》という穴《あな》にガラス棒《ぼう》を入《い》れられ、何《なに》か持《も》ち込《こ》んでないか調《しら》べられるそうです」と告《つ》げると、「ひどい」と絶句《ぜっく》。「人権侵害《じんけんしんがい》は悪《あく》です。法律《ほうりつ》の世界《せかい》に進《すす》む人《ひと》は冤罪《えんざい》を起《お》こさないため、容《よう》疑者《ぎしゃ》や被告《ひこく》の声《こえ》に真摯《しんし》に耳《みみ》を傾《かたむ》けて」とお願《ねが》いしました。

10日《とおか》ほど後《あと》、学生《がくせい》たちから感想文《かんそうぶん》が送《おく》られてきました。「権力《けんりょく》を持《も》つ機関《きかん》が使《つか》い方《かた》を誤《あやま》るとこんな悲《かな》しい事件《じけん》が起《お》こる。だから可視化《かしか》は必要《ひつよう》と痛感《つうかん》した」「ひどい扱《あつか》いを受《う》けたのに『今《いま》も警察《けいさつ》が好《す》

今もうどん作りが得意の川畑さん。「あの東大ゼミの学生たちにも食べさせたかった」とほほえむ

き』と言《い》った川畑《かわばた》さんに感動《かんどう》した」。いやはや、うれしい限《かぎ》りです。

ちなみにかしかそばは、調理《ちょうり》に張《は》り切《き》りすぎて左手首《ひだりてくび》の筋《すじ》を痛《いた》め今《いま》は作《つく》っていませんが、あの学生《がくせい》たちも30代半《だいなか》ば。社会《しゃかい》のしかるべき立場《たちば》で皆《みな》が立派《りっぱ》にやってくれていることでしょう。

85――〝冤罪《えんざい》オールスターズ〟

踏《ふ》み字裁判《じさいばん》に歯《は》を食《く》いしばって勝利《しょうり》したことで、私《わたし》の人生《じんせい》は大《おお》きく変《か》わりました。冤罪《えんざい》に苦《くる》しむ人《ひと》からSOSが届《とど》くと、全国《ぜんこく》のどこにでも駆《か》けつけます。可視化推進《かしかすいしん》のシンポジウムや集会《しゅうかい》には数《かぞ》え切《き》れないほど出席《しゅっせき》し、衆議院《しゅうぎいん》での可視化議連《かしかぎれん》にも呼《よ》ばれました。

中《なか》でも大《おお》きな転機《てんき》になったのが、2009年《ねん》12月6日《がつむいか》、鹿児島県志布志市《かごしまけんしぶしし》で開《ひら》かれた「取《と》り調《しら》べの全面可視化《ぜんめんかしか》を求《もと》める市民集会《しみんしゅうかい》」。全国《ぜんこく》でも名《な》だたる冤罪事件《えんざいじけん》の当事者《とうじしゃ》がパネリストとして集合《しゅうごう》しました。いわば〝冤罪被害者《えんざいひがいしゃ》オールスターズ〟ですね。その1人《ひとり》として、私《わたし》にも声《こえ》が掛《か》かったのです。

登壇者《とうだんしゃ》はまず、足利事件《あしかがじけん》の菅家利和《すがやとしかず》さん。女児殺害事件《じょじさつがいじけん》で無期懲役《むきちょうえき》が確定《かくてい》しますが、DNAの再鑑定《さいかんてい》で無実《むじつ》が証明《しょうめい》されました。次《つぎ》は氷見事件《ひみじけん》の柳原浩《やなぎはらひろし》さん。強姦事件《ごうかんじけん》で懲役《ちょうえき》3年《ねん》の刑《けい》に服《ふく》しますが、出所後《しゅっしょご》に真犯人《しんはんにん》が現《あらわ》れました。続《つづ》いて甲山事件《かぶとやまじけん》の山田悦子《やまだえつこ》さん。知的障害児《ちてきしょうがいじ》の殺害《さつがい》容疑《ようぎ》をかけられ、21年《ねん》に及《およ》ぶ裁判《さいばん》で無罪《むざい》が証明《しょうめい》されました。

そして、この日《ひ》から生涯《しょうがい》の盟友《めいゆう》と言《い》える間柄《あいだがら》になったのが、布川事件《ふかわじけん》の桜井昌司《さくらいしょうじ》さんです。強盗殺人罪《ごうとうさつじんざい》で無期懲役刑《むきちょうえきけい》を受《う》けますが、仮出所後《かりしゅっしょご》に再審請求《さいしんせいきゅう》して無罪《むざい》を勝《か》ち取《と》る目前《もくぜん》でした。

登壇した（前列左から）山田悦子さん、菅家利和さん、桜井昌司さん、柳原浩さん、川畑さんら
＝2009年12月６日

志布志事件発生《しぶしじけんはっせい》の地《ち》とあって会場《かいじょう》の市民会館《しみんかいかん》には８００人《にん》が詰《つ》めかけました。私《わたし》たちは密室《みっしつ》での取《と》り調《しら》べのひどさを語《かた》りました。

菅家《すがや》さんは「髪《かみ》を引《ひ》っ張《ぱ》られ足《あし》を蹴《け》られる。いくら『やっていない』と言《い》っても、『おまえは黒《くろ》だ』と言《い》われ、あきらめから自白《じはく》しました」。柳原《やなぎはら》さんは「怒鳴《どな》り声《ごえ》が頭《あたま》に響《ひび》き、夜《よる》も眠《ねむ》れなくなるほど。とにかく取《と》り調《しら》べから逃《に》げたくて、牛乳《ぎゅうにゅう》に除草剤《じょそうざい》を入《い》れて飲《の》みました」と明《あ》かしました。

桜井《さくらい》さんと山田《やまだ》さんは、被疑者《ひぎしゃ》の権利《けんり》である黙秘権《もくひけん》を貫《つらぬ》くことの難《むずか》しさも語《かた》りました。「無実《むじつ》を信《しん》じてもらえないことは、とても苦《くる》しい。だから説明《せつめい》すると、取調官《とりしらべかん》は逆《ぎゃく》にそこを突《つ》いてきました」（桜井《さくらい》さん）

私《わたし》は一部可視化《いちぶかしか》では意味《いみ》がないと強調《きょうちょう》しました。「取《と》り調《しら》べの一部《いちぶ》だけ録画《ろくが》すればよいなら、捜査側《そうさがわ》に都合《つごう》の悪《わる》い部分《ぶぶん》は全《ぜん》部隠《ぶかく》されます。絶対《ぜったい》に全面可視化《ぜんめんかしか》を実現《じつげん》すべきです」と訴《うった》え、取《と》り調《しら》べへの弁護士《べんごし》の立《た》ち会《あ》いも求《もと》めました。

その夜《よる》の懇親会《こんしんかい》は大《おお》いに盛《も》り上《あ》がりました。同《おな》じ苦《くる》しみを味《あじ》わった「戦友《せんゆう》」同士《どうし》ですからね。次回《じかい》からは、その戦友《せんゆう》たちとの関《かか》わりをお話《はな》しします。

86――42年《ねん》経《へ》て「再審《さいしん》の扉《とびら》」

2009年《ねん》12月《がつ》、また新《あら》たな「無罪《むざい》への扉《とびら》」が開《ひら》きました。布川事件《ふかわじけん》の桜井昌司《さくらいしょうじ》さんと杉山《すぎやま》卓男《たかお》さんについて、最高裁《さいこうさい》が再審開始《さいしんかいし》を認《みと》めた東京高裁決定《とうきょうこうさいけってい》を支持《しじ》し、検察《けんさつ》の特別抗告《とくべつこうこく》を棄却《ききゃく》したのです。これにより、再審《さいしん》、いわゆるやり直《なお》しの裁判《さいばん》が開《ひら》かれることが確定《かくてい》しました。

2人《ふたり》は霞《かすみ》が関《せき》の司法記者《しほうきしゃ》クラブで喜《よろこ》びの会見《かいけん》をします。逮捕《たいほ》から42年《ねん》の歳月《さいげつ》が流《なが》れていました。杉山《すぎやま》さんは「有罪《ゆうざい》が確定《かくてい》した時《とき》は人生《じんせい》が終《お》わったと思《おも》った」と感無量《かんむりょう》です。桜井《さくらい》さんは「多《おお》くの力添《ちからぞ》えのおかげ。いつかは分《わ》かってもらえるとの信念《しんねん》が支《ささ》えになった」と爽《さわ》やかに笑《わら》いました。

桜井《さくらい》さんとは志布志《しぶし》での可視化集会《かしかしゅうかい》で親《した》しくなっていたのですが、29年《ねん》もおりの中《なか》にいたのに、暗《くら》さがみじんもありません。おおらかで気配《きくば》り上手《じょうず》で、いっぺんに好《す》きになりました。再《さい》審開始《しんかいし》はわが事《こと》のようにうれしかったです。

ここで布川事件《ふかわじけん》の説明《せつめい》をしておきますね。発生《はっせい》は1967年《ねん》8月《がつ》。茨城県利根町布川《いばらきけんとねまちふかわ》で62歳《さい》の大工《だいく》の男性《だんせい》が殺《ころ》され、当時《とうじ》20歳《さい》だった桜井《さくらい》さんと21歳《さい》だった杉山《すぎやま》さんが強盗殺人罪《ごうとうさつじんざい》で起訴《きそ》されます。公判《こうはん》で2人《ふたり》は無実《むじつ》を訴《うった》えますが、最高裁《さいこうさい》で無期懲役刑《むきちょうえきけい》が確定《かくてい》。96年《ねん》に仮釈放後《かりしゃくほうご》、再審請求《さいしんせいきゅう》して闘《たたか》ってきました。

布川事件のドキュメンタリー映画を撮った井手洋子監督（中央）の郷里、佐賀県鹿島市での上映会に出席した桜井昌司さん（左）と杉山卓男さん　=2011年

桜井《さくらい》さんによると、友人《ゆうじん》のズボンを1本盗《ぽんぬす》んだという、ささいな窃盗容疑《せっとうようぎ》で別件逮捕《べっけんたいほ》され、深夜《しんや》までの取《と》り調《しら》べが続《つづ》きました。うその自白《じはく》をしたのにはいろんな理由《りゆう》があったそうです。

まず、刑事《けいじ》が「裏付《うらづ》け捜査《そうさ》でアリバイが否定《ひてい》された」とうそをつきます。それでも無実《むじつ》を証明《しょうめい》しようと頑張《がんば》りますが、密室《みっしつ》で刑事《けいじ》からがんがんやられます。ついにはうそ発見器《はっけんき》にかけられ、「おまえが犯人《はんにん》という検査結果《けんさけっか》が出《で》た」と言《い》われ、心《こころ》が折《お》れたそうです。

再審請求《さいしんせいきゅう》では、捜査員《そうさいん》が確定審《かくていしん》で「ない」と偽証《ぎしょう》していた2本目《ほんめ》の取《と》り調《しら》べの録音《ろくおん》テープが証拠開示《しょうこかいじ》されたのが、決定《けってい》打《だ》になりました。テープには細《こま》かい中断《ちゅうだん》や編集《へんしゅう》の跡《あと》があり、捜査側《そうさがわ》が自白《じはく》の任意性《にんいせい》を主張《しゅちょう》できる部分《ぶぶん》だけ提出《ていしゅつ》していたことが判明《はんめい》します。警察《けいさつ》が自分《じぶん》たちに都合《つごう》の悪《わる》い部分《ぶぶん》の証拠《しょうこ》は隠《かく》す――。ん、どこかでもありましたね。志布志事件《しぶしじけん》と同《おな》じです。

年《とし》が明《あ》けて、桜井《さくらい》さんから電話《でんわ》が。「一度《いちど》、志布志事件《しぶしじけん》の現場《げんば》を案内《あんない》してください」。もちろん大歓迎《だいかんげい》です。2010年《ねん》4月《がつ》29日《にち》、桜井《さくらい》さんが私《わたし》のホテルにやってきました。

87――獄中歌《ごくちゅうか》「かえろ」に涙《なみだ》

2010年《ねん》4月《がつ》29日《にち》、布川事件《ふかわじけん》の冤罪被害者《えんざいひがいしゃ》、桜井昌司《さくらいしょうじ》さんが私《わたし》のホテルを訪《たず》ねてきました。「川畑《かわばた》さん、お世話《せわ》になります」。相変《あいか》わらずにこやかな笑顔《えがお》。早速《さっそく》、志布志事件《しぶしじけん》の現場《げんば》の懐集落《ふところしゅうらく》に車《くるま》で出発《しゅっぱつ》です。

細《ほそ》く曲《ま》がりくねった山道《やまみち》がこれでもかと続《つづ》きます。「えー、こんな山奥《やまおく》に人家《じんか》があるの」と目《め》を丸《まる》くする桜井《さくらい》さん。「静《しず》かな山村《さんそん》でひっそり暮《く》らす人《ひと》たちに、警察《けいさつ》は何《なん》てかわいそうなことを」と漏《も》らしました。

私《わたし》たちは2年前《ねんまえ》に亡《な》くなった志布志事件《しぶしじけん》の元被告《もとひこく》、永利忠義《ながとしただよし》さんの家《いえ》を訪《たず》ねました。妻《つま》のヒナ子《こ》さんが手打《てう》ちそばを振《ふ》る舞《ま》ってくれました。「警察《けいさつ》がひどいことをしたから、親子《おやこ》の縁《えん》がな

川畑さんと入ったスナックで、気持ちよくマイクを握る桜井昌司さん

くなった」と嘆《なげ》くヒナ子《こ》さん。そう、永利《ながとし》さんは起訴《きそ》された時《とき》、大切《たいせつ》な長男《ちょうなん》から「親子《おやこ》の縁《えん》を切《き》る」と告《つ》げられたのです。夫《おっと》を失《うしな》い長男《ちょうなん》とは連絡《れんらく》が途絶《とだ》えたヒナ子《こ》さん。張《は》り裂《さ》けそうな胸《むね》から絞《しぼ》り出《だ》される言葉《ことば》を、桜井《さくらい》さんは「うん、うん」と聞《き》いていました。

2日後《ふつかご》の5月1日《がつついたち》、私《わたし》たち志布志事件《しぶしじけん》の仲間《なかま》は、布川事件再審開始決定《ふかわじけんさいしんかいしけってい》のお祝《いわ》いを兼《か》ね、公民館《こうみんかん》で桜井《さくらい》さんを囲《かこ》む会《かい》を開《ひら》きました。桜井《さくらい》さんが再審請求《さいしんせいきゅう》の歩《あゆ》みなどを報告《ほうこく》した後《あと》、「刑《けい》務所《むしょ》の中《なか》で作《つく》った歌《うた》があります」と切《き》り出《だ》しました。実《じつ》は桜井《さくらい》さんは獄中歌《ごくちゅうか》を30曲以上《きょくいじょう》、作詞《さくし》・作曲《さっきょく》していて、後年《こうねん》、CDになったほどの出来栄《できば》えなのです。

「20歳の時《とき》に逮捕《たいほ》され、29年間《ねんかん》、刑務所《けいむしょ》にいました。やっぱり誰《だれ》でもシャバに帰《かえ》りたいですよね。おやじとおふくろに会《あ》いたいという気持《きも》ちが一番強《いちばんつよ》くて……。でも、実家《じっか》に帰《かえ》った時《とき》は2人《ふたり》とも死《し》んでて。泣《な》きましたねえ……」

桜井《さくらい》さんの独白《どくはく》に、私《わたし》の涙腺《るいせん》も緩《ゆる》みます。「では、刑《けい》務所《むしょ》で作《つく》った歌《うた》の中《なか》から『かえろかえろ』を」。桜井《さくらい》さんは支援者《しえんしゃ》の音楽家《おんがくか》が作《つく》ってくれたカラオケを流《なが》し、マイクも使《つか》わず歌《うた》いだしました。

♫かえろかえろ　格子《こうし》の窓《まど》を夕日《ゆうひ》が染《そ》めれば遠《とお》い故郷思《ふるさとおも》い出《だ》す

朗々《ろうろう》とした声《こえ》は哀愁《あいしゅう》を帯《お》びて、公民館《こうみんかん》いっぱいに響《ひび》きます。皆《みな》がたちまち引《ひ》き込《こ》まれました。

♫かえる人《ひと》のいない家《いえ》は明《あ》かりもつかない声《こえ》もない　熟《う》れたままのカキの実《み》が夕日《ゆうひ》に染《そ》まって人恋《ひとこい》し人恋《ひとこい》しともえている

これほど胸《むね》を締《し》め付《つ》けられる歌《うた》は初《はじ》めてです。締《し》めの歌詞《かし》はこうでした。

♫かえろかえろ故郷《ふるさと》へかえろ　かえろかえろ明日《あした》はかえろ　明日《あした》はかえろ

88——裁判官《さいばんかん》とにらめっこ

2010年《ねん》11月《がつ》12日《にち》。私《わたし》は初《はじ》めて茨城県《いばらきけん》に足《あし》を踏《ふ》み入《い》れました。水戸地裁土浦支部《みとちさいつちうらしぶ》で開《ひら》かれていた布川事件再審《ふかわじけんさいしん》の応援《おうえん》のためです。あの獄中歌《ごくちゅうか》を聴《き》かせてくれた桜井昌司《さくらいしょうじ》さんから「ぜひ一度《いちど》、裁判《さいばん》の応援《おうえん》に来《き》て」と頼《たの》まれていたのです。

応援《おうえん》と言《い》われても何《なに》をすればいいものやら。弁護士《べんごし》に促《うなが》されマイクを握《にぎ》りました。「私《わたし》は取調室《とりしらべしつ》で踏《ふ》み字《じ》をされました。警察《けいさつ》は事件《じけん》をでっち上《あ》げるためなら何《なん》でもやります。桜井《さくらい》さんと杉山卓男《すぎやまたかお》さんも、そうやって無実《むじつ》なのに捕《と》らえられたのです」と訴《うった》えました。

続《つづ》いての弁護士《べんごし》の依頼《いらい》は「法廷《ほうてい》で裁判官《さいばんかん》をにらんでください」。冤罪被害者《えんざいひがいしゃ》の厳《きび》しい視線《しせん》が司法当局《しほうとうきょく》へのアピールになる、とのこと。半信半疑《はんしんはんぎ》で傍聴席《ぼうちょうせき》の最前列《さいぜんれつ》に陣取《じんど》り、裁判官《さいばんかん》とにらめっこし続《つづ》けました。

そんな応援《おうえん》に効果《こうか》があったかは分《わ》かりませんが、布川事件《ふかわじけん》は翌《よく》11年《ねん》5月《がつ》、無罪判決《むざいはんけつ》が出《で》て、逮捕《たいほ》から44年《ねん》を経《へ》て6月《がつ》に無罪《むざい》が確定《かくてい》。桜井《さくらい》さんは「これで普通《ふつう》の人間《にんげん》に戻《もど》れます」と述《の》べ、

福岡県直方市で冤罪が生まれる理由について語る桜井昌司さん
=2019年

選挙権《せんきょけん》が回復《かいふく》して妻《つま》の恵子《けいこ》さんと念願《ねんがん》の投票《とうひょう》に行《い》けるのを心《こころ》から喜《よろこ》びました。私《わたし》もそうでしたが、逆境《ぎゃっきょう》の時《とき》に愛妻《あいさい》ほどありがたい存在《そんざい》はありません。刑務所《けいむしょ》の中《なか》で両親《りょうしん》の訃報《ふほう》を聞《き》いた桜井《さくらい》さん。恵子《けいこ》さんと幸《しあわ》せな人生《じんせい》を、と願《ねが》いました。

それから私《わたし》は、桜井《さくらい》さんや足利事件被害者《あしかがじけんひがいしゃ》の菅家利和《すがやとしかず》さんらと、可視化運動《かしかうんどう》で全国《ぜんこく》を奔走《ほんそう》する日々《ひび》となりました。13年《ねん》の初秋《しょしゅう》、思《おも》いもよら

ぬ会見依頼《かいけんいらい》が。相手《あいて》は日本外国特派員協会《にっぽんがいこくとくはいんきょうかい》。私《わたし》と桜井《さくらい》さん、菅家《すがや》さんに可視化問題《かしかもんだい》を聞《き》きたいとのこと。でも、英語《えいご》なんてしゃべれません。

取《と》りあえず菅家《すがや》さんに電話《でんわ》しました。「どうしますか」と尋《たず》ねると、「まあ桜井《さくらい》さんがいるから、大丈夫《だいじょうぶ》じゃないかなあ」。それで3人《にん》で会見《かいけん》することに。

この会見《かいけん》には小泉純一郎《こいずみじゅんいちろう》元首相《もとしゅしょう》や五輪金《ごりんきん》メダリストの羽生《はにゅう》結弦《ゆづる》選手《せんしゅ》ら、そうそうたる人物《じんぶつ》が招《まね》かれています。私《わたし》たちの会見《かいけん》は9月9日《がつここのか》。まず桜井《さくらい》さんが布川事件《ふかわじけん》と可視化《かしか》の問題《もんだい》を分《わ》かりやすく語《かた》ってくれました。

私《わたし》は可視化《かしか》を唱《とな》える「川畑《かわばた》の街宣車《がいせんしゃ》」で九州全域《きゅうしゅうぜんいき》を回《まわ》ったことを話《はな》しました。「最初《さいしょ》は『この野郎《やろう》』という怒《いか》りからでしたが、次第《しだい》に考《かんが》え方《かた》が変《か》わりました。今《いま》では私《わたし》と同《おな》じ境遇《きょうぐう》の人《ひと》を救《すく》うため全面可視化《ぜんめんかしか》を実現《じつげん》しないといけないと強《つよ》く思《おも》います」。随時英訳《ずいじえいやく》が入《はい》って話《はな》しづらかったですが、冤罪被害者《えんざいひがいしゃ》の思《おも》いを少《すこ》しは世界《せかい》に発信《はっしん》できたのでは。

89――思《おも》いもよらぬ来訪者《らいほうしゃ》

話《はなし》は少《すこ》し戻《もど》りますが、志布志事件《しぶしじけん》の全員無罪判決《ぜんいんむざいはんけつ》が出《で》た2007年《ねん》の初《はじ》め、富山県《とやまけん》でも警察《けいさつ》組織《そしき》を揺《ゆ》るがす冤罪《えんざい》が発覚《はっかく》します。強姦《ごうかん》と強姦未遂罪《ごうかんみすいざい》で懲役《ちょうえき》3年《ねん》の刑《けい》が確定《かくてい》して服役《ふくえき》した男性《だんせい》が出所後《しゅっしょご》、別《べつ》に真犯人《しんはんにん》が現《あらわ》れました。前代未聞《ぜんだいみもん》の「氷見事件《ひみじけん》」です。

この聞《き》き書《が》きの61回目《かいめ》でこの年《とし》の3月《がつ》に警察庁《けいさつちょう》が適正捜査《てきせいそうさ》を促《うなが》す緊急通達《きんきゅうつうたつ》を出《だ》したことに触《ふ》れましたね。その背景《はいけい》には、志布志事件《しぶしじけん》と氷見事件《ひみじけん》が重《かさ》なって、警察《けいさつ》の捜査《そうさ》に国民《こくみん》の批判《ひはん》が集中《しゅうちゅう》した事情《じじょう》があったのです。

その氷見事件《ひみじけん》の被害者《ひがいしゃ》が柳原浩《やなぎはらひろし》君《くん》でした。私《わたし》は彼《かれ》を君付《くんづ》けで呼《よ》びます。私《わたし》の長女《ちょうじょ》と同《おな》じ1968年生《ねんう》まれですから。目《め》はくりっ、眉《まゆ》はきりっとしていて、鹿児島弁《かごしまべん》で言《い》えばなかなかの「よかにせ（ハンサム）」です。彼《かれ》が突然《とつぜん》、私《わたし》のホテルを訪《たず》ねてきたのは2008年《ねん》8月《がつ》10日の午後《ごご》9時半《じはん》ごろでした。

「こんばんは。氷見《ひみ》の冤罪事件《えんざいじけん》で無罪《むざい》になった柳原《やなぎはら》です」。何《なん》と富山《とやま》から羽田経由《はねだけいゆ》で鹿児島空港《かごしまくうこう》に1人《ひとり》で来《き》たそうです。「レンタカーを借《か》りるのに手間取《てまど》って遅《おそ》くなりました」。話《はなし》を聞《き》けば、無《む》罪確定後《ざいかくていご》にいろいろ悩《なや》んでいて、私《わたし》と懇意《こんい》のテレビ局《きょく》ディレクターから「川畑《かわばた》さん夫妻《ふさい》はとてもいい人《ひと》で裁判《さいばん》にも詳《くわ》しいから、相談《そうだん》に訪《たず》ねてみれば」と勧《すす》められたそうです。

頼《たよ》られると嫌《いや》とは言《い》えないのが私《わたし》の性分《しょうぶん》です。翌日《よくじつ》、志布志事件《しぶしじけん》の元被告《もとひこく》たちに会《あ》わせるため、懐集落《ふところしゅうらく》に連《つ》れて行《い》きました。

柳原君《やなぎはらくん》は国家賠償訴訟《こっかばいしょうそしょう》を検討中《けんとうちゅう》で、先《さき》に国賠訴訟《こくばいそしょう》を起《お》こした元被告《もとひこく》たちの話《はなし》は大《おお》いに参考《さんこう》になった様子《ようす》。原告団長《げんこくだんちょう》の藤山忠《ふじやますなお》さんや女性最高齢《じょせいさいこうれい》の永山《ながやま》トメ子《こ》さんに激励《げきれい》され、「はいっ、あ

鹿児島空港で市民集会の歓迎横断幕を手にする
川畑さん（左）と柳原浩さん＝2009年12月6日

りがとうございます」と応《おう》じていきました。都井岬《といみさき》で野生馬《やせいば》とふれあい、英気《えいき》を養《やしな》って帰《かえ》っていきました。

翌《よく》09年《ねん》12月《がつ》、鹿児島県志布志市《かごしまけんしぶしし》に国内《こくない》の名《な》だたる冤罪事件《えんざいじけん》の被害者《ひがいしゃ》が集合《しゅうごう》した市民集会《しみんしゅうかい》にも、彼《かれ》は快《こころよ》く参加《さんか》してくれました。一足早《ひとあしはや》く志布志入《しぶしい》りし、パネリストの一行《いっこう》を私《わたし》と鹿児《かご》島空港《しまくうこう》へ出迎《でむか》えに。歓迎《かんげい》の横断幕《おうだんまく》を掲《かか》げる2人《ふたり》の写真《しゃしん》、何《なん》だか親子《おやこ》みたいでしょう。

ところが翌《よく》10年夏《ねんなつ》、柳原君《やなぎはらくん》の弁護団《べんごだん》から電話《でんわ》が。無罪確定《むざいかくてい》後《ご》に支給《しきゅう》された多額《たがく》の補償金《ほしょうきん》を遊興費《ゆうきょうひ》に使《つか》い果《は》たしてしまったとのこと。「本人《ほんにん》が『志布志《しぶし》に行《い》きたい』」と言《い》うので、川畑《かわばた》さんのホテルで1カ月《げつ》ほど預《あず》かり、社会人修業《しゃかいじんしゅぎょう》をさせてもらえませんか」。予期《よき》せぬ展開《てんかい》になりました。

90——やる気《き》出《で》るまで待《ま》つ

2010年夏《ねんなつ》。氷見事件《ひみじけん》の冤罪被害者《えんざいひがいしゃ》、柳原浩君《やなぎはらひろしくん》を私《わたし》のホテルで預《あず》かることになりました。

鹿児島県志布志市で開かれた全面可視化シンポジウムに出席した柳原浩さん（右）。同席しているのは桜井昌司さん（中央）と菅谷利和さん

09年《ねん》5月《がつ》に国家賠償請求訴訟《こっかばいしょうせいきゅうそしょう》を起《お》こした後《あと》、刑事補償金《けいじほしょうきん》を使《つか》い果《は》たしたそうで、働《はたら》く習慣《しゅうかん》をつけるのが目的《もくてき》でした。

10年《ねん》8月《がつ》11日《にち》、柳原君《やなぎはらくん》は片道切符《かたみちきっぷ》で宮崎空港《みやざきくうこう》へ。迎《むか》えに行《い》くと、弁護団《べんごだん》は勝手《かって》な行動《こうどう》をさせないようお金《かね》も持《も》たせなかったそうで、「たばこが吸《す》いたい」と言《い》います。彼《かれ》の弁護士《べんごし》に電話《でんわ》して許可《きょか》をもらい、千円札《せんえんさつ》を渡《わた》しました。いやはや、先《さき》が思《おも》いやられます。

ですが、彼《かれ》は心《こころ》に深《ふか》い傷《きず》を負《お》っていました。幼《おさな》い頃《ころ》に母親《ははおや》を亡《な》くし、無実《むじつ》の罪《つみ》で刑務所《けいむしょ》に入《はい》っている間《あいだ》に父親《ちちおや》も他界《たかい》します。犯人《はんにん》の似顔絵《にがおえ》と似《に》ているというだけで強引《ごういん》に取《と》り調《しら》べられ、最愛《さいあい》の母《はは》の遺影《いえい》を持《も》たされ自白《じはく》を迫《せま》られたそうです。冤罪《えんざい》で仕事《しごと》を失《うしな》い、出所後《しゅっしょご》も社会《しゃかい》になじめない。そんな悪循環《あくじゅんかん》の中《なか》にいました。

その夜《よる》は景気《けいき》づけにスナックへ。彼《かれ》は女性《じょせい》にもてそうですが、意外《いがい》に恥《は》ずかしがり屋《や》。それでもカラオケを勧《すす》めると、マイクを握《にぎ》って陽気《ようき》に歌《うた》いました。

帰《かえ》ってくると、妻《つま》の順子《じゅんこ》に「奥《おく》さん、富山《とやま》に帰《かえ》りたい」と泣《な》き言《ごと》を言《い》いだします。すると妻《つま》は「今《いま》ごろ空港《くうこう》に行《い》っても飛行機《ひこうき》はないよ。空港《くうこう》まで1人《ひとり》で歩《ある》いて行《い》け」と叱《しか》り飛《と》ばしました。こんなふうに叱《しか》ってくれる人《ひと》はいなかったのでしょうね。彼《かれ》は驚《おどろ》いていましたが、以来《いらい》、妻《つま》の話《はなし》には耳《みみ》を傾《かたむ》けるようになりました。朝昼晩《あさひるばん》と一緒《いっしょ》にご飯《はん》を食《た》べ、私《わたし》たちは打《う》ち解《と》けていきました。柳原君《やなぎはらくん》には客室《きゃくしつ》や駐車場《ちゅうしゃじょう》の清掃《せいそう》をしてもらいましたが、勤労意欲《きんろういよく》はあまり湧《わ》かないようです。

お盆《ぼん》すぎ、岩風呂《いわぶろ》に張《は》る屋根材《やねざい》にする竹《たけ》の切《き》り出《だ》しに行《い》くことに。山中《さんちゅう》での重労働《じゅうろうどう》。私《わたし》は竹《たけ》を3本《ぼん》、女性従業員《じょせいじゅうぎょういん》は2本背負《ほんせお》い、汗《あせ》びっしょりで運《はこ》び出《だ》すのですが、柳原君《やなぎはらくん》は1本《ぽん》だけ。「もちょっと背負《せお》えば」と言《い》っても、岩《いわ》に座《すわ》ってたばこを吸《す》い、涼《すず》しい顔《かお》です。

でも、なぜか憎《にく》めません。どの社会《しゃかい》にもこんなタイプの若者《わかもの》はいますからね。頭《あたま》ごなしに言《い》っても本人《ほんにん》の尊厳《そんげん》を傷《きず》つけるだけ。やる気《き》が出《で》るまでのんびり待《ま》つのが一番《いちばん》です。

そんなふうに志布志《しぶし》で約《やく》1カ月過《げつす》ごし、柳原君《やなぎはらくん》は9月7日《がつなのか》、帰《かえ》りました。私《わたし》は富山《とやま》まで付《つ》き添《そ》って行《い》き、弁護団《べんごだん》の会議《かいぎ》に出席《しゅっせき》しました。「志布志《しぶし》での生活《せいかつ》はどうでしたか」。そんな質問《しつもん》に対《たい》する彼《かれ》の答《こた》えに弁護団《べんごだん》は青《あお》ざめました。

91――立《た》ち直《なお》り、喫茶店《きっさてん》を開《ひら》く

氷見事件《ひみじけん》の冤罪被害者《えんざいひがいしゃ》、柳原浩君《やなぎはらひろしくん》の生活再建《せいかつさいけん》についての弁護団会議《べんごだんかいぎ》。「志布志《しぶし》での生活《せいかつ》はどうでしたか」と聞《き》かれた柳原君《やなぎはらくん》の答《こた》えはこうでした。

「二度《にど》と行《い》きたくありません。川畑《かわばた》さんにこき使《つか》われました」

弁護士《べんごし》や支援者《しえんしゃ》は青《あお》ざめました。「善意《ぜんい》で預《あず》かってくれた川畑《かわばた》さんを前《まえ》に、何《なん》てこと言《い》うんだ」。みんな頭《あたま》から湯気《ゆげ》が出《で》そうですが、私《わたし》は笑《わら》っていました。

「いいんですよ。怒《おこ》らないでください」となだめました。私《わたし》のホテルで1カ月《げつ》一緒《いっしょ》に働《はたら》いて、彼《かれ》のことはよく分《わ》かっていますので、腹《はら》も立《た》ちません。「しっかり頑張《がんば》って」と言《い》い残《のこ》し、富山《とやま》を後《あと》にしました。

その後《あと》も彼《かれ》とはいろいろありました。「今《いま》、岸壁《がんぺき》にいます。お金《かね》もないし、もう死《し》ぬ」と電話《でんわ》がかかってきたことも。驚《おどろ》いて「ばかなこと言《い》うんじゃない」と叱《しか》りました。弁護団《べんごだん》に連絡《れんらく》すると、「いつものことです。本人《ほんにん》のためにならないのであまり相手《あいて》にしないでください」。で、メールの返信《へんしん》を送《おく》らないでいると、「無視《むし》かよ！」とまたメールが。もう笑《わら》い話《ばなし》ですね。

実《じつ》は、2011年《ねん》に分《わ》かったのですが、彼《かれ》は心的外傷後《しんてきがいしょうご》ストレス障害《しょうがい》（PTSD）を患《わずら》っていました。周囲《しゅうい》の冷《つめ》たい視線《しせん》や偏見《へんけん》が本当《ほんとう》につらかったのだろうと思《おも》います。

そんな彼《かれ》も立《た》ち直《なお》り、15年《ねん》に国家賠償訴訟《こっかばいしょうそしょう》で見事《みごと》に勝訴《しょうそ》。県《けん》から1966万円《まんえん》の損害賠償《そんがいばいしょう》を勝《か》ち取《と》りました。良《よ》き伴侶《はんりょ》にも恵《めぐ》まれ、中古住宅《ちゅうこじゅうたく》をリフォームして19年末《ねんまつ》、喫茶店《きっさてん》を開《ひら》きました。開店祝《かいてんいわ》いの花輪《はなわ》は贈《おく》っていますが、このまま経営《けいえい》が軌道《きどう》に乗《の》ったら、お祝《いわ》いを持《も》って会《あ》い

鹿児島市の天文館で大崎事件の街頭活動に参加した（左から）川畑さん、柳原浩さん、菅家利和さん、桜井昌司さん　＝2012年11月15日

に行《い》こうと思《おも》っています。私《わたし》たち夫婦《ふうふ》の憎《にく》めない「息子《むすこ》」ですからね。

柳原君《やなぎはらくん》の話《はなし》が長《なが》かったですね。話《はなし》を移《うつ》します。12年《ねん》11月《がつ》15日《にち》。私《わたし》と布川事件《ふかわじけん》の桜井昌司《さくらいしょうじ》さん、足利事件《あしかがじけん》の菅《すが》家利和《やとしかず》さん、そして柳原君《やなぎはらくん》の4人《にん》は、鹿児島市《かごしまし》の繁華街《はんかがい》、天文館《てんもんかん》で街頭活動《がいとうかつどう》をしました。傍《かたわ》らには、車椅子《くるまいす》に乗《の》った当時《とうじ》85歳《さい》の女性《じょせい》が。大崎事件《おおさきじけん》で無実《むじつ》を訴《うった》え続《つづ》けている原口《はらぐち》アヤ子《こ》さん。当時《とうじ》は鹿児島地裁《かごしまちさい》に第《だい》2次再審請求中《じさいしんせいきゅうちゅう》でした。地裁《ちさい》が、弁護側《べんごがわ》が申請《しんせい》した証人尋問《しょうにんじんもん》を退《しりぞ》けたことに対《たい》して、抗議《こうぎ》の声《こえ》を上《あ》げたのです。

私《わたし》たち4人《にん》はいろんな冤罪事件《えんざいじけん》の被害者支援《ひがいしゃしえん》に取《と》り組《く》んできましたが、大崎事件《おおさきじけん》は今《いま》、一番力《いちばんちから》を入《い》れている案件《あんけん》です。次《つぎ》は原口《はらぐち》さんの話《はなし》をしますね。

92——生《せい》あるうちに無罪《むざい》を

大崎事件《おおさきじけん》は、鹿児島県志布志市《かごしまけんしぶしし》の隣《となり》の大崎町《おおさきちょう》で1979年《ねん》に発生《はっせい》した殺人死体遺棄事件《さつじんしたいいきじけん》です。

この事件《じけん》で服役《ふくえき》後《ご》、無実《むじつ》を訴《うった》えている女性《じょせい》がいるのを私《わたし》が知《し》ったのは2003年《ねん》。志布志署《しぶししょ》で踏《ふ》み字《じ》の被害《ひがい》を受《う》け、逮捕《たいほ》までされた年《とし》でした。

大崎事件《おおさきじけん》を捜査《そうさ》したのも同《おな》じ志布志署《しぶししょ》です。人《ひと》ごととは思《おも》えず、妻《つま》の順子《じゅんこ》と一緒《いっしょ》に小《ちい》さな家《いえ》で暮《く》らす原口《はらぐち》アヤ子《こ》さんを訪《たず》ねました。

アヤ子《こ》さんは当時《とうじ》76歳《さい》でしたが、かくしゃくとされていました。「川畑《かわばた》さん。あたいはやっちょらん。だから刑務所《けいむしょ》に入《はい》っても1回《かい》も（罪《つみ》を）認《みと》めとらん」。その力強《ちからづよ》い言葉《ことば》を聞《き》いた時《とき》、この女性《じょせい》は無実《むじつ》だと確信《かくしん》しました。

志布志署《しぶししょ》にどう調《しら》べられたのか聞《き》いたら、「密室《みっしつ》でがんがん怒鳴《どな》られた」「こっちの話《はなし》は聞《き》かなかった」。私《わたし》の場合《ばあい》と全《まった》く同《おな》じです。「お互《たが》いに頑張《がんば》りましょう」と手《て》を握《にぎ》りました。

アヤ子《こ》さん宅《たく》までは車《くるま》で15分《ふん》ほど。以来《いらい》、ちょくちょく訪《たず》ねるようになって、苦労話《くろうばなし》もたくさん聞《き》きました。ただ一人《ひとり》無罪《むざい》を信《しん》じてくれた母《はは》は服役中《ふくえきちゅう》に亡《な》くなったこと。刑務所《けいむしょ》では駅弁《えきべん》のお手拭《てふ》きを折《お》る内職《ないしょく》をして再審請求《さいしんせいきゅう》の資金《しきん》をためたこと。共犯《きょうはん》で服役《ふくえき》した夫《おっと》は再審請求《さいしんせいきゅう》を拒《こば》んだため、離婚《りこん》したこと……。何《なん》と険《けわ》しい人生《じんせい》でしょうか。

出会《であ》った時《とき》、アヤ子《こ》さんは第《だい》1次再審請求中《じさいしんせいきゅうちゅう》でした。鹿児島地裁《かごしまちさい》が再審開始《さいしんかいし》を決定《けってい》したものの検察《けんさつ》が即時抗告《そくじこうこく》し、争《あらそ》いの舞台《ぶたい》は福岡高裁宮崎支部《ふくおかこうさいみやざきしぶ》に移《うつ》っていました。04年《ねん》12月9日《がつここのか》、私《わたし》も宮崎《みやざき》に駆《か》けつけましたが、高裁《こうさい》の判断《はんだん》は再審開始取《さいしんかいしと》り消《け》し。「そんなばかな」と怒《いか》りに震《ふる》えました。

それから15年余《ねんあま》り。アヤ子《こ》さんは不屈《ふくつ》の精神《せいしん》で闘《たたか》ってきました。私《わたし》たち夫婦《ふうふ》も鹿児島《かごしま》や宮崎《みやざき》の法廷《ほうてい》に欠《か》かさず足《あし》を運《はこ》びました。

第《だい》3次再審請求《じさいしんせいきゅう》では地裁《ちさい》も高裁《こうさい》も再審開始《さいしんかいし》を認《みと》めてあと一歩《いっぽ》まで来《き》たのに、最高裁《さいこうさい》が19年6月《がつ》、決定《けってい》を覆《くつがえ》しました。神《かみ》も仏《ほとけ》もありません。国《くに》はアヤ子《こ》さんが亡《な》くなるのを待《ま》っているのでは、とすら思《おも》います。

アヤ子《こ》さんの誕生会《たんじょうかい》は、私《わたし》のホテルの食堂《しょくどう》で開《ひら》くのが恒例《こうれい》でしたが、15年《ねん》が最後《さいご》になりました。アヤ子《こ》さんが高齢化《こうれいか》し介護施設《かいごしせつ》に入《はい》ったためです。今《いま》は病院《びょういん》で寝《ね》たきりです。

川畑さんのホテルで2015年6月に開いた原口アヤ子さん（前列中央）の米寿を祝う誕生会。ろうそくの火を二息で消して皆を驚かせたが、ホテルでの誕生会はこれが最後になった

41年《ねん》もの間《あいだ》、どんな辛酸《しんさん》をなめても無実《むじつ》を訴《うった》えてきたことが、何《なに》よりの無罪《むざい》の証《あか》しではありませんか。アヤ子《こ》さんは今《いま》93歳《さい》。生《せい》あるうちに無罪判決《むざいはんけつ》をと、切《せつ》に切《せつ》に切に願《ねが》います。

番外編《ばんがいへん》2　最高裁《さいこうさい》の「真実《しんじつ》」、どこに

大崎事件《おおさきじけん》について、私《わたし》はどうしても言《い》いたいことがあります。最高裁《さいこうさい》が守《まも》るべき「真実《しんじつ》」はどこにあるのか、ということです。

2019年《ねん》6月《がつ》、私《わたし》たちは「今度《こんど》こそ原口《はらぐち》アヤ子《こ》さんの再審《さいしん》の扉《とびら》が開《ひら》く」と固《かた》く信《しん》じていました。15年《ねん》に起《お》こされた第《だい》3次再審請求《じさいしんせいきゅう》では、17年《ねん》6月《がつ》に鹿児島地裁《かごしまちさい》が、そして18年《ねん》3月《がつ》には福岡高裁宮崎支部《ふくおかこうさいみやざきしぶ》が再審開始決定《さいしんかいしけってい》を出《だ》しました。当然《とうぜん》、最高裁《さいこうさい》も認《みと》めると、誰《だれ》もが思《おも》っていたはずです。

その大《おお》きな理由《りゆう》が、被害者《ひがいしゃ》の男性《だんせい》の死因《しいん》を巡《めぐ》る鑑定《かんてい》でした。アヤ子《こ》さんが実刑判決《じっけいはんけつ》を受《う》けた裁判《さいばん》では、死因《しいん》は窒息死《ちっそくし》で、タオルによる絞殺《こうさつ》と結論《けつろん》づけられました。これに対《たい》し弁護側《べんごがわ》は、男性《だんせい》は酒《さけ》に酔《よ》って自転車《じてんしゃ》のまま側溝《そっこう》に落《お》ちたとして、転落事故《てんらくじこ》による出血性《しゅっけつせい》ショック死《し》の可能性《かのうせい》が高《たか》いとする新鑑定《しんかんてい》を提出《ていしゅつ》。この鑑定《かんてい》は説得力十分《せっとくりょくじゅうぶん》で、地裁《ちさい》も高裁《こうさい》も、認《みと》めざる

大崎事件の発生時、原口アヤ子さん一家が住んでいた場所に立つ川畑さん。奥のやぶのほうに自宅があったという

大崎事件で被害者が転落したとされる用水路を訪ねた川畑さん夫婦

を得《え》なかったのです。

ところが、最高裁《さいこうさい》の判断《はんだん》は再審開始決定《さいしんかいしけってい》取《と》り消しでした。「弁護側《べんごがわ》が新証拠《しんしょうこ》として提出《ていしゅつ》した鑑定《かんてい》は確定判決《かくていはんけつ》の事実認定《じじつにんてい》を覆《くつがえ》す証拠《しょうこ》ではない」としたのです。「疑《うたが》わしきは被告人《ひこくにん》の利益《りえき》に」と、再審《さいしん》の門戸《もんこ》を開《ひら》いた白鳥決定《しらとりけってい》の精神《せいしん》はどこに行《い》ったのでしょう。

この現場《げんば》に私《わたし》は妻《つま》の順子《じゅんこ》と何度《なんど》も足《あし》を運《はこ》びました。男性《だんせい》が転落《てんらく》したとされる用水路《ようすいろ》は高《たか》さ1メートルほど。ここから自転車《じてんしゃ》で落《お》ちたら、無傷《むきず》ではまず済《す》まないでしょう。その後《あと》、男性《だんせい》が水路《すいろ》に落《お》ちたままなら、低体温症《ていたいおんしょう》にもなります。現場《げんば》を見《み》れば、事故死《じこし》の可能性《かのうせい》も十分《じゅうぶん》に想像《そうぞう》できるのに、どうして最高裁《さいこうさい》は真実《しんじつ》を見《み》ようとしないのでしょう。

事件《じけん》の前《まえ》のアヤ子《こ》さん一家《いっか》の住《す》まいは、今《いま》は森《もり》の中《なか》になっています。刑期《けいき》を終《お》えて出所《しゅっしょ》したアヤ子《こ》さんはこの家《いえ》を出《で》て、亡《な》き母《はは》が用意《ようい》していた小《ちい》さな家《いえ》に入《はい》りました。無罪《むざい》を勝《か》ち取《と》る日《ひ》を固《かた》く信《しん》じて、寂《さび》しさに耐《た》え1人《ひとり》で暮《く》らしたのです。その家《いえ》も今《いま》は荒《あ》れ放題《ほうだい》。縁側《えんがわ》にアヤ子《こ》さんと腰掛《こしか》け「お互《たが》い頑張《がんば》ろうね」と声《こえ》を掛《か》け合《あ》ったことが遠《とお》い昔《むかし》のようです。

ですが、２０２０年《ねん》６月《がつ》12日《にち》、そんなアヤ子《こ》さんの元気《げんき》そうな姿《すがた》を久《ひさ》しぶりに画像《がぞう》で見《み》ることができました。15日《にち》の93歳《さい》の誕生日《たんじょうび》を前《まえ》に、いずれも再審無罪《さいしんむざい》が確定《かくてい》した呼吸器外《こきゅうきはず》し事件《じけん》の西山美香《にしやまみか》さん、小《しょう》６女児焼死事件《じょじしょうしじけん》の青木恵子《あおきけいこ》さんらが病室《びょうしつ》を訪《たず》ねたのです。私《わたし》も一目顔《ひとめかお》を見《み》たかったのですが、新型《しんがた》コロナウイルス予防《よぼう》の人数制限《にんずうせいげん》のため、やむなく記者会見場《きしゃかいけんじょう》となった「ビジネスホテル枇榔《びろう》」に待機《たいき》しておりました。

面会《めんかい》を終《お》えてホテルに来《き》た人《ひと》たちによると、アヤ子《こ》さんは元気《げんき》そうな様子《ようす》で、声《こえ》を掛《か》けると涙《なみだ》を流《なが》していたそうです。言葉《ことば》は出《で》ないけど、多《おお》くの人《ひと》がアヤ子《こ》さんのために闘《たたか》っていることを、分《わ》かっているのです。

「あたいはやっちょらん！」――。

あなたも、そして再審《さいしん》を判断《はんだん》する裁判官《さいばんかん》こそ、アヤ子《こ》さんの真実《しんじつ》の叫《さけ》びを聞《き》いてください。

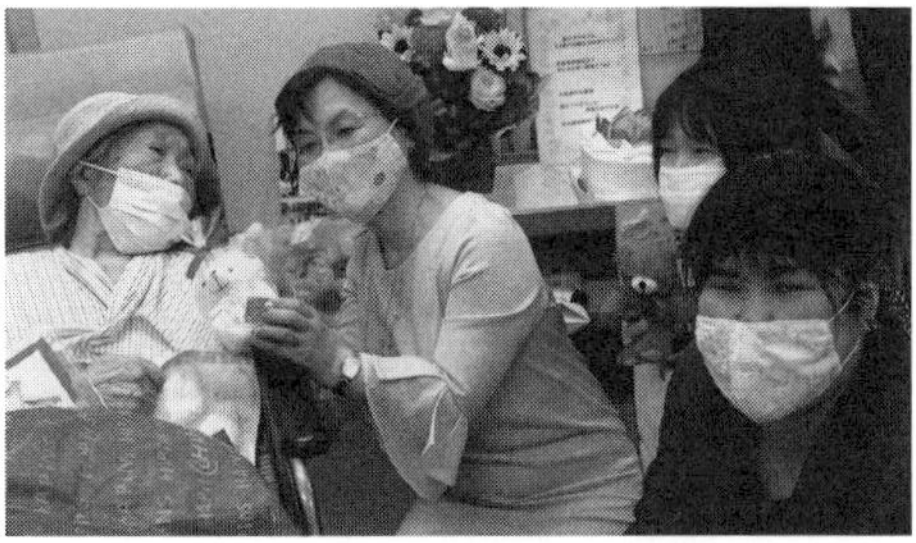

原口アヤ子さん（左）を励ます弁護士や支援者=2020年６月12日（大崎事件弁護団提供）

原口アヤ子さんがかつては１人で暮らした家は、竹やぶに覆われていた

93――二《ふた》つの国賠訴訟《こくばいそしょう》、明暗《めいあん》

この聞《き》き書《が》きもあと少《すこ》しです。最後《さいご》は志布志事件《しぶしじけん》のその後《ご》についてお話《はな》ししますね。

２０１５年《ねん》5月《がつ》15日《にち》。志布志事件《しぶしじけん》の裁判闘争《さいばんとうそう》は、天王山《てんのうざん》を迎《むか》えていました。鹿児島地裁《かごしまちさい》で午前《ぜん》と午後《ごご》に分《わ》かれて二《ふた》つの判決《はんけつ》があるのです。私《わたし》は仲間《なかま》といつもの貸《か》し切《き》りバスで、鹿児島《かごしま》へと向《む》かいました。

最初《さいしょ》は志布志事件無罪国家賠償訴訟《しぶしじけんむざいこっかばいしょうそしょう》の判決《はんけつ》。起訴《きそ》された元被告《もとひこく》11人《にん》と、途中《とちゅう》で死亡《しぼう》した元被告《もとひこく》2人《ふたり》の遺族《いぞく》が国《くに》と県《けん》に総額《そうがく》２億《おく》８６００万円《まんえん》の賠償《ばいしょう》を求《もと》めた裁判《さいばん》。結果《けっか》はこちらのほぼ完勝《かんしょう》でした。裁判長《さいばんちょう》は国《くに》と県《けん》に元被告《もとひこく》1人《ひとり》あたり４６０万円《まんえん》、総額《そうがく》５９８０万円《まんえん》の賠償《ばいしょう》を命《めい》じました。

その判決理由《はんけつりゆう》がこうです。恫喝《どうかつ》や誘導《ゆうどう》で虚偽《きょぎ》の自白《じはく》を強要《きょうよう》した捜査《そうさ》を違法《いほう》と断定《だんてい》。さらには捜査《そうさ》を指揮《しき》した志布志署《しぶししょ》の当時《とうじ》のK署長《しょちょう》と鹿児島県警《かごしまけんけい》のI警部《けいぶ》に「事件《じけん》の筋読《すじよ》みを誤《あやま》り、過失《かしつ》があった」と認定《にんてい》したのです。H元警部補《もとけいぶほ》が私《わたし》への踏《ふ》み字《じ》で有罪《ゆうざい》が確定《かくてい》し退職金《たいしょくきん》も失《うしな》ったのに、「暴走列車《ぼうそうれっしゃ》」とまで呼《よ》ばれた捜査《そうさ》を指揮《しき》した2人《ふたり》は、何《なん》の罰《ばつ》も受《う》けず退職金《たいしょくきん》を丸々《まるまる》受《う》け取《と》っていましたね。私《わたし》も留飲《りゅういん》が下《さ》がりました。

判決《はんけつ》は鹿児島地検《かごしまちけん》の責任《せきにん》にも踏《ふ》み込《こ》みました。元被告全員《もとひこくぜんいん》が否認《ひにん》に転《てん》じた後《あと》も地検《ちけん》が漫然《まんぜん》と起訴《きそ》・勾留《こうりゅう》を続《つづ》け、公判《こうはん》を継続《けいぞく》したことを違法《いほう》と認定《にんてい》。「検察官《けんさつかん》に過失《かしつ》があった」と結論付《けつろんづ》けたのです。県警《けんけい》と地検《ちけん》が結託《けったく》して事件《じけん》をつくり上《あ》げた構図《こうず》が、これで浮《う》き彫《ぼ》りになりました。

さあ、午後《ごご》はたたき割《わ》り国賠訴訟《こくばいそしょう》の判決《はんけつ》です。起訴《きそ》はされなかったものの「たたき割《わ》り」と呼《よ》ばれる過酷《かこく》な取《と》り調《しら》べを受《う》けた7人《にん》が県《けん》に総額《そうがく》2310万円《まんえん》の損害賠償《そんがいばいしょう》を求《もと》めた訴訟《そしょう》です。20万円《まんえん》を受《う》け取《と》って消防団《しょうぼうだん》の団員《だんいん》に配《くば》った、と涙《なみだ》ながらにうその自白《じはく》をさせられた浜野博《はまのひろし》さんを覚《おぼ》えていますか。その浜野《はまの》さんが原告団長《げんこくだんちょう》を務《つと》めています。

私《わたし》たちは当然《とうぜん》、この7人《にん》も勝《か》つと信《しん》じていました。ところが判決《はんけつ》は3人《にん》への賠償《ばいしょう》を認《みと》めましたが、浜野《はまの》さんら4人《にん》の請求《せいきゅう》は棄却《ききゃく》しました。皆同《みなおな》じように苦《くる》しんできたのに、どうして一方《いっぽう》は認《みと》め、一方《いっぽう》は認《みと》めないのか。不当判決《ふとうはんけつ》です。

たたき割り国賠訴訟で敗訴し、涙を拭って感想を語る浜野博さん
＝2015年５月15日

2訴訟《そしょう》の原告《げんこく》そろっての記者会見《きしゃかいけん》は明暗《めいあん》がくっきり分《わ》かれました。浜野《はまの》さんは涙《なみだ》を拭《ぬぐ》い「やられた人間《にんげん》でないとあの悔《くや》しさは分《わ》からない」と声《こえ》を絞《しぼ》り出《だ》しました。闘《たたか》いはまだ続《つづ》きます。

94——終《お》わらぬ志布志事件《しぶしじけん》

2015年《ねん》5月《がつ》、明暗《めいあん》が分《わ》かれた志布志事件《しぶしじけん》を巡《めぐ》る二《ふた》つの国家賠償訴訟《こっかばいしょうそしょう》。7人中《にんちゅう》4人《にん》の請求《せいきゅう》が棄却《ききゃく》された「たたき割《わ》り」国賠訴訟《こくばいそしょう》で、原告団長《げんこくだんちょう》を務《つと》める浜野博《はまのひろし》さんは、気落《きお》ちした仲間《なかま》にこう呼《よ》び掛《か》けました。

「このまま終《お》わっていいはずないだろう」

一審《いっしん》で115万円《まんえん》の賠償《ばいしょう》が認《みと》められた門松輝海《かどまつてるみ》さんを除《のぞ》く6人《にん》が、福岡高裁宮崎支部《ふくおかこうさいみやざきしぶ》に控訴《こうそ》。もちろん私《わたし》も毎回《まいかい》、応援《おうえん》に通《かよ》いました。何《なに》せ最初《さいしょ》に浜野《はまの》さんに「訴《うった》えい!」と持《も》ちかけたのはこの私《わたし》ですからね。私《わたし》と浜野《はまの》さんは似《に》た境遇《きょうぐう》の同志《どうし》です。いずれも起訴《きそ》はされていませんが、常軌《じょうき》を逸《いっ》した取《と》り調《しら》べをされたから「一歩《いっぽ》も退《ひ》かんど」の精神《せいしん》で裁判《さいばん》を起《お》こしたのです。

判決《はんけつ》は16年《ねん》8月5日《がついつか》、言《い》い渡《わた》されました。今度《こんど》はほぼ完全勝訴《かんぜんしょうそ》。6人全員《にんぜんいん》に60万《まん》~115万《まん》円《えん》、総額《そうがく》595万円《まんえん》の賠償命令《ばいしょうめいれい》が出《で》ました。傍聴席《ぼうちょうせき》で主文《しゅぶん》を聞《き》いた私《わたし》は門松《かどまつ》さんと外《そと》に飛《と》び出《だ》し、「勝訴《しょうそ》」の垂《た》れ幕《まく》を掲《かか》げました。写真《しゃしん》ではあいにく顔《かお》が隠《かく》れていますが……。浜野《はまの》さんと握手《あくしゅ》すると、万感胸《ばんかんむね》に迫《せま》り、互《たが》いに言葉《ことば》が出《で》ませんでした。

記者会見《きしゃかいけん》で浜野《はまの》さんは「判決《はんけつ》の瞬間《しゅんかん》、苦《くる》しかった地獄《じごく》のような日々《ひび》を思《おも》い出《だ》した。裁判《さいばん》が終《お》わっても警察《けいさつ》組織《そしき》の怖《こわ》さを忘《わす》れることはできません」と語《かた》りました。体験《たいけん》したから私《わたし》にもよく分《わ》かります。権力《けんりょく》をかさに着《き》た不当捜査《ふとうそうさ》ほど、恥《は》ずべき行為《こうい》はありません。

これで志布志事件《しぶしじけん》に関《かか》わる6訴訟《そしょう》は全《すべ》て私《わたし》たちの勝利《しょうり》という結果《けっか》で終《お》わりました。でも、志《し》布志事件《ぶしじけん》は終《お》わりではありません。

この聞《き》き書《が》きで布川《ふかわ》、足利《あしかが》、氷見《ひみ》、大崎《おおさき》の冤罪事件《えんざいじけん》に触《ふ》れました。ほかにも私《わたし》は、北九州市《きたきゅうしゅうし》の八幡《やはた》で放火殺人《ほうかさつじん》として立件《りっけん》された引野口事件《ひきのぐちじけん》、大阪《おおさか》で小《しょう》6女児《じょじ》が焼死《しょうし》した東住吉事件《ひがしすみよしじけん》、高知白《こうちしろ》バイ

川畑さんのホテルに掲げられた可視化を訴える看板

福岡高裁宮崎支部前で「勝訴」の垂れ幕を掲げる門松輝海さん（右）と川畑さん。2人は同じ日に逮捕され、同じ日に釈放された　＝2015年5月15日

衝突死事件《しょうとつしじけん》など、いろんな冤罪被害者《えんざいひがいしゃ》の支援《しえん》を続《つづ》けてきました。そのたびに痛感《つうかん》したのが、志《し》布志事件《ぶしじけん》の教訓《きょうくん》を早《はや》く実践《じっせん》に移《うつ》さないと、日本《にっぽん》から冤罪《えんざい》はなくならないということ。

刑事訴訟法改正《けいじそしょうほうかいせい》で2019年《ねん》から取《と》り調《しら》べの可視化《かしか》（録画《ろくが》）が義務化《ぎむか》されました。ですが、対象《たいしょう》は殺人《さつじん》などの裁判員裁判対象事件《さいばんいんさいばんたいしょうじけん》と検察官独自捜査事件《けんさつかんどくじそうさじけん》に限《かぎ》られ、事件全体《じけんぜんたい》のたった3％です。そこで私《わたし》は強《つよ》く訴《うった》えます。取《と》り調《しら》べの全件《ぜんけん》、全過程《ぜんかてい》を録画《ろくが》する「全面可視化《ぜんめんかしか》」を義務《ぎむ》付《づ》けた上《うえ》、取《と》り調《しら》べへの弁護士《べんごし》の立《た》ち会《あ》いも実現《じつげん》すべきだ、と。この二《ふた》つが実現《じつげん》するまで、志布《しぶ》志事件《しじけん》は終《お》わらないのです。

95――もしHさんと出会《であ》ったら

そもそも志布志事件《しぶしじけん》はなぜ起《お》こったの？　読者《どくしゃ》の方《かた》からそんな疑問《ぎもん》を頂《いただ》いていました。最後《さいご》の最後《さいご》に一部《いちぶ》を話《はな》しますが、私《わたし》の推測《すいそく》交《ま》じりという前提《ぜんてい》でお聞《き》きくださいね。

鹿児島県警《かごしまけんけい》の標的《ひょうてき》が、県議《けんぎ》に初当選《はっとうせん》した妻《つま》のいとこの中山信一《なかやましんいち》だったのは間違《まちが》いないと思《おも》います。だから中山《なかやま》の選挙《せんきょ》の裏方《うらかた》だった私《わたし》が、最初《さいしょ》に志布志署《しぶししょ》へ引《ひ》っ張《ぱ》られたのです。中山《なかやま》が失脚《しっきゃく》すれば誰《だれ》が得《とく》するか――。対立候補《たいりつこうほ》ですよね。

これは裁判《さいばん》に出《で》た事実《じじつ》ですが、投票日《とうひょうび》の2003年《ねん》4月《がつ》13日《にち》、捜査班長《そうさはんちょう》のI警部《けいぶ》と部下《ぶか》のH

警部補《けいぶほ》が、大隅半島《おおすみはんとう》で警察行政《けいさつぎょうせい》などに多大《ただい》な影響力《えいきょうりょく》を持《も》つM県議《けんぎ》を訪《たず》ねました。I警部《けいぶ》はM県《けん》議《ぎ》と旧知《きゅうち》の仲《なか》。選挙情報《せんきょじょうほう》を得《え》る目的《もくてき》だったと証言《しょうげん》しました。指揮官《しきかん》のK署長《しょちょう》も容認《ようにん》していたはずです。

投票日《とうひょうび》に選挙違反《せんきょいはん》の捜査班長《そうさはんちょう》が候補者《こうほしゃ》と会《あ》うとは、異常《いじょう》ですよね。新人《しんじん》として県議選《けんぎせん》に割《わ》り込《こ》んできた中山《なかやま》は、M県議《けんぎ》らにとって招《まね》かれざる客《きゃく》でした。少《すく》なくとも、M県議《けんぎ》の陣営《じんえい》は摘発《てきはつ》しない暗黙《あんもく》の了解《りょうかい》があった上《うえ》で、捜査《そうさ》の方向性《ほうこうせい》を巡《めぐ》る会話《かいわ》があったのでは。

M県議《けんぎ》に真相《しんそう》を聞《き》きたいのですが、それは無理《むり》です。07年《ねん》6月《がつ》22日《にち》午前《ごぜん》3時《じ》45分《ふん》ごろ、自宅《じたく》近《ちか》くで軽乗用車《けいじょうようしゃ》にはねられ亡《な》くなりました。なぜこんな時刻《じこく》に真《ま》っ暗《くら》な道《みち》を歩《ある》いていたのかは、誰《だれ》にも分《わ》かりません。

こんなふうに志布《しぶ》志《し》事件《じけん》は今《いま》も謎《なぞ》だらけ。だから私《わたし》はこれからも取調室《とりしらべしつ》の可視《かし》化《か》実現《じつげん》へ行動《こうどう》していきます。では読者《どくしゃ》への感謝《かんしゃ》を込《こ》めて最後《さいご》

M県議の墓に手を合わせる川畑さん。「お互いいろいろありましたね」と心の中で語り掛けた

M県議が車にはねられ亡くなった現場。なぜ未明の真っ暗な道を歩いていたのか

のエピソードを。

数年前《すうねんまえ》、鹿児島市《かごしまし》の弁護士宅《べんごしたく》での焼《や》き肉《にく》パーティーに招《まね》かれました。ある弁護士《べんごし》が「踏《ふ》み字《じ》事件《じけん》の川畑《かわばた》さんだ。よーく話《はなし》を聞《き》けよ」と司法修習生《しほうしゅうしゅうせい》の女性《じょせい》を紹介《しょうかい》しました。彼女《かのじょ》が司法《しほう》の道《みち》を志《こころざ》したのは、小学校《しょうがっこう》の同級生《どうきゅうせい》の転校《てんこう》がきっかけとか。

「親友《しんゆう》の家《いえ》に街宣車《がいせんしゃ》が来《き》て、お父《とう》さんが関《かか》わった事件《じけん》が報道《ほうどう》され、それで学校《がっこう》でいじめを受《う》けて、福岡《ふくおか》へ引《ひ》っ越《こ》したんです」

ん？　その同級生《どうきゅうせい》は、私《わたし》に踏《ふ》み字《じ》をさせたＨ警部補《けいぶほ》の娘《むすめ》ですね。「ごめんなさい。街宣《がいせん》したのは私《わたし》です。でも不法《ふほう》を正《ただ》すためやったのです」と伝《つた》えました。

１度《ど》だけ街宣《がいせん》したＨ警部補《けいぶほ》の家《いえ》。２階《かい》の窓際《まどぎわ》に人形《にんぎょう》やぬいぐるみが並《なら》んでいたのを覚《おぼ》えています。その持《も》ち主《ぬし》の少女《しょうじょ》がいじめの被害者《ひがいしゃ》になったとは……。何《なん》とも言《い》えない気分《きぶん》でした。

そんな記憶《きおく》がよみがえる夜《よる》はこんな想像《そうぞう》もします。Ｈさんと天文館《てんもんかん》でばったり出会《であ》ったら……。

「お互《たが》いに一歩《いっぽ》も退《ひ》かんやったな」と言《い》いますかね。いや、何《なに》も言《い》わず焼酎《しょうちゅう》のロックを２人《ふたり》で飲《の》んでみたいですね。

被害者《ひがいしゃ》の側《がわ》に立《た》つこと　執筆者後書《しっぴつしゃあとが》き

新人記者時代《しんじんきしゃじだい》の苦《にが》い体験《たいけん》です。入社《にゅうしゃ》3カ月目《げつめ》で特《とく》ダネを拾《ひろ》いました。ある市《し》のソフトボール協会主催《きょうかいしゅさい》の公式戦《こうしきせん》で乱闘《らんとう》があったとのこと。この市《し》は3年後《ねんご》の国体《こくたい》でソフトボールの開催地《かいさいち》に決《き》まっていました。これはニュースになると、取材《しゅざい》に駆《か》け回《まわ》りました。

その結果《けっか》、一方《いっぽう》のチームだけ、選手《せんしゅ》3人《にん》が全治《ぜんち》5日《いつか》から1週間《しゅうかん》のけがをした事実《じじつ》をつかみました。一番《いちばん》けががひどい選手《せんしゅ》を訪《たず》ねると、頭《あたま》に包帯《ほうたい》を巻《ま》き、仕事《しごと》を休《やす》んでいました。腰《こし》が一番痛《いちばんいた》むと言《い》います。こんな証言《しょうげん》を聞《き》きました。

「延長戦《えんちょうせん》で勝《か》ち越《こ》したら、相手《あいて》チームの監督《かんとく》が金属《きんぞく》バットを振《ふ》り回《まわ》して殴《なぐ》りかかってきました。よけようとしたけれど、腰《こし》をもろにバットで殴《なぐ》られました。相手《あいて》の選手《せんしゅ》たちも叫《さけ》びながら向《む》かってきて、私《わたし》もチームメートもグラウンドを逃《に》げ回《まわ》りました」。これでは乱闘《らんとう》ではなく一方的《いっぽうてき》な暴行《ぼうこう》です。

協会《きょうかい》から箝口令《かんこうれい》があったのでしょう。唯一《ゆいいつ》、現場《げんば》にいた第三者《だいさんしゃ》である審判《しんぱん》は取材《しゅざい》に固《かた》く口《くち》を閉《と》ざしていました。協会《きょうかい》の説明《せつめい》からは問題《もんだい》をなるべく軽《かる》くしようという思惑《おもわく》がにおってくるため、被害《ひがい》チームの証言《しょうげん》に基《もと》づいて記事《きじ》を書《か》きました。すると、上司《じょうし》から「記述《きじゅつ》が一方的過《いっぽうてきす》ぎる」

と駄目出《だめだ》しが。相手《あいて》チームの監督《かんとく》は「バットは持《も》っていただけで殴《なぐ》っていない」と釈明《しゃくめい》しましたが、明《あき》らかなうそと判断《はんだん》し、その供述《きょうじゅつ》は記事《きじ》に入《い》れていませんでした。

「うそと思《おも》っても、相手《あいて》の言《い》い分《ぶん》も入《い》れんと客観報道《きゃっかんほうどう》は成《な》り立《た》たん」と上司《じょうし》。そして、手直《てなお》しされた原稿《げんこう》は被害《ひがい》チームにも非《ひ》があったかのような内容《ないよう》になりました。夕刊社会面《ゆうかんしゃかいめん》トップを飾《かざ》りましたが、見出《みだ》しは「暴行《ぼうこう》」ではなく「乱闘《らんとう》」となりました。

本紙《ほんし》の報道《ほうどう》を受《う》け、協会《きょうかい》はただちに加害《かがい》チームの選手全員《せんしゅぜんいん》を公式戦《こうしきせん》から永久追放《えいきゅうついほう》しました。後追《あとお》いした他《ほか》の新聞《しんぶん》は「一方的《いっぽうてき》な暴行《ぼうこう》があった」と報《ほう》じました。その内容《ないよう》は、私《わたし》が最初《さいしょ》に書《か》いて没《ぼつ》になった原稿《げんこう》とほぼ同《おな》じでした。

翌朝《よくあさ》、他紙《たし》の記事《きじ》を読《よ》みながら愕然《がくぜん》としました。けがを負《お》わされた人《ひと》たちの言《い》い分《ぶん》を十分《じゅうぶん》に伝《つた》えられず、記者《きしゃ》としての真実《しんじつ》も貫《つらぬ》けなかった自分《じぶん》のふがいなさ。「こんな思《おも》いは二度《にど》としたくない」と落《お》ち込《こ》んだ末《すえ》、こう誓《ちか》いました。

これからは必《かなら》ず、被害者《ひがいしゃ》の側《がわ》に立《た》つ――。

とはいえ、その確固《かっこ》たる方策《ほうさく》を見《み》いだせず30年《ねん》ほど過《す》ぎた頃《ころ》、私《わたし》の結婚相手《けっこんあいて》の恩人《おんじん》である川《かわ》畑幸夫《ばたさちお》さんと知《し》り合《あ》いました。川畑《かわばた》さんは鹿児島県警《かごしまけんけい》による冤罪《えんざい》、志布志事件《しぶしじけん》の最初《さいしょ》の被害者《ひがいしゃ》。取調室《とりしらべしつ》で肉親《にくしん》のうその言葉《ことば》を書《か》いた紙《かみ》を踏《ふ》まされていました。ですが、そんなつらい体験《たいけん》はおくびにも出《だ》さず、初《はじ》めて会《あ》った日《ひ》にいきなり「きょうからあなたを哲《て》っちゃんと呼《よ》ぶよ」と

川畑さん宅で進められた聞き取り取材の様子。左が執筆者

言《い》ってきます。「ああ、何《なん》ていい人《ひと》なんだろう」と思《おも》いました。家族《かぞく》ぐるみでお付《つ》き合《あ》いを続《つづ》け、川畑《かわばた》さんの温《あたた》かさ、優《やさ》しさに触《ふ》れるにつれ、こんなにいい人《ひと》が警察《けいさつ》にあれほど理不尽《りふじん》なことをされた事実《じじつ》を書《か》き残《のこ》さねば、との思《おも》いが募《つの》りました。それで、聞《き》き書《が》き連載《れんさい》「一歩《いっぽ》も退《ひ》かんど」に取《と》りかかったのです。

こうした事件報道《じけんほうどう》で悩《なや》ましいのが、被害者《ひがいしゃ》の主張《しゅちょう》と、裁判所《さいばんしょ》や警察《けいさつ》の事実認定《じじつにんてい》の食《く》い違《ちが》いです。例《たと》えば、一般記事《いっぱんきじ》で踏《ふ》み字《じ》の回数《かいすう》を記述《きじゅつ》するなら確定判決《かくていはんけつ》の「1回《かい》」と書《か》かざるを得《え》ないのですが、川畑《かわばた》さんは「約《やく》10回《かい》」と記憶《きおく》していました。幸《さいわ》いに、この連載《れんさい》は聞《き》き書《が》きスタイルだったので、川畑《かわばた》さんの主張《しゅちょう》をいくらでも活字《かつじ》にすることができました。新聞読者《しんぶんどくしゃ》からは「こんなに警察《けいさつ》を批判《ひはん》して大丈夫《だいじょうぶ》か」という心配《しんぱい》のお電話《でんわ》もたびたび頂《いただ》きましたが、既《すで》に判決《はんけつ》で確定《かくてい》した事実《じじつ》ですから、大丈夫《だいじょうぶ》でした。

主《おも》に川畑《かわばた》さん宅《たく》での聞《き》き取《と》り取材《しゅざい》はこんな感《かん》じで進《すす》みました。応《おう》接間《せつま》の床《ゆか》には、妻《つま》の順子《じゅんこ》さんが保存《ほぞん》する大量《たいりょう》の裁判資料《さいばんしりょう》や写真《しゃしん》、ビデオテープが散乱《さんらん》しています。何《なに》せ10年以上前《ねんいじょうまえ》のことなので、川畑《かわばた》さんの記憶《きおく》もあやふやなところが多々《たた》あります。そこで「順子《じゅんこ》さん、日記《にっき》を確認《かくにん》してください」と私《わたし》。すると、順子《じゅんこ》さんが「○年《ねん》○月《がつ》○

日《にち》、こう書《か》いてるよ」と読《よ》み上《あ》げます。「ほら、やっぱり幸夫《さちお》さんの記憶違《きおくちが》いだった」とメモを訂正《ていせい》していると、川畑《かわばた》さんが思《おも》わずこうぼやくのです。「もう、H警部補《けいぶほ》の取《と》り調《しら》べよりきつかー」

そんなふうに回《かい》を重《かさ》ねるうち、自分《じぶん》が川畑《かわばた》さんと一体《いったい》になって怒《おこ》ったり泣《な》いたりしている奇妙《きみょう》な感覚《かんかく》に陥《おちい》りました。川畑《かわばた》さんの話《はなし》があまりにお人好《ひとよ》しなので、「なぜもっと怒《おこ》らなかったんですか」と憤慨《ふんがい》することも。順子《じゅんこ》さんからは「まるで自分《じぶん》が体験《たいけん》したように書《か》くね」との言《こと》葉《ば》を何度《なんど》もＬＩＮＥ《ライン》で頂《いただ》き、大《おお》いに勇気《ゆうき》づけられました。

福岡《ふくおか》から志布志《しぶし》までは往復《おうふく》６００キロ以上《いじょう》あります。その道《みち》のりを自家用車《じかようしゃ》で10回以上通《かいいじょうかよ》い、連載《れんさい》は95回《かい》を数《かぞ》えました。それが一冊《いっさつ》の本《ほん》になった今《いま》、こんな感慨《かんがい》を覚《おぼ》えています。

とことん被害者《ひがいしゃ》の身《み》になる。それが被害者《ひがいしゃ》の側《がわ》に立《た》つということだったのか——。

こんな単純《たんじゅん》なことに気《き》づくのに30年以上《ねんいじょう》かかったふがいない記者《きしゃ》ですが、「真実《しんじつ》」を貫《つらぬ》くことの大切《たいせつ》さに気《き》づかせてくださった川畑幸夫《かわばたさちお》さん、順子《じゅんこ》さんご夫妻《ふさい》をはじめ、志布志事件関係《しぶしじけんかんけい》者《しゃ》の皆《みな》さん、泊《と》めてくださったビジネスホテル枇榔《びろう》のスタッフの皆《みな》さん、編集《へんしゅう》を担当《たんとう》してくださった花乱社《からんしゃ》の別府大悟編集長《べっぷだいごへんしゅうちょう》、そして川畑《かわばた》さんと奇《く》しくも同《おな》じ名前《なまえ》の読《よ》みである、出版元《しゅっぱんもと》・集広舎《しゅうこうしゃ》の川端幸夫代表《かわばたさちおだいひょう》に、心《こころ》からお礼《れい》を申《もう》し上《あ》げます。ありがとうございました。

鶴丸哲雄《つるまるてつお》

■志布志事件《しぶしじけん》の経過《けいか》

2003年《ねん》

4月《がつ》13日《にち》	鹿児島県議選曽於郡区《かごしまけんぎせんそおぐんく》で中山信一《なかやましんいち》さん初当選《はつとうせん》
14日《にち》	川畑幸夫《かわばたさちお》さんの取《と》り調《しら》べが志布志署《しぶししょ》で始《はじ》まる
16日《にち》	川畑幸夫《かわばたさちお》さんが取調室《とりしらべしつ》で県警本部《けんけいほんぶ》のH警部補《けいぶほ》に肉親《にくしん》の言葉《ことば》を書《か》いた紙《かみ》を踏《ふ》まされる「踏《ふ》み字事件《じじけん》」発生《はっせい》
17日《にち》	川畑幸夫《かわばたさちお》さん入院《にゅういん》
18日《にち》	藤元《ふじもと》いち子《こ》さんの取《と》り調《しら》べ開始《かいし》。これを皮切《かわき》りに懐集落《ふところしゅうらく》の住民《じゅうみん》が次々《つぎつぎ》と聴取《ちょうしゅ》される
22日《にち》	藤元《ふじもと》いち子《こ》さん逮捕《たいほ》される
5月《がつ》13日《にち》	藤山忠《ふじやますなお》さん、山下邦夫《やましたくにお》さん、山中鶴雄《やまなかつるお》さん、懐俊裕《ふところとしひろ》さん、永山《ながやま》トメ子《こ》さん逮捕《たいほ》される
18日《にち》	藤本安義《ふじもとやすよし》さん逮捕《たいほ》される
6月《がつ》4日《か》	中山信一《なかやましんいち》さん、妻《つま》のシゲ子《こ》さん逮捕《たいほ》される
25日《にち》	懐《ふところ》智津子《ちづこ》さん、藤山成美《ふじやまなるみ》さん、谷田則雄《たにだのりお》さん逮捕《たいほ》される
7月《がつ》24日《か》	川畑幸夫《かわばたさちお》さん、門松輝海《かどまつてるみ》さん、池口勤《いけぐちつとむ》さん逮捕《たいほ》される
8月《がつ》13日《にち》	川畑幸夫《かわばたさちお》さん、門松輝海《かどまつてるみ》さん、池口勤《いけぐちつとむ》さん釈放《しゃくほう》され、不起訴《ふきそ》に

2003年《ねん》	27日《にち》	志布志事件《しぶしじけん》の被告《ひこく》を支援《しえん》する「住民《じゅうみん》の人権《じんけん》を考《かんが》える会《かい》」発足《ほっそく》
	9月《がつ》3日《か》	志布志事件第《しぶしじけんだい》5回公判《かいこうはん》で被告全員《ひこくぜんいん》が否認《ひにん》に転換《てんかん》
	10月《がつ》10日《か》	永利忠義《ながとしただよし》さん在宅起訴《ざいたくきそ》される。これで被告《ひこく》は13人《にん》に
2004年《ねん》	4月《がつ》9日《か》	川畑幸夫《かわばたさちお》さんが踏《ふ》み字事件《じじけん》で鹿児島県《かごしまけん》を相手取《あいてど》り国家賠償請求訴訟《こっかばいしょうせいきゅうそしょう》を起《お》こす
	16日《にち》	拘置所《こうちしょ》での接見内容《せっけんないよう》を調書化《ちょうしょか》され接見交通権《せっけんこうつうけん》を侵害《しんがい》されたとして、志布志事件《しぶしじけん》の弁護士《べんごし》11人《にん》が国《くに》と鹿児島県《かごしまけん》を相手取《あいてど》り国家賠償請求訴訟《こっかばいしょうせいきゅうそしょう》（接見交通権訴訟《せっけんこうつうけんそしょう》）を起《お》こす
	7月《がつ》2日《か》	中山信一《なかやましんいち》さん9回目《かいめ》の申請《しんせい》で保釈《ほしゃく》。勾留日数《こうりゅうにっすう》は３９５日《にち》
	11日《にち》	鹿児島県議補選曽於郡区《かごしまけんぎほせんそおぐんく》で中山信一《なかやましんいち》さん落選《らくせん》
2005年《ねん》	5月《がつ》24日《か》	志布志事件被告《しぶしじけんひこく》の山中鶴雄《やまなかつるお》さん死去《しきょ》
	6月《がつ》10日《か》	踏《ふ》み字事件国賠訴訟《じじけんこくばいそしょう》で鹿児島地裁《かごしまちさい》の裁判官《さいばんかん》が志布志署取調室《しぶししょとりしらべしつ》を視察《しさつ》
	10月《がつ》7日《か》	ビジネスホテル枇榔《びろう》に「真実《しんじつ》の碑《ひ》」建立《こんりゅう》
	2月《がつ》15日《にち》	志布志事件《しぶしじけん》で鹿児島地裁裁判長《かごしまちさいさいばんちょう》が買収会合《ばいしゅうかいごう》のアリバイを調《しら》べるため異例《いれい》の夜間《やかん》自動車走行検証《じどうしゃそうこうけんしょう》

2006年《ねん》	9月《がつ》29日《にち》	志布志事件被告《しぶしじけんひこく》12人《にん》に懲役《ちょうえき》1年《ねん》10カ月《げつ》～6カ月《げつ》の求刑《きゅうけい》
	10月《がつ》27日《にち》	志布志事件《しぶしじけん》で「たたき割《わ》り」と呼《よ》ばれる過酷《かこく》な取《と》り調《しら》べを受《う》けた浜野博《はまのひろし》さんら8人《にん》が鹿児島県《かごしまけん》を相手取《あいてど》り国家賠償請求訴訟《こっかばいしょうせいきゅうそしょう》（たたき割《わ》り国賠訴訟《こくばいそしょう》）を提訴《ていそ》
2007年《ねん》	1月《がつ》18日《にち》	踏《ふ》み字国賠訴訟《じこくばいそしょう》で川畑幸夫《かわばたさちお》さんが勝訴《しょうそ》。鹿児島県《かごしまけん》に60万円《まんえん》支払《しはら》い命令《めいれい》
	21日《にち》	鹿児島県警《かごしまけんけい》が踏《ふ》み字《じ》をさせたH警部補《けいぶほ》を減給《げんきゅう》の懲戒処分《ちょうかいしょぶん》。志布志署《しぶししょ》のK署長《しょちょう》は本部長注意《ほんぶちょうちゅうい》、捜査《そうさ》を指揮《しき》したI警部《けいぶ》は所属長訓戒《しょぞくちょうくんかい》に
	24日《か》	川畑幸夫《かわばたさちお》さんが取調室《とりしらべしつ》で踏《ふ》み字《じ》をさせた鹿児島県警《かごしまけんけい》H警部補《けいぶほ》を特別公務員暴行陵虐容疑《とくべつこうむいんぼうこうりょうぎゃくようぎ》で鹿児島地検《かごしまちけん》に刑事告訴《けいじこくそ》
	31日《にち》	踏《ふ》み字国賠訴訟《じこくばいそしょう》で鹿児島県警《かごしまけんけい》が控訴断念《こうそだんねん》を表明《ひょうめい》
	2月《がつ》23日《にち》	志布志事件《しぶしじけん》で被告《ひこく》12人全員《にんぜんいん》に無罪判決《むざいはんけつ》。鹿児島県警《かごしまけんけい》に世論《よろん》の批判集中《ひはんしゅうちゅう》
	3月《がつ》8日《か》	鹿児島地検《かごしまちけん》が志布志事件《しぶしじけん》で控訴断念《こうそだんねん》を表明《ひょうめい》
	8日《か》	志布志事件当時《しぶしじけんとうじ》の鹿児島県警本部長《かごしまけんけいほんぶちょう》だった稲葉一次《いなばかつじ》関東管区警察局総務部長《かんとうかんくけいさつきょくそうむぶちょう》を警察庁長官《けいさつちょうちょうかん》が厳重注意《げんじゅうちゅうい》
	19日《にち》	鹿児島県警《かごしまけんけい》の久我英一本部長《くがえいいちほんぶちょう》が志布志事件《しぶしじけん》を謝罪《しゃざい》
	4月《がつ》8日《か》	鹿児島県議選志布志市《かごしまけんぎせんしぶしし》・曽於郡区《そおぐんく》で中山信一《なかやましんいち》さん返《かえ》り咲《さ》き
	5月《がつ》17日《にち》	鹿児島地検《かごしまちけん》がH警部補《けいぶほ》の捜査《そうさ》を福岡高検《ふくおかこうけん》に移送《いそう》

2007年《ねん》

8月《がつ》24日《か》	H警部補《けいぶほ》が鹿児島県警《かごしまけんけい》に辞職願《じしょくねがい》。31日付《にちづけ》で退職《たいしょく》
9月《がつ》19日《にち》	踏《ふ》み字事件《じじけん》で福岡高検《ふくおかこうけん》がH元警部補《もとけいぶほ》を特別公務員暴行陵虐罪《とくべつこうむいんぼうこうりょうぎゃくざい》で在宅起訴《ざいたくきそ》
10月《がつ》19日《にち》	志布志事件元被告《しぶしじけんもとひこく》12人《にん》と遺族《いぞく》5人《にん》が国《くに》と鹿児島県《かごしまけん》を相手《あいて》に無罪国家賠償請求訴訟《むざいこっかばいしょうせいきゅうそしょう》を提訴《ていそ》
26日《にち》	鹿児島県《かごしまけん》がH元警部補《もとけいぶほ》に賠償金《ばいしょうきん》の求償権《きゅうしょうけん》を行使《こうし》
11月《がつ》22日《にち》	踏《ふ》み字事件刑事裁判初公判《じじけんけいじさいばんはつこうはん》。H元警部補《もとけいぶほ》が無罪主張《むざいしゅちょう》
12月《がつ》27日《にち》	踏《ふ》み字事件刑事裁判《じじけんけいじさいばん》で被害者《ひがいしゃ》の川畑幸夫《かわばたさちお》さんの証人尋問《しょうにんじんもん》

2008年《ねん》

3月《がつ》18日《にち》	踏《ふ》み字事件《じじけん》で福岡地裁《ふくおかちさい》がH元警部補《もとけいぶほ》に有罪判決《ゆうざいはんけつ》。懲役《ちょうえき》10カ月《げつ》、執行猶予《しっこうゆうよ》3年《ねん》。H元警部補《もとけいぶほ》は控訴《こうそ》
24日《か》	接見交通権訴訟《せっけんこうつうけんそしょう》で志布志事件弁護士側《しぶしじけんべんごしがわ》が勝訴《しょうそ》
6月《がつ》23日《にち》	志布志事件元被告《しぶしじけんもとひこく》の永利忠義《ながとしただよし》さん死去《しきょ》
9月《がつ》9日《か》	福岡高裁《ふくおかこうさい》がH元警部補《もとけいぶほ》の控訴棄却《こうそききゃく》。有罪《ゆうざい》が確定《かくてい》

2015年《ねん》

5月《がつ》15日《にち》	志布志事件無罪国家賠償訴訟《しぶしじけんむざいこっかばいしょうそしょう》で元被告《もとひこく》ら全面勝訴《ぜんめんしょうそ》。鹿児島地裁《かごしまちさい》が国《くに》と県《けん》に対《たい》し総額《そうがく》5980万円《まんえん》の支払《しはら》い命令《めいれい》
15日《にち》	たたき割《わ》り国家賠償訴訟《こっかばいしょうそしょう》で、鹿児島地裁《かごしまちさい》は3人《にん》への賠償《ばいしょう》を認《みと》め4人《にん》の請求棄却《せいきゅうききゃく》。

原告《げんこく》7人中《にんちゅう》6人《にん》が控訴《こうそ》

2016年《ねん》

8月《がつ》5日《か》

たたき割《わ》り国家賠償訴訟《こっかばいしょうそしょう》で原告側全面勝訴《げんこくがわぜんめんしょうそ》。福岡高裁宮崎支部《ふくおかこうさいみやざきしぶ》が県《けん》に対《たい》して6人《にん》全員《ぜんいん》に60～115万円《まんえん》の賠償《ばいしょう》を命令《めいれい》。これで志布志事件《しぶしじけん》を巡《めぐ》る6訴訟《そしょう》は、全《すべ》て住民《じゅうみん》・弁護士側《べんごしがわ》の勝訴《しょうそ》で決着《けっちゃく》

■主《おも》な参考文献《さんこうぶんけん》

『志布志事件《しぶしじけん》は終《お》わらない』編著《へんちょ》・木村朗《きむらあきら》、野平康博《のひらやすひろ》（耕文社《こうぶんしゃ》、２０１６年《ねん》）

『警察《けいさつ》の犯罪《はんざい》　鹿児島県警《かごしまけんけい》・志布志事件《しぶしじけん》』朝日新聞《あさひしんぶん》　粟野仁雄《あわのまさお》（ワック、２００８年《ねん》）

『虚罪《きょざい》　ドキュメント志布志事件《しぶしじけん》』朝日新聞《あさひしんぶん》「志布志事件《しぶしじけん》」取材班《しゅざいはん》（岩波書店《いわなみしょてん》、２００９年《ねん》）

『『冤罪《えんざい》』を追《お》え　志布志事件《しぶしじけん》との１０００日《にち》』朝日新聞鹿児島総局《あさひしんぶんかごしまそうきょく》（朝日新聞出版《あさひしんぶんしゅっぱん》、２００８年《ねん》）

『『違法《いほう》』捜査《そうさ》　志布志事件《しぶしじけん》『でっち上《あ》げ』の真実《しんじつ》』梶山天《かじやまたかし》（角川学芸出版《かどかわがくげいしゅっぱん》、２０１０年《ねん》）

『冤罪《えんざい》の恐怖《きょうふ》　人生《じんせい》を狂《くる》わせる『でっちあげ』のカラクリ』大谷昭宏《おおたにあきひろ》（ソフトバンククリエイティブ、２０１１年《ねん》）

『足利事件《あしかがじけん》　松本《まつもと》サリン事件《じけん》』菅家利和《すがやとしかず》、河野義行《こうのよしゆき》（ＴＯブックス、２００９年《ねん》）

■話《はな》し手《て》の略歴《りゃくれき》

川畑幸夫（かわばた・さちお）　1945年《ねん》生《う》まれ。鹿児島県志布志市《かごしまけんしぶしし》出身《しゅっしん》。トラック運転手《うんてんしゅ》や菓子店経営《かしてんけいえい》を経《へ》て、志布志市《しぶしし》で妻《つま》の順子《じゅんこ》さんと共《とも》に「ビジネスホテル枇榔《びろう》」を経営《けいえい》する。2003年《ねん》4月《がつ》の鹿児島県議《かごしまけんぎ》選《せん》を巡《めぐ》り、県警《けんけい》がでっち上《あ》げた冤罪《えんざい》「志布志事件《しぶしじけん》」に巻《ま》き込《こ》まれ、志布《しぶ》志署取調室《ししょとりしらべしつ》で肉親《にくしん》の言葉《ことば》を書《か》いた紙《かみ》を踏《ふ》まされる。これは後《のち》に「踏《ふ》み字《じ》」事件《じけん》と呼《よ》ばれる。逮捕《たいほ》され釈放後《しゃくほうご》、違法《いほう》な取《と》り調《しら》べを立証《りっしょう》しようと、県《けん》を相手《あいて》に国家賠償請求訴訟《こっかばいしょうせいきゅうそしょう》を起《お》こし勝訴《しょうそ》。さらに、踏《ふ》み字《じ》をさせた県警本部警部補《けんけいほんぶけいぶほ》（当時《とうじ》）を特別公務員暴行陵虐容疑《とくべつこうむいんぼうこうりょうぎゃくようぎ》で刑事告訴《けいじこくそ》し、刑事《けいじ》裁判《さいばん》の末《すえ》、警部補《けいぶほ》の有罪《ゆうざい》が確定《かくてい》した。その後《あと》も取《と》り調《しら》べの全面可視化《ぜんめんかしか》を唱《とな》えて、布川《ふかわ》、足利《あしかが》、氷見事件《ひみじけん》などの冤罪被害者《えんざいひがいしゃ》たちと活動《かつどう》を続《つづ》けている。

志布志事件の舞台となった懐集落付近を取材中、見掛けた桜の前でのスナップ。左が川畑さん、右が執筆者の鶴丸

■聞《き》き手《て》（執筆者《しっぴつしゃ》）の略歴《りゃくれき》

鶴丸哲雄（つるまる・てつお）　1963年《ねん》生《う》まれ。佐賀県唐津市出身《さがけんからつししゅっしん》。九州大学法学部卒業《きゅうしゅうだいがくほうがくぶそつぎょう》。西日本新聞社《にしにっぽんしんぶんしゃ》に入社後《にゅうしゃご》、整理部《せいりぶ》、阿蘇支局長《あそしきょくちょう》、都城支局長《みやこのじょうしきょくちょう》、北九州本社編集部《きたきゅうしゅうほんしゃへんしゅうぶ》デスク、社会部《しゃかいぶ》デスク、鹿児島総局《かごしまそうきょく》デスク、柳川支局長《やながわしきょくちょう》などを歴任《れきにん》し、現在《げんざい》はくらし文化部編集委員《ぶんかぶへんしゅういいん》。1面《めん》コラム「春秋《しゅんじゅう》」を週《しゅう》に1回執筆《かいしっぴつ》。「もっと九州《きゅうしゅう》」面《めん》で「二足《にそく》の靴《くつ》　白秋《はくしゅう》ぶらり旅《たび》」を連載中《れんさいちゅう》。

一歩《いっぽ》も退《ひ》かんど
聞《き》き書《が》き・鹿児島《かごしま》志布志《しぶし》冤罪《えんざい》事件《じけん》

2020年11月5日　第1刷発行

著　　者　川畑幸夫・鶴丸哲雄
発 行 者　川端幸夫
発　　行　集広舎
〒812-0035　福岡市博多区中呉服町5番23号
電話092（271）3767　FAX092（272）2946
編集協力　図書出版花乱社
装丁・組版　株式会社クリエイティブ・コンセプト
印刷・製本　モリモト印刷株式会社

ISBN978-4-904213-97-1 C0095 ￥1500E
Prinnted in Japan 2020